삶이 허기질 때
나는 교양을 읽는다 3

하루 5분 감각이 업그레이드되는 최고의 인문학 만찬

삶이 허기질 때
나는 교양을 읽는다 **3**

지식 브런치 지음

서스테인

살다 보면 자연스럽게 알게 되는 것들이 있습니다. 그 이상의 것을 알려면 따로 시간과 노력을 들여야 하죠. 하지만 많은 사람이 그렇듯 현실은 바쁘기만 하니 저 역시 오랫동안 외면하며 살아왔습니다. 그럴수록 마음속에 해소되지 않은 찌꺼기가 남은 듯해 늘 불편했습니다. 그러다 기회가 생겼습니다. 갑작스러운 코로나 시대로 생각지 않은 시간이 주어진 덕입니다.

우선 그동안 궁금했지만 해소되지 않았던 질문들을 목록으로 만들어 보았습니다. 순식간에 묵혀둔 궁금증들이 수북이 쌓이더니 금세 수백 개가 되었습니다. 자료를 찾아보고, 요약해가며 미션 클리어하듯 하나둘씩 궁금증을 해결한 주제들이 늘어나자 이 내용을 담을 그릇이 필요했습니다. 언제든 꺼내 보기 좋고, 기왕이면 그럴듯해 보이고, 무엇보다 안 해본 일이었으면 싶었습니다. 그렇게 유튜브 채널 '지식 브런치'가 시작되었습니다.

역사·문화·사회·상식 등 다양한 주제를 다루고 있지

만, 이 모든 주제를 관통하는 일관된 주제는 '현상과 변화의 인과 관계'입니다. 사람은 좀처럼 변하지 않으니 사람들의 집합체인 사회와 문화는 말할 것도 없습니다. 그러니 무언가가 변화해 굳어진 현상 속에는 분명 수많은 사람의 에너지와 오랜 기간 쌓인 어마어마한 이야기들이 숨어 있겠지요. 이런 이야기들을 큰 틀에서 이해해보고자 했습니다.

시간이 지날수록 저와 같은 궁금증을 가진 사람들, 지적 욕구를 채우고 싶은 사람들이 하나둘씩 모이기 시작했습니다. 구독자가 많아질수록 관련 분야의 전문가, 숨은 고수들, 또 경험 많은 분들이 '지식 브런치'에 모여 함께 지식을 공유하고 있습니다. 지식을 교류하는 또 하나의 장이 열린 셈입니다. 그래서 요즘은 지식 전달보다는 우리 모두가 한번쯤 생각해볼 만한 화두를 제시하는 게 저의 역할이 아닌가 생각합니다. 그런 생각들이 이어져 더 많은 이에게 생각할 거리를 제시하고, 또 왠지 모르게 허기졌던 마음들이 지적 즐거움으로 채워지기를 바라는 마음에 '지식 브런치' 콘텐츠들을 정리해 책으로 내게 되었습니다.

1, 2권과 마찬가지로 방대한 세계 역사의 흐름을 최대한 가장 쉽고 재미있게 이해할 수 있도록 주제별 키워드를 분류해 정리했습니다. 일상에서 마주하는 사소한 질문들을 주제로 대화를 풍성하게 해주는 잡학 상식들도 함께 담았습니다.

이 책을 통해 공허했던 오늘 하루가 재미와 교양으로

가득 채워질 수 있기를, 해소되지 않았던 마음속 궁금증들이 말끔히 해소될 수 있기를, 우리가 속한 세상을 더욱 선명하게 보는 데 조금이나마 도움이 되기를 바랍니다.

가장 쓸모 있고
가장 창의적인 필수 교양
경제·문화 수업 **2**

수천 년의 시간을
단숨에 독파하는

도시로 보는 세계사 **3**

인류사가
한눈에 보이는

역사·지리 수업

1

아틀란트로파,
인류 역사상
가장 큰 스케일의 상상력

지도 보기는 어렸을 때부터의 나의 취미다. 학창 시절 유일하게 좋아했던 교과서도 지리부도였다. 여행을 좋아하게 된 것도 지도에서 오는 호기심 덕택이다. 그런데 지도를 볼 때마다 유독 상상력을 자극하는 곳이 있다. 바로 지브롤터 해협이다. 아프리카와 유럽 두 대륙이 코가 닿을 듯 바짝 붙어 있는 이 지브롤터 해협이 무슨 일인가로 막혀버린다면 어떻게 될까? 지도를 볼 때마다 늘 하던 상상이었다. 그런데 놀랍게도 아주 먼 옛날 이 해협을 막으려던 계획이 실제로 있었다.

지브롤터 해협은 유럽의 스페인과 일부 영국령 그리고 아프리카의 모로코 사이를 흐르는 58킬로미터의 바닷길이다. 그런데 최단 거리가 14킬로미터밖에 되지 않는다. 날씨가 좋으면 육안으로 건너편 대륙이 보이고, 이곳을 헤

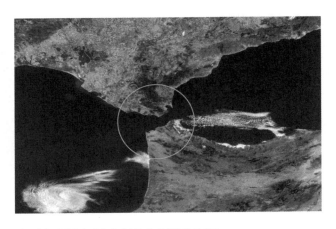

지중해와 대서양의 접점인 지브롤터 해협의 위성 사진. ─────

엄처 밀입국한 사람도 있었다니 정말 가까운 거리다. 신화에 의하면 이 지브롤터 해협을 만든 이는 그리스 신화의 영웅 헤라클레스다.

헤라클레스는 헤라 여신의 계략으로 아들을 죽인 후 속죄를 위해 이 세상의 서쪽 끝에 있는 지옥의 괴물 게리온으로부터 소를 가져와야 했다. 모험 중 거대한 바위산이 가로막자 주먹으로 내려쳐 길을 냈다. 이것이 지브롤터 해협이다. 이때 만들어진 해협 양쪽의 바위산은 헤라클레스의 기둥이라 불리는데 오늘날 스페인 국기의 도안으로도 사용하고 있다.

그런데 헤라클레스가 터놓은 이 해협을 다시 막으려는 사람이 있었다. 독일의 건축가 헤르만 죄르겔Herman Sörgel

이다. 그는 헤라클레스가 떼놓은 유럽과 아프리카 사이를 댐으로 막아 연결하고, 지중해에 신대륙을 만든다는 어마어마한 계획을 세웠다. 지금은 황당해 보이는 이 거대 프로젝트가 바로 아틀란트로파Atlantropa인데 최소한 그 당시의 엘리트들에게는 상당히 진지한 주제였다. 어쩌면 인류역사상 가장 큰 스케일의 상상력이었을 이 프로젝트는 1차 대전을 배경으로 하고 있다.

1920년대의 유럽은 전쟁 후 심각한 후유증을 앓고 있었다. 각국의 재정은 파탄 났고, 모든 것이 파괴되어 실업자가 넘쳐났다. 전쟁이 끝나자 인구가 급증하면서 식량난도 심각했고, 에너지도 부족하기 짝이 없었다. 지식인들 사이에는 이런 사태가 계속되면 또 다른 전쟁을 치르게 될 수도 있다고 걱정하는 사람들이 많았다. 근본적인 해결책이 필요했다. 게다가 당시만 해도 "식량은 산술급수적으로 증가하는데 인구는 기하급수적으로 증가한다"는 맬서스 인구론이 우세하던 때라 위기감은 더했다. 이러한 배경에서 탄생한 것이 헤르만 죄르겔이 1928년에 제안한 아틀란트로파다.

골자는 이렇다. 우선 지브롤터 해협의 가장 얕은 부분에 댐을 쌓는다. 높이 300미터에 폭은 2.5킬로미터다. 댐 위에는 도로를 만들어 유럽과 아프리카를 연결한다. 이어 지중해 한가운데에 있는 시칠리아와 아프리카를 잇는 두 번째 댐을 세운다. 이렇게 지중해를 두 개로 나누고, 20퍼

아틀란트로파 프로젝트를 제안한 독일 건축가 헤르만 죄르겔.

센트 정도의 물을 뺀다. 그러면 프랑스 크기만 한 농토가 생기고, 1억 5,000만 명을 먹여 살릴 수 있다.

두 개의 지중해 중 서쪽 지중해는 수위를 100미터 낮추고, 동쪽 지중해는 200미터를 낮춘다. 그리고 이 격차를 이용해 수력 발전을 한다. 여기서 만들어진 막대한 전기로 유럽의 부족한 에너지 문제를 해결한다. 그리고 이를 관리하기 위해 그 어떤 나라에도 속하지 않는 공동 기구를 만들고, 평화를 위협하는 나라에는 전기 공급을 끊는다는 아이디어도 냈다.

유럽과 아프리카의 구조를 완전히 바꿀 이 엄청난 계획은 마침 네덜란드가 15킬로미터 길이의 방조제로 바다를 막아 간척지를 만드는 데 성공해 실현 불가능한 망상만이 아님을 입증하는 듯했다. 헤르만 죄르겔은 이 초대형 건설 사업이 많은 나라의 협조와 천문학적인 투자가 필요하겠지만, 전쟁 비용과 인명 피해를 감안하면 그보다는 훨씬 효율적인 방안이라고 주장했다.

물론 그의 계획은 실현되지 못했다. 대신 그가 우려한 대로 2차대전이 일어나면서 아틀란트로파는 점차 잊히게 되었다. 당시로서는 이를 실행할 기술도 부족했고, 수력을 대체할 원자력 발명으로 에너지 문제를 해결할 수 있게 되었다는 점도 한몫했다. 평생을 아틀란트로파 실현에 몸바쳤던 헤르만 죄르겔이 1952년 뮌헨에서 강의를 가던 중 뺑소니 사고로 죽으면서 이 계획은 완전히 끝나고 만다.

만약 아틀란트로파 프로젝트가 실현되었다면 지중해와 유럽은 어떻게 되었을까? 분명 재앙이었을 것이다. 추후 검증 결과 지중해의 수위를 낮추기 위해 그 많은 물을 퍼내면 다른 바다의 해수면이 급상승하고, 세계의 많은 해안 도시가 물에 잠길 것으로 나타났다.

만약 자연 증발에만 의존한다면 지중해 물이 20퍼센트 줄어드는 데 최소 120년은 걸릴 것으로 계산되었다. 이 경우 비용이 천문학적으로 증가해 프로젝트 지속이 불가능할 게 뻔했다. 더 큰 문제는 이렇게 해서 만들어진 땅이 아무 쓸모가 없다는 것이다. 지중해 바닥의 엄청난 소금밭이 드러나면서 농사는커녕 그 어떤 것도 자랄 수 없는 죽음의 땅일 뿐이라는 것이다. 이 영향으로 오히려 아프리카의 사하라 사막처럼 유럽의 사막화가 급속히 진행될 것이라는 전망도 나왔다.

아틀란트로파가 발표되고 약 30년이 지나 과학자들은 아주 흥미로운 연구결과를 발표했다. 이른바 메시나절 염분 위기Messinian salinity crisis, MSC라는 것이다. 메시나절은 596만 년 전의 신생대 메시나 시기로 이때 유럽 대륙과 아프리카 대륙이 충돌하면서 지금의 지브롤터 해협이 막혔다. 그 바람에 세계의 바닷물 염분이 무려 6퍼센트나 감소했다고 해서 이런 이름이 붙었다.

메시나는 그 증거물인 증발암이 발견된 시칠리아의 한 도시다. 지브롤터 해협이 막히자 지중해는 거대한 호수가 되었다. 이곳 특유의 기류에 의해 강에서 유입되는 물과 강수량을 합친 것보다 증발이 훨씬 빨리 일어나면서 지중해는 소금사막이 되어 버렸다. 이 광경은 마치 볼리비아의 거대한 우유니 사막을 연상케 한다.

나중에 시추해보니 지중해 바닥의 소금 두께는 무려 3,000미터나 되었다. 이 엄청난 양으로 그간 지중해는 전 세계의 바다에 염분을 공급하고 있었고, 지브롤터가 막히자 다른 바다의 염분이 6퍼센트나 줄었던 것이다. 게다가 지중해 바닥은 80도가 넘는 불지옥으로 인간이 도저히 살 수 없는 곳이었다. 아틀란트로파가 실행되었다면 자칫 이런 참사를 초래할 뻔했던 것이다.

이렇게 막혀 있던 지브롤터 해협은 60만 년이 지나 조금씩 다시 열리기 시작했다. 남극 빙하가 녹아 해수면이 높아진 데다 유럽판과 아프리카판의 지속적인 충돌로 균열이 생긴 것이다. 이 틈을 비집고 처음에는 대서양의 물이 조금씩 지중해로 흘러들어 왔다. 수천 년간의 일이다. 그러다 막판에는 지브롤터의 둑이 무너지면서 어마어마한 양의 물이 한꺼번에 쏟아져 들어왔다. 길이 14킬로미터에 낙차가 수백 수천 미터가 되는, 정말 상상하기 어려운 크기의 폭포였을 것이다. 지브롤터보다 지중해의 바닥이 3,000미터나 아래에 있기 때문이다. 연구 결과 지중해의 90퍼센트가 채워지는 데는 단 2년도 걸리지 않았다. 하루 10미터씩 해수면이 높아졌을 테니 지중해 아래에 살던 생명체들은 모두 무사하기가 힘들었을 것이다. 이 지구 역사상 최대의 홍수를 '잔클리안Zanclean 대홍수'라고 한다.

대서양의 물이 지중해를 채우면서 전 세계의 해수면은 무려 10미터나 낮아졌다. 그 사이 이 지구상에 어떤 변화가 일어났을지 짐작조차 하기 힘든 엄청난 격변이다. 하지만 지중해는 언젠가는 다시 같은 일을 겪게 될 운명이다. 아프리카판이 지금도 북상 중이어서 지브롤터가 조금씩 좁혀지고 있기 때문이다. 물론 여러 기술을 가진 지금의 인류가 가만히 있지는 않을 것이다. 터널이나 운하를 뚫어서라도 지중해를 살리려 할 것이다.

그렇지만 지각판의 이동까지 막을 수는 없다. 지금 속

도로 아프리카 대륙이 계속 북진한다면 5,000만 년 후쯤
에는 지중해가 아예 없어질 것이라 전망한다. 그때에도 인
류가 남아 있다면 누군가는 분명 지금과는 전혀 다른 세
계 지도를 보면서 여행에 나설지 모르겠다.

로마부터
미국까지,
오벨리스크를 탐낸 이유

한때 이집트 전역에는 100개가 넘는 오벨리스크가 있었다. 태양신과 파라오의 권위를 상징하는 이 거대한 돌기둥들은 두 개씩 짝을 이뤄 신전 입구를 지키고 있었다. 보통 3,000년 이상 된 오벨리스크는 피라미드와 함께 이집트를 상징하는 건축물이었다. 하지만 이제 이 오벨리스크들은 이집트에 고작 6개만 남아 있다. 세월에 무너지고, 전쟁에 파괴되고, 상당수는 서구 열강들이 뽑아 갔기 때문이다.

서구 열강들은 오랫동안 이 오벨리스크를 가지려는 욕망에 사로잡혀 있었다. 그래서 기회가 닿기만 하면 기꺼이 어마어마한 돈과 인력을 동원해 이 거석들을 바다 건너로 실어냈다. 도대체 오벨리스크에 어떤 의미가 있길래 이렇게까지 했던 걸까?

현재 해외에 있는 오벨리스크는 아무리 적게 잡아도 약 20개다. 자료마다 숫자가 다르지만 고대 이집트에서 만들어진 게 확실하고, 원래 있던 신전의 위치까지 밝혀진 것들의 수다. 오벨리스크가 서 있는 도시와 관련 인물을 보면 이 돌기둥의 의미와 성격을 짐작할 수 있다.

우선 오벨리스크가 압도적으로 가장 많은 도시는 이탈리아 로마다. 이탈리아와 로마에만 13개가 있고 피렌체 등 그 외 도시에 3개가 더 있다. 로마 여행자들이 사랑하는 팡테옹과 나보나 광장, 스페인 계단, 포폴로 광장 등에 이 수천 년 된 오벨리스크가 우뚝 서 있다. 시작은 로마제국을 연 시황제始皇帝 아우구스투스다. 기원전 30년경 이집트를 정복한 아우구스투스는 이집트 신전에서 무려 10여 개의 오벨리스크를 뽑아와 로마 곳곳에 심었다.

삼두정치의 파트너였던 안토니우스와 이집트의 클레오파트라 연합군을 물리치고 황제에 오른 아우구스투스의 나이는 겨우 33세. 당시 로마 기준으로도 젊은 나이였다. 황제로서의 권위를 세우는 게 무엇보다 시급했다. 더구나 공화정에서 제정으로 통치 시스템을 바꾸었기 때문에 이에 불만을 품은 세력도 많았다.

예나 지금이나 권위를 드러내고 권력을 과시하는 가장 쉬운 수단은 대규모 토목사업이다. 황제는 우선 대대적인 로마 정비에 나섰다. 다리를 건설하고, 도로를 확장하고, 관공서를 으리으리하게 새로 지었다. 그 화룡점정이 바로

로마 나보나 광장의 오벨리스크.

시내 곳곳을 장식하기 위해 이집트에서 가져온 오벨리스크다.

높이 20~30미터에 무게가 200~400톤에 달하는 이 육중한 오벨리스크는 황제의 강인함과 제국의 위엄을 과시하기에 딱이었다. 이집트에서 로마까지 지중해를 건너야 하는 험난한 뱃길도 황제의 결단 없이는 불가능한 도전이었다. 이 이국적인 돌기둥이 로마에 도착할 때마다 민중들은 환호했고, 그럴 때마다 아우구스투스의 권력은 공고해졌다. 그래서 역사가 에드워드 기번Edward Gibbon은 그의 명저《로마 제국 쇠망사》에서 "당시 오벨리스크는 권력과 승리를 나타내는 기념물로 여겨졌다"라고 했다.

동시에 오벨리스크는 이집트에선 태양신 숭배를 뜻했

지만, 로마에선 태양 자체, 즉 영원한 제국을 의미했다. 영원한 번영을 가져오는 오벨리스크를 가진 나라만이 세계를 지배할 수 있다는 신성한 증표가 된 것이다.

아우구스투스로부터 시작된 로마의 오벨리스크 약탈은 이후의 황제들에게도 계속되었다. 4세기 테오도시우스 황제는 이집트의 카르낙 신전을 지키고 있던 오벨리스크 1개를 뽑아왔다. 그리고 지금의 이스탄불에 있는 술탄 아흐메트 광장에 세워두었다. 공교롭게도 이후 이스탄불은 동로마 제국과 오스만튀르크 제국의 수도가 되어 정말 긴 세월 세계를 지배했다.

폭군으로 유명한 칼리굴라 황제가 가져온 오벨리스크는 지금 바티칸 광장 한복판에 서 있다. 가톨릭의 총본산에 이교도의 상징물이라니, 좀 생뚱맞아 보이지만 16세기 후반 교황 식스투스 5세의 뜻에 의한 것이다. 당시 로마 가톨릭은 종교개혁의 여파로 휘청이던 때였다. 제국과 마찬가지로 종교도 교황의 권위를 만천하에 과시할 상징물이 필요했다. 그래서 로마 시내에 방치되었던 칼리굴라의 오벨리스크를 바티칸으로 가져와 그 맨 꼭대기에 십자가를 얹었다. 이는 "우리가 여전히 종교를 지배하고 있다"라고 주장하는 것과 같은 것이었다.

한편 로마 멸망 후 중단되었던 오벨리스크 약탈은 유럽에 제국주의가 부활하면서 다시 시작되었다. 이를 재개한 사람이 바로 프랑스의 나폴레옹이다. "오벨리스크는 권력의 기념물"이라고 했던《로마 제국 쇠망사》는 나폴레옹에게 제국의 야망을 갖게 한 책이기도 했다. 이 책에 큰 영향을 받은 나폴레옹은 이집트 문명의 열렬한 애호가가 되었다. 나폴레옹은 18세기 말 이집트 원정길에 역사가, 박물학자, 건축가 등 수백 명의 이집트 관련 학자들을 대동해 값진 유물들을 털어왔다. 아내 조세핀이 "이집트 기념 선물로 오벨리스크를 가져다 달라"라고 말했다는 설도 전해지고 있다.

오벨리스크를 갖고 싶다는 나폴레옹의 꿈은 그가 죽은 후 실현되었다. 형식은 선물이었지만 나중에 이집트가 반환을 요청한 것으로 보아 강요였을 것이다. 프랑스는 이 거석을 실을 배와 거중기를 만드는 데만 2년이 걸렸다. 그리고 오벨리스크가 있는 룩소르에서 파리까지 또 7년이 걸렸다. 그리고 마침내 1836년 프랑스 혁명 때 루이 16세를 단두대로 참수했던 파리의 콩코드광장에 세움으로써 세계의 중심은 프랑스 제국임을 선언했다.

하지만 당대 세계 최강국이었던 프랑스도 두 번째 오벨리스크를 가져오는 데는 진절머리를 냈다. 그만큼 어려운 작업이었던 것이다. 원래 프랑스가 선물 받기로 한 오벨리스크는 2개였다. 3,300년 전의 람세스 2세 때부터 룩소르 신전을 지키고 있던 한 쌍 모두였다. 오랫동안 소유권을 주장했던 프랑스는 1981년이 되어서야 룩소르에 남아 있던 오벨리스크를 이집트에 반환했다. 한편 프랑스도 오벨

파리 콩코드 광장의 오벨리스크.

리스크를 받은 후 답례품을 이집트에 보냈다. 커다란 벽시
계였다. 하지만 10년도 안 돼 고장이 났다. 시간이 멈춘 채
이 벽시계는 지금도 이집트의 수도 카이로에 남아 있다.

　이런 상황에서 '태양이 지지 않는 제국'의 자부심으로
가득한 영국이 가만있을 리 없다. 영국은 나폴레옹의 이
집트 지배를 막아주었다는 명분을 내세워 오스만튀르크
의 이집트 총독에게 오벨리스크를 요구했다. 결국 영국
도 '클레오파트라의 바늘'이라고 불리던 21미터 높이의
3,500년 된 오벨리스크 하나를 얻었다. 영국 역시 막대한
비용과 희생을 치러가며 1878년 런던의 템스강에 오벨리
스크를 세우는 데 성공하며 세계의 지배자임을 과시했다.

　오벨리스크에 대한 집착은 신흥 제국 미국이라고 다르

지 않았다. 1881년 〈뉴욕 헤럴드〉는 "오벨리스크는 로마에도 있고, 콘스탄티노플에도 있다. 최근에 파리도 가졌고, 런던도 얻었다. 만약 뉴욕에 오벨리스크가 없다면 다른 대도시들이 뉴욕을 조롱할 것"이라는 기사를 싣기도 했다. 세계 강국으로 인정받으려면 오벨리스크가 하나쯤은 있어야 한다는 얘기다.

결국 미국도 갖은 애를 쓴 끝에 소원을 이루었다. 이집트 총독이 '클레오파트라의 바늘' 하나를 선물한 것이다. 미국 역시 해군력을 총동원해 이 거대한 돌탑을 2년 반 걸려 뉴욕으로 옮긴 다음 1881년 센트럴 파크에 오벨리스크를 두었다.

하지만 미국의 자신감은 이것으로 성이 차지 않았던 모양이다. 미국은 3년 뒤 자그마치 높이가 170미터나 되는 돌탑을 스스로 만들어 워싱턴에 세웠다. 명목은 초대 대통령인 워싱턴 기념탑이었지만 누가 봐도 오벨리스크였다. 이후 그들의 바람대로 미국은 그리고 워싱턴은 세계를 지배하게 되었다.

이렇듯 오벨리스크는 오랫동안 제국주의를 나타내는 기념비였고, 세계의 헤게모니를 증명하는 상징물이었다. 하지만 제국이 원했던 게 정말 오벨리스크였을까? 그렇지 않을 거다. 가져가는 게 가능만 했다면 이들의 선택은 오벨리스크가 아니라 피라미드였을 것이다. 인간의 욕심이 그렇다. 그러니 오벨리스크는 어쩌면 꿩 대신 닭이 아니었을까?

아이티와 도미니카,
잔인하게
엇갈린 운명

1942년, 크리스토퍼 콜럼버스는 약 두 달간의 항해 끝에 신대륙에 닿았다. 그는 이곳을 죽을 때까지 인도라고 믿어 의심치 않았다. 감격에 겨웠던 콜럼버스는 이때 디딘 한 섬에 히스파니올라Hispaniola라는 이름을 붙였다. '스페인 섬'이라는 뜻이다.

우리나라의 80퍼센트 정도 크기만 한 이 섬에는 지금 두 개의 나라가 자리하고 있다. 서쪽의 아이티와 동쪽의 도미니카 공화국이다. 이 두 나라는 출발은 같았지만 지금의 현실은 극과 극이다. 도미니카가 꽤 안정적인 중진국이라면 아이티는 조폭이 지배하는 생지옥이다. 1인당 국민소득으로만 따져도 도미니카와 아이티는 6배의 차이가 난다.

두 나라에 무슨 일이 있었던 걸까? 한때 도미니카를 압

같은 섬의 두 나라, 아이티와 도미니카. ────────────

도했던 아이티의 몰락을 보면 국제 역학이 얼마나 잔인한 지, 참 여러 생각을 하게 한다.

히스파니올라는 18세기에 들어 우여곡절 끝에 서쪽의 3분의 1은 프랑스가, 동쪽의 3분의 2는 스페인이 차지하게 되었다. 100만 명에 달하던 이 섬의 원주민들은 이미 학살과 전염병으로 전멸된 뒤라 아프리카에서 온 흑인 노예들이 다수를 이루고 있었다. 이 식민지 경험이 양국을 완전히 다른 운명의 길로 이끌었다.

당시 흑인 노예들의 삶은 어디나 처참했다. 유럽 열강들은 아프리카로 실어 간 공산품을 노예와 교환하고, 노예는 다시 북대서양을 건너 카리브해에서 설탕과 교환되었다. 이런 삼각 무역으로 막대한 돈을 벌어들인 유럽인들은 이를 '검은 화물을 흰 화물로 바꾸는 일'이라고 했다. 이 중 그나마 스페인 지역으로 실려 간 '검은 화물'의 운이 좀 더 나았다. 스페인 사람들이 자비로워서가 아니라 이 섬에 기울이던 관심이 일찍 식었기 때문이다.

스페인은 바로 옆의 쿠바를 비롯해 다스려야 할 식민지가 아메리카 전역으로 엄청나게 늘어났다. 흑인 노예에 전적으로 의존해야 하는 히스파니올라보다는 원주민을 노동자로 함께 쓸 수 있는 다른 지역이 더 매력적이었던 것이다. 이 덕에 히스파니올라에서는 흑인에 대한 수탈이 덜했다. 시간이 지나면서 도미니카는 백인과 흑인의 혼혈인 물라토Mulatto가 다수를 차지하게 되었다.

이들은 1844년 독립할 무렵 대부분이 노예가 아닌 자유민 신분이었다. 혼혈이 다수인 덕에 흑백 갈등도 줄일 수 있었다. 게다가 독립 후의 도미니카는 농장주였던 백인들이 여전히 상류층을 이루었다. 그리고 유럽 백인들의 이민도 꾸준히 이루어졌다. 언어도 도미니카 전체가 유럽에 익숙한 스페인어를 사용했다. 이런 사정으로 도미니카는 비교적 쉽게 서구 열강으로부터 유럽화된 사회의 일원으로 받아들여졌다. 그 덕에 독립 후 해외 교역도 순조로웠다.

아이티가 있는 서쪽에 비해 평원과 강우량이 많았다는 환경적인 이점도 일부 있었다. 이들은 이제 사탕수수를 넘어 보크사이트, 니켈 같은 광물을 수출하고 있다. 게다가 국토의 30퍼센트 이상을 자연녹지로 보호해 이를 활용한 고급 리조트 단지에 미국의 부자들을 끌어들이고 있다. 페드로 마르티네즈, 알버트 푸홀스, 블라디미르 게레로, 미겔 테하다, 새미 소사 같은 야구선수들도 도미니카의 유명 수출품이다.

사실 도미니카는 특별히 내세울 게 없는 나라다. 이 정도의 스토리를 가진 국가는 어디든 흔하다. 그러나 그 평범함만으로도 국민이 굶지 않는 그리고 일상적으로 목숨이 위협받지는 않는 그럭저럭 살만한 개도국을 만들었다. 그런데 중남미의 많은 곳에서는 이런 평범함조차 기대하기 힘든 게 현실이다. 불행히도 아이티가 그 대표적인 예다.

프랑스가 '생도맹그Saint-Domingue'라고 부른 아이티는 그야말로 보물상자였다. 유럽에서 소비되는 설탕과 커피의 절반이 이곳에서 나왔다. 프랑스가 가진 모든 식민지를 합친 것보다 이 작은 섬 하나가 프랑스에 안겨 준 부가 더 많았다. 프랑스 국부의 3분의 1이 아이티에서 나온다고 할 정도였다. 하지만 이건 순전히 흑인 노예들을 갈아 넣어 만든 결실이었다.

프랑스는 다른 식민지에서도 그랬지만 아이티의 흑인 노예들을 정말 악랄하게 다루었다. 혹독한 노동으로 당시 흑인 노예의 평균 수명은 채 20세도 되지 않았다. 그 빈자리는 아프리카에서 삼각 무역을 통해 데려온 또 다른 노예로 채워 넣었다. 혼혈이 다수를 이루는 다른 중남미 국가들과 달리 아이티만 유독 흑인이 다수인 이유가 바로 이것이다. 후손을 남길 새도 없이 일찍 죽어 나갔기 때문이다.

상황이 이러하니 흑인들의 백인에 대한 적개심은 커져만 가는 게 당연했다. 노예 처지에서는 일하다 죽으나 싸우다 죽으나 매한가지였다. 마침내 1804년 아메리카 최초의 흑인 주권 국가로 독립한 아이티는 그간 자신들을 괴롭혀 온 프랑스 백인 농장주들을 대부분 처형해버렸다. 이후 아이티는 자의 반 타의 반 고립의 길을 가게 되었다.

독립한 아이티는 국경부터 폐쇄했다. 무엇보다 그간의 식민지 역사와 노예제 경험으로 외국인, 특히 백인들을 두려워했다. 그래서 도미니카와 달리 그 어떤 백인들의 이주도 허용하지 않았다. 당연히 외국인들의 토지 소유는 물론 투자도 금지했다. 결과론이지만 이것이 아이티의 발목을 잡았다.

같은 섬의 도미니카는 교역에 적극 나선 유럽 이민자들로 경제 발전을 이룰 수 있었다. 나중에는 이들이 시민사회를 이룬 덕에 아이티와 같은 장기 독재를 겪으면서도 끝내 민주주의를 회복해내기도 했다.

반면 아이티는 정부를 이끄는 지도자부터 일반인들까지, 교육을 제대로 받은 사람이 사실상 없었다. 특히 경제에 관한 무지가 아이티를 시작부터 곤경에 처하게 했다. 이들이 할 수 있는 것이라고는 농사밖에 없었다. 하지만 사탕수수와 커피로만 먹고살 수는 없었다. 백인 출입금지로 수출길이 막히자 카리브해에서 아이티를 가장 부유하게 했던 이 작물들도 처치 곤란한 쓰레기가 되고 말았다.

무엇보다 아이티를 궁지로 몰아넣은 건 주변국들의 보복이었다. 식민 제국들은 도미니카를 유럽화된 사회로 분류한 반면 아이티는 상종 못 할 아프리카 사회로 여겼다. 백인들에게 적대적인데다 그들에게 낯선 크리올어를 사용했기 때문이다. 아이티 크리올어는 각기 언어가 다른 아프리카인들이 소통을 위해 프랑스어를 중심으로 여러 어휘를 섞어 만든 언어다.

게다가 식민 제국들은 아이티를 무척 경계했다. 아이티에서 일어났던 노예 반란이 자국의 식민지에서도 일어날까 봐 두려웠던 것이다. 그래서 유럽은 아이티를 의도적으로 따돌리며 그 어떤 나라에서도 사탕수수와 커피를 사주지 않았다. 프랑스의 해상 봉쇄까지 겹쳐 다른 수단을 찾을 수 없었던 아이티는 결국 굴복하고 말았다.

프랑스를 쫓아내고 20여 년을 버티던 아이티는 1억 5,000만 프랑을 지불하고 제국들로부터 독립을 승인받기로 했다. 프랑스에서는 이를 노예와 농장을 잃은 대지주들의 손실금 혹은 근대화 보상금이라고 했다. 나중에 일부 깎기는 했지만 아이티는 이걸 무려 123년에 걸쳐 갚아야 했다. 프랑스에 지불해야 할 돈이 때로는 아이티의 한 해 국가 예산의 80퍼센트를 차지하기도 했고, 현금이 부족해 프랑스, 미국, 독일의 은행에서 고금리로 돈을 빌려야 하기도 했다.

이것이 아이티가 지금까지 가난과 혼란에서 벗어나지 못한 근본 원인이다.

자신을 수탈한 국가로부터 배상금을 받기는커녕 오히려 출발부터 막대한 빚을 짐으로써 그 어떤 경제 대책도 백약이 무효였고, 경제기반도 완전히 무너졌다. 이를 만회하기 위해 무리하게 도미니카를 여러 차례 침공하면서 국경을 맞댄 두 나라의 사이도 극히 좋지 않게 되었다.

역사상 최초의 해방 노예 국가라는 적지 않은 의미에도 불구하고 아이티는 이후 배상금의 늪에서 헤어 나오지 못하며 국내 정치 불안에도 시달렸다. 수십 차례의 쿠데타를 겪는 가운데 특히 뒤발리에 부자의 30여 년에 걸친 장기 독재가 아이티를 완전히 망가뜨렸다. 인류 역사상 최악의 독재자 중 하나인 뒤발리에는 재임 기간 중 3만 명 이상을 학살했으며, 아이티인들의 유일한 수입원인 농장을 독식해 배상금과 함께 오늘날 아이티 가난의 두 원흉으로 꼽히고 있다.

게다가 미국의 책임도 결코 가볍다고 할 수 없다. 프랑스에서 간신히 벗어난 아이티를 이어 식민 통치했고, 입맛에 맞지 않는 민선 정부를 쿠데타로 잇따라 끌어내림으로써 아이티의 정정 불안을 부채질했다.

한때 카리브해의 진주였던 아이티의 몰락이 어디까지 계속될지는 알 수 없다. 지금은 아예 무정부 상태로 갱단이 국가를 장악하고 있으니 끝 간 데 없는 바닥 밑에 또 지하실이 있는 격이다. 국민의 절반 이상이 문맹일 정도로 교육 수준도 극히 낮으니 미래가 나아질 것이라는 희망도 잘 보이지 않는다. 유럽이 강요한 새로운 질서에 반기를 든 유일한 검은 섬, 아이티의 운명이 너무 가혹하다 싶다.

세계 어디에나
차이나타운이
있는 이유

사람이 사는 곳에는 중국인이 있고, 중국인이 사는 곳에는 차이나타운이 있다고 한다. 실제로 본토를 떠나 외국에 사는 중국인들은 170여 개국에 약 6,000만 명 이상에 달한다. 우리 인구보다도 훨씬 더 많은 숫자로, 이들을 보통 화교, 혹은 화인이라고 부른다. 그리고 이들은 현재 최소 26개국, 103개 이상의 대도시에 거대한 차이나타운을 건설했다. 어떻게 이게 가능했을까?

남중국해에 면한 중국 땅에는 복건성, 광동성, 광서장족자치구, 해남성 등이 있다. 6,000만 명의 화교들은 대부분 이 4개의 성 출신들이다. 그중 광동성 출신이 절반이고, 복건성 출신들이 35퍼센트 정도다.

그럼 왜 이 4개의 성에 중국을 떠난 사람들이 집중된 것일까? 그건 한마디로 '생존'을 위해서다. 이 이야기는 기원전까지 거슬러 올라간다. 잘 알다시피 중국을 맨 처음 통일한 진시황은 유교를 무척 증오한 인물이었다. 대신 농업을 천하의 근본으로 삼았다. 그래서 수많은 유학자와 상인들이 화를 피해 피난길을 떠났다. 그 장소가 대부분 진시황의 힘이 덜 미치는 중국 남부였다. 이때부터 복건성, 광동성, 광서장족자치구, 해남성은 중국인들의 단골 도피처가 되었다.

단 15년 만에 진나라가 망한 후 중국은 끝없는 왕조 교체에 시달렸다. 중국 왕조의 평균 수명은 채 65년이 되지 않았다. 왕조가 바뀔 때마다 중국 전역은 전쟁터가 되었다. 중간중간 통일 왕조를 뿌리째 흔드는 대규모의 민란도 일어났다. 북방 민족들 역시 곡식이 떨어지는 겨울만 되면 수시로 만리장성을 넘어 백성들을 괴롭혔다. 이럴 때마다 중국인들은 안전지대를 찾아 중국 남부로 마치 끝없는 파도처럼 밀려들어 왔다. 특히 몽골의 원나라와 만주족의 청나라가 중원을 차지할 때는 극에 달했다.

이러니 광동성과 복건성은 늘 농사지을 토지가 턱없이 부족했다. 시도 때도 없이 몰려오는 이주민들로부터 재산을 지켜야 하는 토착민들의 텃세도 무척 심했다. 중국 남부에 자리를 잡지 못한 이주민들은 살길을 찾아 더 남쪽으로 내려가야 했다. 배를 타고 남중국해를 건너 타국으로 가야 한다는 의미였다. 그렇게 목숨 걸고 도착한 곳이 가장 가까운 섬이자 최초의 차이나타운이 들어선 필리핀이다. 이들이야말로 1970~1980년대 공산화된 베트남을 떠난 보트피플의 원조들이다.

하지만 중국 땅에서 전란은 끊임없이 벌어졌고, 그때마다 이주민들이 바다를 건너왔기 때문에 필리핀도 곧 포화 상태에 이르렀다. 그래서 이후의 이주민들은 점점 더 멀리 가야 했다. 그렇게 해서 닿게 된 곳이 태국, 말레이시아, 인도네시아 등의 동남아시아 국가들이다.

타국에서 눈치 보며 살던 중국인들은 16세기 말 유럽 열강들의 아시아 진출이 본격화되면서 새로운 전기를 맞게 되었다. 중국 이주민들은 농사꾼 출신이 대다수였지만 동남아에서는 주로 장사를 하고 있었다. 외국인이라 농사지을 토지를 마련하기가 어려워서 현지인들이 기피하는 상업 외에는 딱히 할 수 있는 일이 없어서다. 그 덕에 중국인들은 그 누구보다 현지 물정에 밝았다. 식민 제국은 이 중국인들을 식민 통치를 위한 중간 관리자로 등용했다. 미얀마의 로힝야족에서 보았던 유럽 식민 제국 특유의 갈라치기 통치가 동남아 곳곳에서도 벌어졌던 것이다.

그러다가 폭발적으로 중국인들이 자신의 나라를 등지는 계기가 만들어졌으니 바로 1800년대의 아편전쟁이다. 승리한 영국은 홍콩을 할양받고, 광동성과 복건성의 여러 항구를 개항시켰다. 유럽 열강들의 동남아 식민지에는 중국인들의 노동력이 필요한 농장이 부지기수였다. 개항된 항구는 치외법권이나 다름없어서 일자리가 필요한 수많은 중국인이 청나라의 간섭 없이 썰물처럼 빠져나갔다.

광주, 복주, 하문 등의 개방된 항구를 통해 중국을 떠난 사람 중에는 아메리카와 유럽, 호주 등으로 향한 사람들도 있었다. 당시 유럽의 열강들은 노예무역을 중단하면서 설탕, 면화 등 플랜테이션에서 일할 노동자가 부족해 아우성이었다. 미국 역시 흑인 노예들이 해방되면서 캘리포니아의 금광과 은광에서 일할 인력이 절실했다.

당시 동남아의 광산과 농장에서 일하던 중국 노동자들은 양질의 저임금 노동자로 서구 열강들에게 인기가 높았다. 무엇보다 이들은 근면 성실하고 체력도 좋았다. 이 점을 눈여겨본 영국인들이 카리브해의 트리니다드 토바고에 있는 플랜테이션으로 중국 노동자들을 보낸 게 서구 진출의 시작이다.

이 값싼 중국 노동자들은 '쿨리Coolie'라고 불렸다. 영국의 추천을 받은 미국 역시 이 쿨리들을 대거 수입해 서부의 광산에 투입했다. 이렇게 흑인 노예들을 대신해 중국인이 선택된 셈이다. 이들 역시 동남아에서 일하는 중국 노동자만큼 호의적인 평가를 받았다. 무엇보다 이들에겐 성공에 대한 야망이 있었다. 돈을 벌기 위해 일도 열심이었고, 무엇보다 말썽을 피우지 않았다. 마침 시작된 아메리카 횡단철도 부설로 더 많은 중국인이 미국 땅을 밟았다.

문제는 중국인들이 너무 많아 미국인들이 위협을 느끼는 수준까지 되었다는 점이다. 로스앤젤레스의 인구가

6,000명에 불과하던 19세기 후반, 미국의 중국 이민자들은 10만 명에 달했다. 이들 중 상당수가 철도 건설에 동원되거나 미서부에서 노동을 하고 있었다. 그래서 '중국인 배척법'을 만들어 노동 이민을 갑자기 막았다. 하지만 인력 부족이 계속되었기 때문에 중국인이 흑인을 대체하듯, 일본과 한국 노동자들이 중국 쿨리들을 대체했다.

중국인들이 많아졌다고 남의 나라에서 자신들만 모여 사는 차이나타운을 세울 수는 없었다. 차이나타운이 결코 처음부터 계획된 건 아니란 얘기다. 16세기에 만들어진 필리핀 마닐라의 차이나타운은 유럽에서 유대인을 분리한 게토나 다름없었다. 당시 필리핀을 지배하던 스페인은 중국 노동자들이 너무 많아지자 마닐라에 차이나타운을 두어 스페인의 백인과 섞이지 않도록 했다.

18세기 중반에 차이나타운이 들어선 인도네시아는 네덜란드가 지배하고 있었다. 이들은 중국인들에게 행정과 징세 업무를 맡겼고, 무역과 대금업도 할 수 있도록 했다. 식민 정부의 앞잡이 역할을 맡았으니 원주민들의 증오가 쏟아지는 건 당연했다. 인도네시아 곳곳에서 중국인 학살과 가게 약탈이 벌어지면서 게토 역할을 하던 차이나타운은 방어를 위해 중국인들이 스스로 모여들면서 더 커졌다. 말레이시아에서도 혼란이 계속되자 국토 끝의 작은 땅에 중국인들을 몰아넣고, 연방에서 쫓아내 버렸다. 이렇게 억지로 독립하게 된 그 작은 땅은 나중에 싱가포르가 되었다.

미국과 영국에서 차이나타운이 만들어진 과정도 동남아와 큰 차이가 없었다. 19세기 말 경제 위기가 닥치면서 싼 임금으로 부려먹던 중국인들은 졸지에 '일자리 도둑'으로 몰리게 되었다. 미국 역사상 가장 큰 집단 린치라는 로스앤젤레스 대학살을 겪은 중국 쿨리들은 인종차별이 덜한 곳을 찾아 샌프란시스코, 캐나다 밴쿠버 등으로 이동했다. 그리고 가는 곳마다 방어에 유리하도록 특정 지역에 뭉쳐 살았다. 토착민들에 대응하기 위해선 한 명이라도 머릿수를 늘리는 게 중요했기 때문이다. 이렇게 만들어진 것이 차이나타운이다. 중국 정부의 보호를 받지 못하고 방치되었던 화교들이 생존을 위해 만든 고육지책인 셈이다. 이중 미국 최초의 차이나타운인 샌프란시스코의 중국 인삼 가게는 유학 온 도산 안창호 선생이 생활비를 번 곳이기도 했다.

이런 어려움에도 대부분의 차이나타운은 살아남았다. 동남아에서는 화교들이 경제를 장악하다시피하고 있고, 미국과 유럽에서는 이제 도심지가 된 차이나타운의 부동산 가격만 해도 어마어마하다. 중국인들은 근면함과 학구열을 몸에 배게 한 유교적 DNA 덕이라고 스스로 평가하고 있다.

이들은 처음에는 돈을 벌어 성공한 다음 중국으로 돌아갈 생각이었다. 때문에 현지에 동화되기는커녕 언어를 배우려고도 하지 않았다. 사업 역시 가족이나 같은 고향 출신끼리의 '꽌시'가 중요해서 현지인들은 물론 같은 중국인들끼리도 무척 배타적인 성향을 보이기도 했다. 하지만 청일전쟁과 국공내전 등으로 본토에 혼란이 계속되어 돌아갈 수가 없었다. 이후에는 중국이 공산화되면서 수십 년간 귀국길이 아예 막혀버리기도 했다. 그래서 차이나타운은 중국인도 아니고, 이방인도 아닌 어정쩡한 중국 이주민들을 상징한다는 분석도 있다.

차이나타운은 개인사로 봤을 때 타국에서 힘든 노동을 견뎌내는 과정에서 나온 고난의 부산물이다. 거기에는 생존과 성공에 대한 원초적인 욕망이 드라마틱하게 버무려져 있다. 하지만 시각을 조금 달리해 본다면 차이나타운은 인류 역사상 최대의 디아스포라의 결과물이다.

따지고 보면 인류의 역사는 '보다 나은 삶'을 향한 이주의 역사이기도 하다. 《성경》 속 모세의 이집트 탈출도, 아메리카 원주민들의 베링해협 도하도, 유럽 역사를 근본적으로 바꾼 게르만족의 대이동도, 아일랜드인들의 대규모 미국 이민도, 베트남의 보트피플도 모두 '보다 나은 삶'을 위한 것이었다.

하지만 그 어떤 것도 규모와 역사 면에서 중국인들의 대이주에는 결코 미칠 수 없다. 역사상 가장 유명한 게르만족의 대이동도 수백 년간 100만 명이 넘지 않았고, 아일랜드나 베트남 탈출도 최대로 잡아봐야 400만 명이 넘지 않는다. 하지만 중국인의 이주는 먼 과거는 차치하고 20세기 후반 등소평의 개혁개방 이후만 해도 1,000만 명이 넘는다. 이제 이민자들의 목적도, 출신도, 동기도 달라졌지만 분명한 건 여전히 진행형이라는 것이다. 그러고도 본토에 14억 명이 건재하니 중국이 인구가 참 많긴 많은 나라다.

미국은
왜 수도를
계속 옮겨야 했을까?

미국의 시민권 취득 시험에 단골로 등장하는 문제가 있다. '미국의 수도는 어디인가'라는 질문이다. 너무 쉽다는 생각이 들 것이다. 그러나 만약 워싱턴이라고 답했다면 틀렸다. 미국에서 워싱턴은 보통 시애틀이 있는 서부의 워싱턴주를 말한다. 수도는 '워싱턴 D.C.' 혹은 그냥 'D.C.'라고 해야 한다. 이외에도 미국에 워싱턴이라는 지명은 300군데가 넘는다.

보통 수도는 각 나라에서 가장 큰 도시다. 런던이 그렇고, 파리가 그렇고, 서울이 그렇다. 하지만 미국은 세계에서도 가장 큰 도시인 뉴욕을 가까이에 두고서도 한적한 시골 마을에 수도를 새로 지었다. 왜 그런 선택을 한 걸까?

첫 번째는 영국에 쫓겨서다. 미국에서도 독립 직후에는

가장 큰 도시인 뉴욕이 실질적인 수도였다. 뉴욕은 천혜의 항구가 있었기에 수출에 유리했다. 중심을 흐르는 허드슨 강 덕에 내륙으로도 쉽게 교통할 수 있어서 일찌감치 번영했다. 물론 지금의 뉴욕을 생각하는 건 곤란하다. 당시 뉴욕의 인구는 고작 2만 8,000여 명이었고, 도심은 유럽의 도시들처럼 돼지가 몰려다니는 무척 지저분한 곳이었다.

하지만 수도로서의 입지 조건은 그 어디보다 뛰어났다. 18세기 후반 첫 의회가 구성된 곳도, 워싱턴 초대 대통령이 취임한 곳도 뉴욕이었다. 사실상의 수도였다. 문제는 영국이었다. 미국이 독립전쟁에서 이기긴 했지만, 영국은 누가 뭐래도 당대 최강국이었다. 무엇보다 해군이 약한 신생 미국으로서는 막강한 영국 함대가 걱정이었다. 그런데 뉴욕은 대서양에 바로 붙어 있는 항구도시였다. 영국 함대가 기습할 경우 속수무책으로 당할 우려가 컸다.

그래서 미국 의회는 좀 더 안전한 곳으로 수도를 옮기기로 했다. 뉴욕 남서쪽의 필라델피아다. 필라델피아는 영국에 대항하기 위한 첫 대륙회의가 열린 곳이었고, 독립군의 최대 거점이었으며, 1776년 〈독립선언서〉를 낭독한 유서 깊은 도시였다. 사실 독립에 관해서라면 미국에서 가장 중요한 역할을 했던 도시다. 의회의 정식 의결을 거쳤으니 필라델피아는 공식적인 미국의 첫 번째 수도다.

하지만 미국의 건국 아버지들은 이곳 역시 불안해했다. 뉴욕으로 침입한 영국 함대의 함포 사정거리에 들 수 있다는 걱정 때문이었다. 그래서 뉴욕에서 좀 더 남서쪽으로 멀리 떨어진 지금의 워싱턴 D.C.로 가게 되었다. D.C.는 '컬럼비아 지구District of Columbia'의 약자이고, 컬럼비아는 '크리스토퍼 콜럼버스의 땅'이란 뜻이다. 이곳은 포토맥강을 따라 바다로도 진출할 수 있고, 델라웨어주가 감싸고 있어 뉴욕처럼 영국 함대에 바로 노출되지 않는다는 장점이 있었다.

두 번째는 식민지 간의 경계심이다. 18세기 중반까지 미국에 수도가 없었던 것은 신대륙의 13개 식민지가 하나의 국가로 합칠 의사가 없었기 때문이다. 이들은 독립전쟁이 끝나면 각각의 13개의 나라로 나뉘어 살 생각이었다. 하지만 혹독한 전쟁을 치르면서 생존을 위한 연방의 필요성을 절감하게 되었다. 이들이 두려워한 건 영국과 유럽 열강만이 아니었다. 13개의 식민지 중 특정 세력이 강해져 영국처럼 횡포를 부릴까 봐 늘 서로를 경계했다.

연방을 결의한 후 버지니아, 메릴랜드, 뉴저지 등 거의 모든 주State가 자기 영토에 수도를 유치하고 싶어 했다. 이중 특히 뉴욕이 있는 뉴욕주와 필라델피아가 있는 펜실베이니아주는 수도 건설에 필요한 부지와 비용을 제공하겠다며 적극적이었다. 하지만 각 주의 대표들은 이들이 수도를 가짐으로써 생기게 될 힘의 편중을 무서워했다. 뉴욕시를 연방 정부의 직할로 하자는 제안을 뉴욕주가 거부하자 의구심은 더욱 커졌다. 농업이 중심인 남부의 대표들은 뉴욕과 필라델피아의 혼잡함도 질색이었다. 그래서 미국 의회는 13개의 주에 속하지 않는 땅에 수도를 새로 만들기로 합의했다.

세 번째는 북부와 남부의 세력 균형이다. 당시는 모든 것이 불안정한 때였다. 13개의 식민지는 특정 주가 강해지는 것도 두려웠지만 북부와 남부의 세력 균형이 무너지는 것도 꺼렸다. 각 주는 어떻게든 상황이 조금이라도 유리해지도록 자신들의 본거지와 가까운 쪽으로 새 수도를 두려고 했다.

예를 들어 북부 뉴욕주 출신의 초대 재무장관 알렉산더 해밀턴은 당연히 뉴욕을 희망했고, 남부 버지니아 출신의 초대 국무장관이자 3대 대통령인 토머스 제퍼슨은 뉴욕을 극도로 혐오했다. 북부 매사추세츠 출신의 초대 부통령이자 2대 대통령인 존 애덤스가 북부의 필라델피아를 수도로 밀자 남부는 일제히 연방 탈퇴를 압박하기도 했다.

수도의 위치를 두고 양측이 팽팽히 맞서면서 그간 독립 과정에 큰 공헌을 한 뉴욕과 필라델피아는 수도 후보에서 밀려나고 말았다. 그리고 타협점은 사실상 하나밖에 남지 않았다. 남부와 북부의 경계선에 수도를 세우는 것이다. 그게 바로 포토맥강이 흐르는 워싱턴 D.C.다. 지금으로선 수도가 동쪽에 너무 치우쳐 있는 것 같지만 당시 13개의 주만 놓고 보면 거의 중앙이었다.

이처럼 남북부 양측은 수도를 어디에 둘 것이냐를 놓고

오랫동안 첨예하게 충돌하고 대립했다. 남북의 이해관계가 그만큼 달랐던 것이다. 당시로선 물론 알 길이 없었지만, 수도를 둘러싼 남북부의 갈등은 후에 피비린내 나는 4년간의 남북 내전을 암시하는 징후였다.

네 번째는 현실적인 이유와 타협이다. 이 골치 아픈 문제를 해결한 인물은 재무장관 알렉산더 해밀턴이었다. 그는 원래 뉴욕 지지자였다. 30대 초반에 재무장관이 된 해밀턴은 영민한 인물이었다. 그는 뉴욕이 불가능하다는 것을 일찌감치 깨닫고, 이 문제를 풀 핵심적인 열쇠가 무엇인지도 파악하고 있었다.

영국과의 독립전쟁으로 북부는 특히 많은 빚을 지고 있었다. 아무래도 남부보다는 북부에서 전투가 많이 벌어진 요인이 컸다. 해밀턴은 수도를 남부에 양보해 포토맥강 부근으로 정하는 대신, 북부의 빚은 연방이 떠안는 타협안을 제시했다. 이를 모두가 받아들임으로써 극적인 타결과 함께 적절한 부지 선정은 워싱턴 대통령에게 일임하도록 했다.

마지막 다섯 번째는 소위 건국 아버지들의 경제적인 이해다. 그 어디랄 것도 없이 역사적으로 중대한 일들이 꼭 숭고하게만 진행되지는 않는다. 미국의 수도 선정에도 관련 인물들의 많은 경제적 이해가 개입되기도 했다. 조지 워싱턴 대통령도 한때 3,000명 이상의 노예를 거느린 남부 버지니아의 대농장주였다. 그는 포토맥강 주변으로 어마어마한 토지를 소유하고 있어서 워싱턴 D.C.를 건설할 때 많은 땅을 연방에 기증했다. 그의 저택이 있는 마운트 버넌은 워싱턴 D.C.에서 불과 25킬로미터밖에 떨어져 있지 않았다.

수도를 포토맥강 부근에 세워야 한다는 아이디어를 처음 낸 제임스 매디슨 하원의원도 버지니아 농장주 출신이다. 그는 나중에 미국의 4대 대통령이 되었다. 초대 법무장관 에드먼드 랜돌프는 버지니아에서 땅 많기로 소문난 전통의 랜돌프 가문 출신이었고, 해밀턴의 타협안을 냉큼 받아들인 토머스 제퍼슨 역시 수도 인근에 많은 땅을 소유한 버지니아 귀족이었다.

누가 어떤 이득을 취했는지 구체적인 자료는 남아 있지 않다. 미국에 여러 설이 전해질 뿐이다. 다만 의회가 나중에 수도에 편입된 버지니아 땅을 철회해 너무 많은 부동산 수익이 발생하지 않도록 경계에 나서기도 했다.

어쨌든 이런 과정을 거쳐 미국의 수도는 뉴욕이나 필라델피아 같은 대도시가 아닌, 그냥 텅 빈 터였던 워싱턴 D.C.가 되었다. 그리고 미국의 위상을 생각할 때 미국의 수도일 뿐 아니라 오늘날 이 지구의 수도이기도 하다.

워싱턴 D.C.의 세계적인 영향력에 비해 도시 규모는 아담해 서울 넓이의 4분의 1이고, 인구는 70여만 명이다. 그런데 백인 국가들과 백인 농장주들의 치열한 암투가 벌어졌던 역사와 달리 지금 워싱턴의 백인은 37퍼센트뿐이다. 당시 농장주들의 노예였거나, 수도 건설에 동원되었던

흑인들은 지금 이 도시의 다수로 20세기 중반 이후 줄곧 시
장에 선출되었다. 이 외에 워싱턴에 사는 사람 중에는 11퍼
센트의 히스패닉도 있고, 5,000명의 한인도 있다. 200년의
세월이 워싱턴 D.C.에도 참 많은 변화를 가져왔다.

요르단이
사우디아라비아에
기꺼이 유전을 내준 이유

우리는 삼면이 바다로 둘러싸인 나라에 살고 있다. 그래서 평소엔 바다가 얼마나 귀한지 잘 알지 못한다. 하지만 내륙국이라면 어떨까?

이 세상에는 바다가 전혀 없는 나라가 44개국이나 된다. 극히 일부를 빼곤 이 나라들은 대부분 가난하다. 바다가 없어서다. 세계 최빈국의 약 40퍼센트도 다른 나라들로 둘러싸인 내륙국이 차지하고 있다. 바다가 없는 나라는 왜 가난한지 그리고 그 외에도 어떤 어려움을 겪게 되는지 살펴보자.

요르단은 아랍 국가지만 석유 한 방울 안 나는 나라다. 바다와 석유를 바꾸었기 때문이다. 2차대전 후 내륙국으로 독립한 요르단은 기쁨도 잠시, 곧 깊은 고민에 빠졌다. 항구가 없다면 발전도 없다는 걸 일찌감치 깨달은 것이다.

요르단은 곧바로 옆 나라인 사우디아라비아와 영토 교환에 나섰다. 오랜 협상 결과 요르단은 1965년, 서울의 10배 크기의 땅을 사우디아라비아에 주고, 대신 16킬로미터 길이의 해안선을 갖게 되었다. 그렇게 개발된 도시가 요르단 유일의 항구도시인 아카바Aqaba다.

그런데 하필 사우디에 준 땅에서 유전이 발견되었다. 요르단은 이를 아까워했을까? 천만의 말씀. 지금도 요르단에서는 그때의 기민한 결정을 칭송하고 있다. 이렇듯 내륙국에서 바다는 석유보다도 중요하다.

남미의 볼리비아도 바다가 없다. 브라질, 파라과이, 아르헨티나, 칠레, 페루에 둘러싸인 내륙국이다. 볼리비아는 19세기 말 칠레와의 전쟁에서 패배해 바다를 잃었다. 이후 볼리비아의 경제는 끝없이 추락해 지금은 남미에서 가장 가난한 나라다.

바다가 없는데도 볼리비아에는 '바다의 날'이 있다. 그것도 어엿한 공휴일이다. 이날만 되면 볼리비아에서는 각계 인사들이 모여 바다를 되찾자는 각오를 다진다. 그날을 위해 여전히 해군과 해병대도 유지하고 있다.

바다를 절절히 그리워하는 나라 중에는 몽골도 있다. 하필이면 사이가 극히 안 좋은 러시아와 중국 사이에 긴 전형적인 내륙 국가다. 그런데 몽골의 국기를 보면 물고기 두 마리가 있다. 이적의 〈달팽이〉 가사처럼 "언젠가 먼 훗날에 저 넓고 거칠은 세상 끝 바다로 갈 거"라는 의미다.

사해를 호령하던 칭기즈칸의 시절로 되돌아가고 싶다는 뜻일 거다.

이렇듯 바다는 모든 내륙국의 로망이고, 항구를 갖는 건 국가 존망이 걸린 숙원 사업이다. 바다가 없으면 무엇보다 무역에 절대적으로 불리하다. 모든 나라는 무역을 통해 경제 발전을 이루게 된다. 아무리 항공 운송이 발전했다 해도 오늘날 국제무역에서 해운이 차지하는 비중은 여전히 90퍼센트 이상이다. 그만큼 물류비가 싸기 때문이다. 서울에서 부산으로 이사하는 비용이나 미국에서 한국으로 배에 이삿짐을 실어 보내는 비용이 거의 비슷할 정도다.

그런데 바다가 없으면 다른 나라의 항구를 빌려 써야 한다. 아프리카의 내륙국 에티오피아는 지금까지 옆 나라인 지부티의 항구를 쓰면서 연간 사용료로 2조 원씩 지불해왔다. 그러면서 지부티의 심기를 건드리지 않기 위해 눈치까지 봐야 했다. 지부티 항구에서 에티오피아 국경까지 육로 운송도 지부티의 철도나 트럭을 이용해야 한다. 무역할 때마다 남 좋은 일 하는 셈이다.

카자흐스탄, 우즈베키스탄, 키르기스스탄, 타지키스탄, 아프가니스탄 등 중앙아시아에는 내륙국들이 몰려 있다. 바다가 있는 나라는 항구에서 단 한 번의 세관 신고로 끝이다. 하지만 중앙아시아의 내륙국들은 국경을 여러 번 거치느라 보통 세 번의 통관 절차를 밟아야 한다. 관세는 계속 늘어나는 데다 이런 나라일수록 부패도 심해 통행료와 급행료도 내야 한다. 한 연구 결과 중앙아시아 내륙국의 운송비는 항구가 있는 나라에 비해 운송비가 3배 이상 더 드는 것으로 집계되었다.

중앙아시아의 사정은 그래도 아프리카보단 낫다. 내륙국의 운송 비용은 인접국의 교통 인프라에 달려 있다. 그런 면에서 아프리카 중앙부의 내륙국들은 최악이다. 말리, 니제르, 차드, 남수단, 우간다, 잠비아, 짐바브웨 같은 나라들이다. 이 나라들은 주변국의 도로 사정도 형편없어 보통 비포장도로로 물건을 실어 내야 한다. 게다가 이 나라들은 걸핏하면 쿠데타나 내전이 벌어져 갑자기 물류가 멈추기 일쑤다. 그래서 아프리카 내륙국의 물류비는 해안국에 비해 심할 땐 7배 이상 더 많이 드는 것으로 보고 있다.

운송비가 이렇게 많이 들면 제조업을 하려야 할 수가 없다. 가격 경쟁력이 없어서다. 그러니 천상 아프리카 국가들은 1차원적인 자원 수출에 의존할 수밖에 없다. 잠비아의 구리, 콩고의 다이아몬드, 중앙아프리카공화국의 금과 같이 아프리카에 단일 상품 의존 국가가 많은 이유다. 운송비 때문에 필요한 물품을 수입하는 것도 어렵다. 가격이 너무 비싸져 팔 수가 없어서다. 아프리카 국가들의 가난은 상당 부분 바다가 없는 내륙국에서 기인한다.

아시아의 몽골도 사정이 딱하기는 마찬가지다. 몽골은 세계적인 자원 부국이다. 한때 부르는 게 값이었던 희토류만 해도 세계 매장량의 16퍼센트를 갖고 있다. 구리와 형석은 세계 2, 3위다. 하지만 바다가 없어 이를 맘껏 수출할 수가 없다. 항구가 있는 중국과 러시아의 허락을 받아야 하기 때문이다. 특히 중국은 걸핏하면 도로를 봉쇄하거나 통행료를 부과해 몽골의 애를 태우고 있다. 이런 이유로 세계은행 보고서에 따르면 내륙국의 무역은 바다가 있는 나라에 비해 무역량이 평균 30퍼센트 정도 적다.

바다가 없어 불리한 점은 무역에서만이 아니다. 한 국가의 생존을 위해서도, 경제 발전을 위해서도 반드시 필요한 게 에너지다. 해양 국가라면 유조선이나 가스 운반선으로 에너지를 쉽게 조달할 수 있지만 내륙국은 막대한 에너지를 공급받기 위해 송유관이나 가스관 건설이 필수다. 당연히 엄청난 비용이 들어가는 대공사다. 특히 아프리카 국가들은 이를 건설할 능력도, 돈도 없다. 매번 반복되는 정치적 불안정으로 투자할 외부 국가도 없다. 에너지가 없는 곳에 제조업이 있을 턱이 없으니 아프리카 내륙국의 경제개발은 정말 미션 임파서블 수준이라 하겠다.

바다가 없으면 인접국에 정치·경제적으로 예속될 가능성도 높다. 체코, 슬로바키아, 헝가리, 세르비아 등 동유럽의 내륙국들은 소련에서 독립한 지 30년이 훨씬 넘었지만, 여전히 러시아의 눈치를 봐야 한다. 에너지의 대부분을 러시아에서 연결된 송유관과 가스관에 의지하기 때문이다. 중앙아시아 국가들도 사정은 마찬가지라 에너지 공급원인 러시아와 중국에 "No"를 하기는 어렵다. 중국의 항구를 쓸 수밖에 없는 몽골은 티베트 불교 수장인 달라이 라마를 초대했다는 이유로 항구와 도로가 봉쇄당하는 정치 보복을 당하기도 했다.

바다가 없으면 경제뿐 아니라 국가 안보도 취약해진다. 우선 이웃 나라와 사이가 나빠지면 도로를 몇 개 막는 것으로 손쉽게 육상 봉쇄를 당할 수 있다. 국제법상으로도 불법이고, 드넓은 공해를 막는 게 현실적으로 어려운 해상 봉쇄와는 비교도 할 수 없을 정도로 아주 쉽다.

육군은 늘 미사일과 함포 사거리를 감안해가며 조심스럽게 움직이는데 해군이 없으면 이를 제어할 마땅한 방법이 없다. 대규모의 병력 이동과 보급품 수송도 배를 이용하는 게 가장 효율적인데 이것도 불가능하다. 공군조차 다른 나라의 상공을 통과할 때마다 허락을 받아야 하니 무용지물이 될 수도 있다.

바다가 없는 나라는 대개 물 부족 문제를 함께 겪기도 한다. 강은 보통 바다와 접하면서 큰 강으로 발달하게 된다. 하지만 내륙국은 하천이 큰 강을 이루지 못하면서 농사는커녕 먹을 물조차 부족한 나라가 되기 십상이다. 큰 강이 없으면 물류 수송이 어려워 경제에도 악영향을 받음은 물론이다. 바다가 없으니 많은 물이 필요한 제철이나 조선 같은 중공업은 당연히 꿈도 꿀 수 없다. 하지만 예외적인 국가도 있다. 바다가 없어도 잘만 사는 나라 말이다.

오스트리아, 스위스, 룩셈부르크가 대표적인 나라들이다. 모두 유럽의 국가다. 이들 나라는 모두 그럴만한 이유가 있다.

우선 이 나라들은 사실상 같은 EU 경제권이다. 자국을 둘러싼 나라들의 도로를 이용해 항구로 가는 데 아무 문제가 없다. 지리적으로 항구도 비교적 가깝다. 오스트리아 같은 나라는 다뉴브강을 통해 쉽게 바다에 닿을 수도 있다. 스위스는 육상교통의 중심지이니 사통팔달 그 어느 곳이라도 갈 수 있다. 주변 국가들도 모두 잘살아 이들 간의 교역만으로도 충분하니 웬만한 해안국보다 훨씬 나은 조건이다. 케냐, 탄자니아, 르완다, 콩고, 남수단을 지나야 하는 아프리카의 우간다와 절대 같을 수가 없다.

세계적인 경제학자인 제프리 삭스는 "나라의 발전과 지리적 조건은 분명한 상관관계를 갖고 있다"라고 말한다. 그러면서 내륙국의 경제개발이 얼마나 어려운 일인지를 함께 지적했다. 반면 우리의 경제 발전은 삼면이 바다로 둘러싸인 지리적 요인의 상당한 덕을 봤다고 할 수 있겠다.

돌궐에서 튀르키예까지,
1,000년간의
민족대이동

무려 8,000킬로미터나 떨어진 유럽의 끝자락에 우리와 같은 몽고반점이 있는 나라가 있다. 바로 튀르키예다. 이들은 한때 우리의 이웃이었다. 이 강인한 북방 유목민족을 중국에선 오랑캐라는 뜻으로 돌궐突厥이라고 이름 지었다. 하지만 그들 스스로는 튀르크Turk라고 불렀다.

이들은 어떤 과정으로 그 멀리까지 가게 된 것일까? 그리고 어떤 힘이 있었길래 가는 곳마다 대제국을 건설할 수 있었던 걸까?

중국 북쪽으로는 몽골과 카자흐스탄으로 이어지는 너른 초원이 있다. 이 땅의 첫 주인은 흉노匈奴였다. 기원전 2세기에 등장한 흉노는 몽골 초원에 유라시아 최초의 유목 제국을 세웠다. 흉노가 얼마나 강했던지 견디다 못한 진시황은 만리장성을 쌓아야 했고, 한나라를 세운 유방은 막대한 조공을 바쳐야 했다.

흉노는 400여 년간 중국과 대등한 세력이었다. 그러다가 한무제의 공격과 내분으로 결국 망하게 되었다. 이후 흉노는 역사에서 완전히 사라진 듯 보였다. 하지만 실제로는 200여 년에 걸쳐 조금씩, 조금씩 서쪽으로 이동하고 있었다. 그리고 4세기에 갑자기 유럽에 나타나 유럽 전역을 공포의 도가니로 몰아넣었다. 바로 훈족이다. 그리고 이들은 헝가리를 만들었다. 헝가리에서 '가리'는 몽골어로 '나라'를 뜻한다. 이로 인해 겁에 질린 게르만의 민족대이동이 일어났고, 그것이 결국 서로마의 멸망을 불러왔다는 것은 익히 잘 알려진 사실이다.

흉노가 비운 대초원에 홀연히 나타난 게 돌궐이다. 6세기의 일이다. 흉노의 한 일파인 돌궐은 여러 면에서 흉노보다 훨씬 더 강했다.

대부분의 유목국가는 들불처럼 일어났다가 바람처럼 사라진다. 문자가 없어서 기록이 남지 않기 때문이다. 하지만 돌궐은 달랐다. 이들은 곳곳에 비문을 세워 자신의 문자로 역사를 남겼다. 중국 중심의 사관에 익숙한 우리들의 관심이 없었을 뿐 돌궐의 발자취는 그래서 아주 뚜렷하다.

한 돌궐 비문에는 "사방에 군대를 보내 머리를 가진 자는 머리를 숙이게 하고, 무릎을 가진 자는 무릎을 꿇게 하였다"라고 기록하고 있다. 이 말 그대로다. 돌궐은 단시일

내에 흉노의 경계였던 파미르고원을 넘어 카스피해에 이르는 어마어마한 유목 제국을 만들어 냈다. 이는 중국 전체와 맞먹는 크기였다.

실크로드를 장악한 돌궐은 중계무역으로 부를 쌓았다. 당시 중국 중원의 수나라도, 그를 이은 당나라도 돌궐과 군신 관계를 맺고 조공을 바쳐야 했다. 싸우는 재능은 타고났지만, 유목민의 약점은 늘 결속력이 약하다는 것이다. 오랜 세월 손쉬운 이동을 위해 국가가 아닌 가족 단위로, 혹은 부족 단위로 생활해온 문화 때문이다.

돌궐은 곧 흉노와 마찬가지로 왕위 계승을 둘러싸고 분열하기 시작했다. 여기에 당의 집요한 이간책으로 동·서 돌궐로 나눠지게 된다. 분열된 돌궐은 당나라의 적수가 되지 못했다. 이렇게 해서 오아시스를 연결한 초원의 대제국은 겨우 200여 년 만에 무너지게 된다.

돌궐이 약화된 데는 7세기 초에 전래된 불교도 한몫한다. 살생하지 말라는 가르침 때문이다. 이 때문에 돌궐 지배층은 국민들이 전쟁을 하지 못하게 만든다는 이유로 불교 전파를 막으려 했다. 하지만 종교는 늘 막으면 막을수록 퍼지게 되어 있다.

유목민은 결속력이 약하다는 단점이 있지만 대신 생명력이 길다는 장점도 있다. 곳곳에 흩어져 살기 때문에 나라는 무너뜨릴 수 있어도 국민을 없앨 수는 없다. 그래서 돌궐이 사라진 초원에서 나중에 몽골, 여진, 거란이 나올 수 있었던 것이다.

어쨌든 패망한 돌궐인들 중 일부는 중국에 동화되고, 일부는 새로운 땅을 찾아 서쪽으로 이주하게 된다. 게르만 민족대이동을 능가하는 튀르크 민족대이동이 시작된 것이다. 하지만 튀르크의 서진은 흉노와는 달랐다. 흉노가 유럽으로 갈 때는 대초원에 그들을 막아설 자가 없었다. 하지만 튀르크가 이동할 때는 중동에 이슬람이 들어서는 중이었다.

당시 중동에는 중세 이슬람의 황금시대를 연 아바스 왕조의 세력이 막강했다. 돌궐인들은 살아남기 위해 용병이 되었고 이들은 탈라스 전투에 투입되었다. 세계사적으로 엄청난 의미를 지닌 전투다. 우리에겐 당나라 군대를 이끈 고구려 출신의 장수 고선지로 더 유명하다.

8세기(751년)에 서진하던 당나라와 동진하던 아바스 왕조는 드디어 오늘날의 키르기스스탄에 있는 탈라스강에서 만나게 된다. 결과는 돌궐이 합세한 이슬람의 대승이었다. 이 패배로 중국은 서쪽으로의 팽창을 완전히 포기하게 된다. 중국이 영향력을 잃음에 따라 오늘날 중앙아시아는 그 넓은 땅이 모두 이슬람이 되었다.

이 전투는 돌궐의 운명에도 결정적인 영향을 끼쳤다. 이슬람을 받아들인 것이다. 이는 단순히 종교의 문제가 아니었다. 쉽게 흩어지는 유목민의 습성을 버리고, 종교로 단단히 뭉쳐진 튀르크 민족으로 재탄생하게 된 것이다.

그 사이에도 튀르크인들의 유입은 계속되었다. 특히 10세기의 백두산 화산 폭발로 초원이 황폐해지면서 돌궐인들은 대거 고향을 떠나 속속 이슬람화된 튀르크인이 되어갔다. 그리고 튀르크인들이 지나간 자리에는 점차 카자흐스탄, 키르기스스탄, 우즈베키스탄, 투르크메니스탄, 아제르바이잔 등의 나라가 생겨났다.

이런 과정을 거쳐 튀르크인들은 마침내 11세기 초 셀주크 튀르크(1037년)를 세우게 되었다. 중동의 거의 전 지역을 석권하는 엄청난 크기의 이슬람 제국이다. 셀주크는 돌궐 제국과는 완전히 달랐다.

유목 제국은 영토 점령보다는 교역을 통한 경제적 이득을 취하는 것이 우선이었다. 점령된 영토를 다스릴 역량 자체가 부족했기 때문이다. 하지만 셀주크 튀르크는 팽창과 정복이라는 제국 특유의 기질을 한껏 보여주었다. 이들은 비잔틴 제국을 꺾음으로써 오늘날의 튀르키예 대부분의 지역을 장악했다. 그리고 예루살렘 등 기독교 성지를 지배함으로써 십자군 전쟁을 불러왔다. 탈라스 전투에서 이슬람과 중국 문명권의 충돌 한복판에 섰던 튀르크는 이번에는 이슬람과 기독교 문명 충돌의 선두에 다시 서게 된 것이다.

셀주크 튀르크는 돌궐의 유목 제국보다도 수명이 짧았다. 오랜 십자군 전쟁을 치르느라 힘이 소진된 상태에서 막강 몽골 제국의 침입을 맞았기 때문이다.

셀주크 튀르크가 200년도 안 돼 문을 닫았지만, 튀르크의 생명력은 결코 꺼지지 않는 들불 같았다. 몽골이 물러나자 튀르크는 또다시 부활해 이번엔 더 큰 오스만 튀르크 제국(1299년)을 만들었다. 그리고 마침내 15세기(1453년)에 콘스탄티노플을 함락하면서 천년 제국 로마를 완전히 역사 뒤로 보내 버렸다.

오스만 튀르크는 유럽, 아프리카, 서아시아에 걸쳐 옛 동로마 제국의 영토 대부분을 차지했다. 이들은 돌궐 유목 제국과 셀주크 튀르크를 합친 것보다 훨씬 더 긴 600년간이나 세계 최강국으로 군림했다. 하지만 오스만 튀르크 제국도 1차대전의 패전국이 되면서 수명을 다했고, 1923년 오늘날의 튀르키예 공화국으로 재탄생하게 되었다. 그리고 이들은 자신의 역사를 다음과 같이 교과서에 실었다.

우리의 조상은 중앙아시아 초원의 흉노다. 그리고 돌궐은 튀르크의 이름으로 건설한 최초의 국가다. 우리는 1,000년 동안 8,000킬로미터를 걸어 이곳으로 왔다. 장소는 달라졌지만 이런 역사로 보아 튀르키예의 건국 연도는 돌궐이 나라를 세운 552년이다.

칭기즈칸은
800년간
역사의 무명씨였다

칭기즈칸을 모르는 사람이 있을까? 지금이야 인류 역사상 가장 유명한 인물 중 한 명이지만 놀랍게도 그가 세상에 알려진 것은 그리 오래되지 않았다. 1960년대까지만 해도 우리나라뿐 아니라 전 세계인들이 칭기즈칸을 잘 몰랐다. 변변한 학술적 연구조차 거의 없었다. 고작해야 신화나 전설의 한 부분으로 그의 이름이 잠시 오를 뿐이었다.

사실상 전 세계에서 칭기즈칸은 금기어나 다름없었다. 마치 해리포터의 볼드모트처럼 그는 불러서는 안 되는 이름이었다. 이 때문에 칭기즈칸은 무려 800년간이나 역사의 무명씨로 남아야 했다. 왜 그래야 했을까?

1162년 칭기즈칸은 몽골의 한 초원에서 태어났다. 모두 아는 것처럼 그 후 칭기즈칸은 파죽지세로 인류 역사상 가장 큰 나라인 몽골 제국을 만들었다. 하지만 그 영광은

칭기즈칸(1162~1227). 역사상 전무후무한 세계 최대 제국을 건설한 인물. ——

불과 200여 년밖에 가지 않았다. 몽골이 세운 원나라가 명나라로 인해 망하면서 그들은 다시 처음 일어난 초원으로 되돌아갔다. 하지만 몽골 제국은 전 세계적으로 엄청난 파장을 끼쳤다.

몽골이 서쪽으로 진격하면서 가장 먼저 피해를 본 곳은 당연히 중동의 이슬람 세력이었다. 몽골은 중동이 수백 년간 쌓아온 경제적·문화적 토대를 뿌리째 뽑아 버렸다. 중동은 이를 복구하는 데 수백 년을 낭비해야 했다. 역사에는 만약이란 게 없다지만 몽골의 침입이 없었더라면 서유럽이 중동을 추월하는 일도 없었을 것이라고 단언하는 학자들도 있다.

이슬람에 칭기즈칸은 그야말로 악마 그 자체였다. 그러

니 중동에선 오랫동안 그 이름을 입에 올리지도 않았다. 몽골의 후손인 중동의 하자르족은 그때의 원한으로 지금도 온갖 박해를 당하고 있다.

중동만큼은 아니지만 서유럽에서도 칭기즈칸은 기피 인물이었다. 중동에서 전해진 '악마가 보낸 군대'라는 소문은 유럽 전역을 공포로 몰아넣었다. 5세기 동쪽에서 갑자기 나타난 훈족의 악몽 때문이다. 당시 유럽의 최강 군대인 폴란드와 헝가리, 여기에 신성 로마 제국의 기사단까지, 최정예가 몽골과 맞섰다. 하지만 힘 한번 써보지 못하고 대패했다. 몽골군이 칸의 추대 문제로 갑자기 철군하지 않았더라면 서유럽도 분명 정복당했을 것이다. 더 이상 유럽을 지킬 변변한 군대가 남아 있지 않았기 때문이다. 어쨌든 서유럽도 이 굴욕을 두 번 다시 떠올리고 싶어 하지 않았다. 그래서 그 후 오랫동안 칭기즈칸은 유럽에서도 잊힌 이름이 되었다.

칭기즈칸에게 가장 혹독하게 당한 곳은 러시아다. 전쟁 중 대량 학살을 당했고, 포로들은 노예로 팔려나갔다. 도시가 파괴되면서 교역과 수공업의 기반이 완전히 무너져 러시아는 농업국가로 전락했다. 이 와중에 몽골에 바칠 공물을 마련하느라 수많은 사람이 굶어 죽었다. 거의 300년간 이런 일을 당했다. 당시 서유럽과 대등한 지위를 누리던 러시아를 유럽에서 가장 뒤떨어진 후진국으로 만든 게 바로 몽골인 것이다.

이 두 나라는 수백 년 후 얄궂게도 다시 역사적으로 뒤엉키게 되었다. 그때는 지배와 피지배의 관계가 완전히 뒤집혔다. 사실 칭기즈칸이 800년간이나 역사의 무명씨가된 데는 러시아의 역할이 결정적이다. 그 이야기는 이해관계상 뒤에서 다시 하기로 하고 먼저 중국 입장부터 알아보도록 하자.

14세기 중반, 원나라가 명나라에 멸망하면서 몽골 제국이 무너졌지만 그렇다고 이 대제국이 그냥 사라질 리는 없었다. 몽골은 그 후에도 부던히 제국 재건에 나섰다. 한때 명나라 황제를 포로로 잡은 적도 있고, 수도인 북경을 포위 공격하기도 했다.

17세기에 중국을 차지한 청나라 역시 몽골을 꺾기 위해무려 80년간이나 전쟁을 해야 했다. 몽골의 저항이 지긋지긋했던 청나라는 우선 칭기즈칸의 직계부터 모두 죽였다. 그리고 그의 이름을 말하는 자는 그 자리에서 처형했다. 몽골 재건의 중심축에는 늘 칭기즈칸이 있었기 때문에그 싹을 아예 자르려 했던 것이다. 그래서 중국에서도 칭기즈칸의 이름이 사라졌다.

청나라에 의해 내몽골과 외몽골로 찢긴 몽골은 외몽골만이라도 독립하기 위해 애썼지만 번번이 중국에 의해 좌절되었다. 유일한 방법은 공산화된 소련의 지원뿐이었다. 1921년 소련 덕에 독립은 이루었지만 불행히도 소련은 옛일을 잊지 않았다.

외몽골

내몽골

청나라

17세기 청나라는 몽골의 세력을 막기 위해 두 지역을 분리해 통치했다. —————

　몽골이 위성국가가 되자마자 소련이 가장 먼저 한 일은 칭기즈칸 흔적 지우기였다. 소련은 우선 교과서에서 칭기즈칸의 이름을 삭제했다. 그리고 그의 이름이 들어간 모든 책을 불태워 버렸다. 이름을 말하는 것 자체도 당연히 금지되었다. 심지어는 외지인이 그의 고향을 방문하는 것도 막기 위해 고향으로 통하는 유일한 길에 전차부대를 배치하기도 했다. 칭기즈칸을 정신적 지주로 하는 민족주의가 부활하면 몽골 지배에 위협이 될 것이라 생각했기 때문다.

　소련의 칭기즈칸 흔적 지우기는 몽골을 지배한 약 70년 동안 내내 계속되었다. 이러니 현대에 들어서도 칭기즈칸의 이름이 서방에 알려지기 어려웠던 것이다. 하지만 칭기즈칸의 후예들은 결코 만만치 않았다. 소련의 이러한 노력에도 불구하고 몽골의 칭기즈칸 연구와 흔적 보존은 암암리에 계속되었다. 그리고 마침내 1961년 칭기즈칸 탄생

800주년을 맞아 그의 고향인 헨티Khentii에 업적을 기리는 커다란 기념비를 세웠다. 이 와중에 적지 않은 사람들이 목숨을 잃기도 했다. 하지만 몽골의 친소파 허수아비 정치인들에게도 칭기즈칸만큼은 양보할 수 없는 자존심이었다.

이 일이 서구에 알려지면서 마침내 함부로 불러서는 안 되는 '그 이름'이 칭기즈칸이라는 것이 만천하에 드러났다. 역사의 무명씨였던 이 불세출의 영웅이 자신의 이름을 되찾은 것이다. 그리고 이후 팍스 몽골리카(Pax Mongolica, 몽골에 의한 세계 평화)의 현대판인 팍스 아메리카나(Pax Americana, 미국에 의한 세계 평화)를 꿈꾸는 미국의 주도로 전 세계에 칭기즈칸 열풍이 불기 시작했다. 숨기기에 그의 이름은 너무 컸던 것이다.

그렇다고 칭기즈칸이 과연 행복해할지는 모르겠다. 칭기즈칸은 "다시 태어난다면 평범한 사람으로, 평범한 게르(Ger, 몽골식 천막)에서 살다 평범하게 늙어 죽고 싶다"라는 말을 남겼기 때문이다. 하지만 그러기엔 그가 이뤄 놓은 일들이 너무나 많다. 그에게 당한 사람들과 나라들도 역시 너무나 많다. 그러니 칭기즈칸의 바람은 800년간 무명씨로 있었던 것만으로도 충분하다는 생각이 든다.

아시아 인구가
압도적으로
많은 이유

이 세상은 크게 밥을 먹는 나라와 빵을 먹는 나라로 나뉜다. 수천 년간 무엇을 먹었느냐에 따라 개개인의 가치관과 사고방식의 차이뿐 아니라 국가의 운명도 달리했으니 알고 보면 이만큼 중차대한 문제도 없다.

쌀과 밀이 만든 가장 가시적인 결과물은 인구다. 세계 인구는 2022년 80억 명을 넘었다. 2022년 11월 15일 도미니카 공화국에서 태어난 한 아기가 유엔에서 선정한 공식적인 80억 명째 인물이다. 하루 26만 명이 태어나고, 12만 명이 죽는 가운데 어떤 방식으로 유엔이 도미니카 아기를 콕 집어 선정했는지는 알 수 없다. 아무튼 80억 명의 인구 중 60퍼센트인 48억 명이 아시아에 살고 있다. '인구' 하면 대뜸 떠오르는 인도와 중국이 모두 아시아에 있다. 이 두 나라를 합하면 28억 명으로, 10명이 태어나면 그중 3.5명은 좋든 싫든 인도인이 되거나 중국인이 된다.

인도와 중국이 아니더라도 아시아에는 인구 대국이 즐비하다. 2억 8,000만 명으로 세계 4위인 인도네시아도 있고, 2억 4,000만 명으로 세계 5위인 파키스탄도 있다. 세계에서 인구가 가장 많은 TOP 5 국가 중 미국만 빼고 모두 아시아에 있다. 그 외에 1억 7,000만 명의 방글라데시도, 1억 2,000만 명의 일본과 필리핀도, 1억 명에 육박하는 베트남도, 7,000만 명의 태국도 아시아 국가다. 우리만 해도 남한과 북한을 합치면 7,000만 명이니 그 어디에도 뒤지지 않는 숫자다. 모두 짐작하다시피 이 나라들에는 아주 뚜렷한 공통점이 있다. 바로 쌀농사를 지어서 밥을 먹는다는 것이다.

그럼 주로 밀농사를 지어서 빵을 먹는 유럽은 어떨까? 유럽 인구는 7억 4,000만 명이 전부다. 세계 인구의 9퍼센트이고, 아시아 인구의 약 7분의 1밖에 되지 않는다. 유럽을 다 합해 봐야 인도나 중국 인구의 절반 정도다. 이 중 1억 명이 넘는 나라라곤 유럽이라고 하기에도 애매한 러시아뿐이다. 5,000만 명이 넘는 나라도 독일, 영국, 프랑스, 이탈리아뿐이다.

이처럼 양 대륙의 인구가 엄청나게 차이를 보이는 데는 몇 가지 이유가 있다. 먼저 생각해볼 수 있는 건 땅 크기의 차이다. 아시아는 유럽보다 4.5배나 크다. 그만큼 인구를 더 많이 수용할 수 있고, 더 많은 농지에서 식량을 생산해

낼 수도 있다. 물론 유목의 비중이 높은 서아시아와 중앙 아시아를 빼면 이 차이는 크게 줄어들긴 한다.

대규모 전염병도 인구 차이의 한 요소다. 유럽은 흑사병, 콜레라, 독감 등이 정규적으로 발생할 때마다 대폭적인 인구 감소를 겪어왔다. 아시아 역시 전염병이 자주 돈건 마찬가지였지만 인구 증가를 심각히 저해할 정도는 아니었다. 유럽은 평지가 많은 데다 잦은 전쟁과 교역으로 인구 이동이 활발해 몰사 수준의 전염병이 많았다. 반면 아시아는 험준한 산과 밀림, 사막과 강으로 인해 다른 나라로 확산되는 게 쉽지 않았다.

17세기의 종교전쟁이었던 30년 전쟁 이후 유럽은 여러 차례 초대규모의 국제전을 치러왔다. 1, 2차 세계대전에서만 죽은 사람이 1억 명이다. 18세기 유럽에서 독립 왕국만 1,000여 개에 달했는데 이들 사이의 전쟁으로 사망한 사람들은 카운트조차 할 수 없다. 반면 아시아는 국지전은 끊임없었지만, 유럽 같은 대규모 국제전은 거의 없었던 편이라 인명을 아낄 수 있었다.

하지만 가장 중요한 이유는 따로 있다. 바로 주식으로 먹는 곡식이 무엇이냐다. 즉 아시아와 유럽의 인구 격차는 곧 쌀과 밀의 인구부양력의 차이다.

조건과 환경에 따라 연구 결과가 다르긴 하지만 아주 먼 옛날에는 쌀로 먹여 살릴 수 있는 인구가 밀로 먹여 살릴 수 있는 인구보다 10배 이상 많았다고 보고 있다. 밀의 재배 기술이 늘면서 이 간격은 조금씩 좁혀졌지만 화학 비료를 사용하는 오늘날에도 쌀의 인구부양력은 밀의 두세 배다.

여기에 동남아의 많은 지역에서 쌀은 이기작도 가능했다. 같은 땅에서 보리와 쌀을 순서대로 재배하는 이모작도 물론 가능했다. 반면 밀은 지력 소모가 심해 정기적으로 땅을 쉬게 해주어야 했다. 여러모로 사람을 먹이는 데는 쌀이 밀보다 유리했던 것이다.

더구나 쌀은 노동력을 투입하는 만큼 수확량도 따라서 커진다는 매우 중요한 특성이 있었다. 쌀농사는 무엇보다 물이 많이 필요했다. 밀 생산에 비해 적어도 두세 배 이상의 물이 들었다. 논에 물을 계속 대야 했기 때문에 대규모의 관개시설이 필수였다. 그래서 동양에선 늘 치수治水가 중요했다. 물만 잘 다루면 중국 하나라의 우임금처럼 왕이 될 수도 있었다.

어쨌든 관개시설은 한두 명으로 될 일이 아니었다. 노동력을 확보하기 위해서는 아이를 많이 낳는 방법밖에 없었다. 기왕이면 딸보다는 힘이 센 아들이 더 좋았다. 남아선호사상이 이렇게 만들어졌다. 아이를 최대한 많이 낳으려면 일찍 결혼하는 것이 유리했다. 조혼 문화는 이런 배경에서 만들어졌다.

이렇게 아이를 많이 낳아 인구가 늘었으니 이들을 부양하기 위해서는 더 많은 농사를 지어야 했다. 그러려면 더 많은 아이를 낳아 더 많은 노동력을 마련해야 했다. 이것을 1만 년간 반복한 결과 지금 아시아는 유럽은 물론 그 어느 대륙보다도 압도적으로 많은 인구를 갖게 된 것이다. 더구나 유럽의 밀농사보다 2,000~3,000년 정도 일찍 벼농사를 시작해 아시아는 더 많은 복리 효과를 누릴 수 있었다.

이 덕에 중국은 16세기 초에 이미 인구가 1억 명을 넘어섰다. 인도는 더 많아 1억 1,000만 명 정도 되었다. 반면 서유럽은 다 합쳐 봐야 이 시기에 채 6,000만 명이 넘지 않았고, 18세기 말이 되어서야 1억 명이 되었다. 그것도 중남미에서 들여온 옥수수, 감자 같은 신작물을 먹을 수 있게 된 덕택이다.

유럽은 쌀과 밀의 인구부양력 차이를 뒤늦게 깨달았다. 대항해시대를 거쳐 아시아로 본격 진출하면서 두 눈으로 확인한 뒤였다. 그래서 18세기 계몽주의 학자들이 유럽에 쌀농사를 권하기도 했다. 일조량과 비가 적어 유럽에서는 불가능하다는 걸 깨닫는 데는 그리 오래 걸리지 않았다.

한때 인구가 국력이던 시절이 있었다. 영국의 애덤 스미스는 "한 나라의 부강을 결정짓는 지표는 국민의 숫자"라고 했다. 이는 아시아도 마찬가지여서 중국과 인도는 오랜 세월 쌀 덕택에 만들어진 이 막강한 인구를 앞세워 각 지역의 최강국으로 군림해왔다.

하지만 지금은 인구가 많다고 마냥 반기는 시대는 아니

다. 오히려 요즘은 아시아의 많은 인구가 각국의 경제적 어려움을 가중시키는 주범으로 취급받기도 한다.

반면 한국, 중국, 일본 같은 상대적으로 부유한 동아시아 국가는 인구 감소에 대한 걱정이 이만저만이 아니다. 국민을 먹여 살릴 쌀이 남아도는데도 말이다. 예나 지금이나 인구는 참 어려운 문제다.

.

항구는
어떤 곳에
들어설까?

자국에 항구가 없으면 해외 무역에 절대 불리해 경제 발전을 이루기가 어렵다. 하지만 바다가 있다고 해서 아무데나 항구를 만들 수는 없다. 바다가 있는 나라들은 늘 좋은 항구를 꿈꾸지만, 모두가 가질 수 있는 건 아니다. 많은 수출입품과 거대한 배들이 오가는 현대의 무역항은 생각보다 훨씬 더 까다로운 입지 조건을 갖추어야 한다.

언제, 어디서, 누가, 맨 처음 항구를 만들었는지는 알 수 없다. 다만 인류가 모여 살면서 이동의 필요성이 커졌고, 육로보다는 장애물이 적은 수로를 이동에 주로 이용하면서 배를 댈 수 있는 항구가 자연스럽게 만들어졌을 것이다. 많은 배가 드나드는 곳에는 사람들이 몰려 마을을 이루고, 나중에는 도시가 되었다. 그리고 마침내 이런 곳에서 고대문명이 시작되었다.

이집트와 메소포타미아 등의 문명이 바다와 강이 인접한 곳에서 시작된 건 결코 우연이 아니다. 수로가 사통팔달이라 어디든 배로 이동할 수 있고, 배를 안전하게 댈 수 있는 좋은 항구가 바로 그곳에 있었기 때문이다.

물론 예외도 있다. 그리스와 로마다. 이들은 큰 강 없이도 역사에 길이 남을 문명을 이루었다. 이것은 지중해 덕이다. 육지로 둘러싸인 내해나 다름없어 대부분 파도가 잔잔하다. 그래서 그리스와 로마는 일찌감치 해상무역으로 큰 발전을 이룰 수 있었다. 만약 지중해가 아닌 파도가 거친 북해나 대서양에 있었다면 어땠을까?

당시의 조선 기술로는 결코 이렇게 영향력이 큰 문명을 남기지 못했을 것이다. 작은 목선들이 주로 다닐 때는 바다의 거친 파도를 피해 강 안쪽 깊숙이 항구를 만들기도 했다. 영국의 런던과 프랑스의 파리가 그렇게 발전한 도시다. 지금까지도 독일의 수출을 책임지고 있는 함부르크 역시 엘베강 깊숙이 있다. 곳곳에 문명이 발달하고 인구가 급격히 늘면서 배의 크기는 점점 더 커져 갔다.

15~16세기에는 대항해시대를 맞아 대대적인 선박의 업그레이드가 일어났고, 산업혁명이 일어난 18~19세기에는 그 전과는 차원이 다른 배들이 만들어지기 시작했다. 비로소 상품의 대량 생산이 이루어지면서 국가 간 무역과 사람들의 왕래가 폭발적으로 증가했기 때문이다.

이렇게 되자 항구의 중요성도 따라서 커져 갔다. 배가

대형화되고 무거워지면서 웬만한 항구로서는 감당을 못하게 된 것이다. 더구나 교역량이 늘면서 물품을 쌓아둘 드넓은 야적장도 필요해 현대적인 항구의 필요 요건은 점점 더 복잡해지게 되었다.

항구의 역할은 크게 두 가지다. 하나는 배를 파도로부터 안전하게 보호하는 것이다. 이것이 항구의 가장 기본이다. 두 번째는 정박한 배에서 사람이나 화물을 원활하고 효율적으로 싣거나 내리는 것이다. 교역이 늘수록 이 두 번째 역할의 중요성도 함께 높아졌다. 아무튼 항구는 이 두 가지 역할을 잘 해내는 방향으로 발전해왔다.

그래서 좋은 항구의 첫 번째 조건은 파도를 막을 자연 방어물이 있어야 한다는 것이다. 특히 배는 운항 중일 때보다 정박해 있을 때 파도에 몹시 약하다. 멈춰 서 있는 배에 큰 파도가 치면 전복되거나 최소한 화물을 싣고 내리는 게 불가능하다. 그래서 항구는 육지로 움푹 들어간 만bay에 위치하는 경우가 대다수다. 세계의 유명 항구가 대부분 이런 지형에 있다. 여기에 파도를 차단해줄 섬이 병풍처럼 늘어서 있다면 금상첨화다. 부산항이 천혜의 항구라는 게 바로 이런 조건을 두루 갖춰서다. 육지 안의 둥근 만에 오륙도, 영도 등이 파도를 이중, 삼중으로 막아준다. 자연 방어물이 부족하면 방파제를 따로 쌓아야 한다. 이런 인공시설이 늘어날수록 항구 건설비는 천정부지로 뛰게 된다. 다만 항구를 가려주는 섬이 너무 많은 건 좋지 않다. 대형 선박이 항구에 접근하는 것도, 대양으로 나가는 것도 어렵기 때문이다.

두 번째 조건은 적정 수심이다. 대형 선박이 드나드는 국제항의 경우 바다 깊이가 15미터는 되어야 한다. 이보다 낮으면 준설을 해야 하니 항구 유지비가 많이 들어간다. 이보다 깊은 경우도 좋지 않다. 부두 건설비용이 늘어나기 때문이다. 조수간만의 차가 극심한 곳도 기피 대상이다. 우리의 서해안 같은 경우다. 부산항 못지않게 중요한 역할을 하는 인천항은 사실 입지 조건이 좋은 항구는 아니다. 내항의 수심을 일정하게 유지하기 위해 갑문식 도크dock를 설치해 쓰고 있다. 그래서 건설비와 유지비도 많이 들고, 배가 갑문을 드나드는 데 오래 걸리기도 한다.

세 번째 조건은 날씨가 좋아야 한다. 대표적인 예가 부동항이다. 러시아가 가진 대부분의 항구는 겨울만 되면 바다가 얼어 배를 띄울 수가 없다. 이 때문에 러시아가 부동항을 찾아 수백 년간 곳곳에서 전쟁을 벌여온 건 누구나 다 아는 일이다. 러시아는 20세기 초 천혜의 조건을 두루 갖춘 원산항을 호시탐탐 노리기도 했다. 바람이 강한 곳도, 안개 다발 지역도 기피 대상이다. 아무래도 사고 위험이 크고, 항만 운용에 여러 어려움이 따를 수밖에 없다.

지금까지는 많은 사람이 짐작할 수 있는 항구의 자연적인 조건들이었다. 이제부터는 교역의 규모가 커지면서 생긴 현대적인 항구의 조건들이다.

네 번째는 항구 곁에 물류 단지로 쓸 수 있는 드넓은 공간이 있어야 한다는 것이다. 요즘 항구들은 화물을 오래 보관할 배후 공간이 필요하다. 수출입 화물의 임시 보관창고 역할은 물론, 화물을 분류하고, 포장하고, 라벨링하는 고부가가치 물류 서비스를 함께 제공하기 때문이다. 천혜의 항구 조건을 모두 갖추고도 이런 적정한 배후 단지를 확보하지 못하면 결코 일류 무역항이 될 수 없다.

다섯 번째는 편리한 교통 시설이 완비돼 해상 교통과 육상교통이 쉽게 연결되어야 한다는 점이다. 이런 점으로 인해 최근의 항만은 배후 도시의 존재가 매우 중요하다. 도시에 완비된 교통 인프라는 물론, 전기 등도 비교적 쉽게 연계해 사용할 수 있어서다. 포항이나 울산처럼 큰 공업단지를 가진 도시를 배후로 두면 물량 확보는 물론 물류 비용을 최소화할 수 있다는 큰 장점이 있다.

마지막으로 여섯 번째는 항구의 국제적인 경쟁력과 깊은 관련이 있다. 항구는 국가의 여러 인프라 중 공항과 함께 특히 인접 국가들과 경쟁을 벌여야 하는 분야다. 허브 공항이라는 말을 많이 들어봤을 것이다. 사람과 화물이 오갈 때 환승이 주로 이루어지는 그 지역 중심 공항을 말한다. 항구도 마찬가지다. 마치 공항처럼 수많은 화물이 모이고 분류돼 목적지로 가는 중심 역할을 하는 항구가 허브 항구다. 운송 효율을 높이기 위해 주변국에서는 화물을 허브 항구로 가져간 다음 정기선에 짐을 옮겨 싣게 되

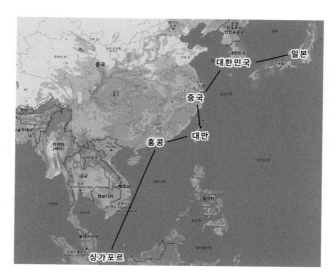

아시아의 메인 해상 루트.

는 것이다. 이런 항구가 되려면 해상항로 가까이에 자리해
야 한다. 비행기가 하늘길을 따라가듯 배는 바닷길을 따라
간다.

배의 경우 원양 컨테이너 정기선이 운항하는 경로가 가
장 중요한 해로다. 아시아에서는 싱가포르-홍콩-대만-중
국-한국-일본으로 연결하는 해상 루트가 메인이다. 중국
의 상해나 한국의 부산이 모두 물동량이 많은 이 정기선
해로에 자리하고 있기에 세계 TOP 10 항구로 성장할 수
있었다. 그런데 인천항은 주항로에서 멀리 떨어져 있어 오
가는 데 시간도 더 걸리고 비용도 더 들기 때문에 부산항

보다 불리할 수밖에 없다.

바다는 지구 표면의 70퍼센트다. 요즘 아무리 항공이 발달했다 해도 세계 무역의 90퍼센트는 여전히 배가 담당하고 있다. 요즘처럼 글로벌 공급망이 촘촘히 짜인 세상일수록 좋은 항구가 곧 경쟁력이다. 우리처럼 수출로 먹고사는 나라는 더 말할 것도 없다.

유럽의
저녁 식사 시간은
왜 다 다를까?

아침과 점심을 먹는 시간은 전 세계가 비교적 일정하다. 반면 저녁 식사 시간은 나라마다 심하게 차이가 난다. 특히 유럽에선 이른 오후 4시부터, 늦은 밤 10시까지 저녁을 먹는 나라가 있다. 오후 4시에 저녁을 먹는다니 이게 어떻게 가능한 걸까? 그리고 밤 10시에 저녁을 먹고 자면 속은 괜찮은 걸까?

우선 터무니없을 정도로 이른 시간인 오후 4시에 저녁을 먹는 나라는 북유럽의 노르웨이이다. 그야말로 세계에서 가장 빨리 저녁을 먹는 나라다. 오후 4시라면 우리나라는 한창 일할 시간이다. 하지만 노르웨이는 3시 반쯤에 퇴근을 한다.

우리는 이 시간에 퇴근해도 대부분 30분 만에 집에 들어가서 밥을 먹는 게 불가능하다. 하지만 노르웨이라면 다르다. 가장 큰 도시인 수도 오슬로의 인구는 고작 65만 명이다. 교통 체증도 없고, 도시도 작으니 30분이면 충분히 집에 가서 밥을 먹을 수 있다. 아이들도 학원을 안 다니니 이 시간이면 가족 모두 집에 모여 함께 식사할 수 있다.

저녁이 있는 삶이 부러울 수 있지만 대신 새벽이 있는 삶은 포기해야 한다. 노르웨이인들은 아침 8시면 전부 출근한다. 자유 근무 시간제라 6~7시부터 일하는 사람도 무척 많다.

점심시간의 즐거움도 없다. 구내식당이 있는 일부 대기업에서는 정해진 점심시간이 있긴 하다. 하지만 대다수 직장에선 임의로 오전 11시 정도에 집에서 싸 온 샌드위치를 책상에서 뚝딱 해치우고 다시 일을 시작한다. 이렇게 절약한 시간은 이른 퇴근으로 보상받는다. 북유럽 국가에서는 보통 주당 37시간만 일하면 되니 가능한 일이기도 하다. 저녁을 이렇게 일찍 먹으니 밤이 되면 당연히 배가 고프다. 그래서 노르웨이에선 밤 9~10시에 간단한 야식을 먹은 다음 잠자리에 든다.

반면 유럽에서 저녁을 가장 늦게 먹는 나라는 스페인이다. 무려 밤 10시다. 좀 일찍 먹더라도 9시이니 우리보다는 정말 늦은 편이다. 이 때문에 스페인에서 자유여행을 해 본 사람이라면 한 번쯤은 곤란한 경험이 있을 것이다. 밥시간이 훨씬 지났는데도 밤 8시가 넘도록 문을 열지 않는 식당이 수두룩하니 말이다. 밤 10시에 밥을 먹으니 잠자리에 드는 시간은 보통 자정이 넘는다. 이 때문에 스페인 사람들은 수면시간이 유럽의 평균보다 40분 정도 짧다. 시간상 소화가 제대로 될까 싶지만 신기하게도 스페인의 비만율은 OECD 평균보다 낮다.

스페인 사람들은 저녁을 늦게 먹기도 하지만 하루에 다섯 번이나 식사하는 것으로도 유명하다. 늦은 밤으로 속이 더부룩하니 7시경 먹는 아침은 커피와 비스킷 등으로 최대한 간단히 한다. 그리고 9시에 출근해 11시에 인근 카페로 나가 간식을 먹는다. 오후 2시경에 진짜 점심을 먹고, 시에스타를 즐긴 다음 4시쯤 돌아와 일하고 7시쯤 퇴근한다. 출출할 때이니 바Bar에서 타파스로 요기를 하고, 9~10시쯤에 저녁을 먹고 12시쯤 잠자리에 드는 게 스페인 사람들의 일상이다.

이 두 나라만 보아도 한 가지 짐작되는 게 있다. 노르웨이는 극단적으로 해가 짧은 곳이고, 스페인은 유럽에서 해가 가장 긴 곳 중 하나라는 것이다. 즉 시간이 언제가 되었든 해가 질 무렵, 혹은 밤이 되어서야 저녁 식사가 시작된다는 얘기다. 저녁 식사와 해 길이의 상관관계는 스페인의 한 여행사가 조사 발표한 '유럽 각국의 식사 시간'을 보면 더욱 뚜렷이 알 수 있다.

이 조사에 의하면 오후 4시에 저녁을 먹는 나라는 노르웨이, 5시는 핀란드와 스웨덴, 6시는 독일과 스위스, 6시 반은 덴마크와 영국, 7시는 아일랜드, 네덜란드, 오스트리아, 벨기에 등이다. 유럽에서 저녁 식사가 이른 편인 이 나라들은 위도가 북위 40도대 후반에서 60도 사이에 위치해 대부분 해가 일찍 지는 나라들이다.

이어 그 중간 시간쯤 저녁을 먹는 나라들로 8시의 폴란드, 체코, 헝가리, 루마니아, 아이슬란드, 8시 반의 프랑스가 있다. 이 나라들은 대략 북위 40도 중반대에 걸쳐 있다.

유럽에서 저녁을 가장 늦게 먹는 나라들은 9시의 이탈리아, 포르투갈, 크로아티아, 9시 반의 그리스, 10시의 스페인이 있다. 대부분 북위 30도 후반대에서 40도 초반대의 지중해변 국가들로 연중 강렬한 태양이 공통점이다.

한여름에는 오후 10시나 되어야 어두워지는 데다 종일 열기로 뜨겁다. 시에스타라는 독특한 낮잠 문화가 생긴 이유다. 이런 나라들은 저녁 9시쯤이나 되어야 좀 다닐 만해지니 가장 시원한 시간을 골라 저녁 식사를 하는 것이다.

저녁 식사 시간과 해 길이의 연관성은 미국도 마찬가지다. 미국 노동통계국의 최근 자료에 따르면 미국인들은 평균 6시 20분에 저녁을 먹는다. 하지만 주마다 식사 시간은 크게 달라 가장 빠른 곳은 북부의 펜실베이니아주가 5시 37분, 메인주가 5시 40분이다. 아칸소, 테네시, 미시시피, 텍사스주 등은 이보다 1시간 20분가량 늦은 오후 7시가 되어야 저녁을 먹는데, 모두 남부에 있다.

북유럽의 스칸디나비아 국가들만 해도 해가 길어지는 여름철에는 한두 시간 정도 저녁 식사가 늦어지는 경향이 있다. 스페인이 유럽에서도 유독 저녁을 늦게 먹는 건 40도의 기온과 긴 태양뿐 아니라 특별한 이유가 하나 더 있다. 사실 스페인은 위치상 영국, 아일랜드, 포르투갈 등과 같은 그리니치 평균 시를 써야 한다. 그럼에도 이들 나라가 오후 1시라면 스페인은 오후 2시다. 스페인만 이렇게 다른 건 동쪽으로 2,300킬로미터나 떨어진 독일과 같은 시간을 쓰기 위해서다. 2차 세계대전 당시 스페인의 파시스트였던 프랑코가 독일과의 동맹을 위해 원래 영국과 같았던 시간을 이렇게 늦춘 것이다. 그러니 자연의 시간으로는 다른 국가들과 크게 다르지 않은 시간에 저녁 식사를 하는 셈이다.

국민의 건강과 경제 효율을 높이기 위해 원래 시간으로 되돌리자는 움직임도 있지만 스페인 사람들은 별 관심이 없다. 막상 수십 년간 굳어진 생활 습관을 바꾸는 게 쉬운 일도 아니고, 하루를 더 오래 즐길 수 있으니 오히려 지금이 더 낫다는 것이다. 또 해가 늦게까지 떠 있으면 더 많은 관광 수입을 올릴 수 있으니 경제적으로도 나쁠 게 없다는 관광 대국다운 생각도 있다.

그런데 이렇게 나라마다 저녁 식사 시간이 다른 건 그리 오래되지 않은 일이다. 인류는 아주 오랫동안 하루에 두 끼만을 먹어왔고, 그 시간은 동서양 가릴 것 없이 아침 식사는 오전 10~11시, 저녁 식사는 오후 4~5시였다. 그리고 대부분 아침 식사가 저녁보다 더 푸짐했다. 아침 일찍부터 노동을 시작했고, 해가 있는 동안은 계속 일하며 에너지를 써야 하니 합리적인 선택이었다. 반면 깜깜한 밤이 되면 아무 일도 할 수 없고, 일에 지쳐 빨리 자는 게 무엇보다 소중했기 때문에 저녁 식사는 상대적으로 간소했다.

아침 식사를 뜻하는 영어 단어 '브렉퍼스트breakfast'가 처음 만들어진 건 15세기다. 아침에 일찍 깬 일부 귀족들이 배고픔을 견디지 못하고 이른 시간에 식사를 간단하게 시작한 데서 비롯된 말이다. 'break'는 '~을 깨다'라는 뜻이고, 'fast'는 '금식'이니 'breakfast'는 '밤의 긴 금식을 끝낸다'라는 뜻이다.

인간이 하루에 세 끼를 먹고, 지금과 같은 식사 시간을 갖게 된 건 19세기의 산업혁명을 거치고 나서다. 많은 사람이 공장에 나가 일하게 되면서 인간은 처음으로 규칙적인 노동 시간을 갖게 되었다. 해가 있든 말든 출근과 퇴근 시간에 맞춰 밥을 먹는 게 훨씬 중요해진 것이다. 이렇게 해서 일부 귀족이나 호사로 누리던 브렉퍼스트가 일반에게까지 대중화되었다.

아침 식사가 당겨진 반면 저녁 식사는 산업혁명이 진행되면서 점차 뒤로 늦춰졌다. 생산활동과 사회활동이 더 많아진 데다 전기의 보급으로 활동 시간이 획기적으로 늘어났기 때문이다. 게다가 점차 생활이 윤택해지면서 아침과는 비교할 수 없을 정도로 저녁 식사가 풍성해졌다.

아침이 빨라지고, 저녁이 늦어지면서 생긴 긴 공백을

메우기 위해 그간 없던 점심도 생겨났다. 원래 영어의 '런치Lunch'는 '허기를 달랠 정도의 아주 적은 양의 음식'을 의미했다. 하지만 제대로 먹지 않고서는 장시간의 노동을 견딜 수 없었다. 그래서 런치는 점차 저녁 못지않게 중요한 점심 식사를 뜻하게 되었다.

산업 혁명기에 시작된 삼시 세끼는 연이은 세계대전으로 중단되었다가 1950년대가 되어서야 비로소 대부분의 나라에 정착되었다. 우리가 지금 당연하게 누리는 하루 세끼 식사가 겨우 70여 년밖에 되지 않았다는 얘기다. 아울러 몇 시가 되든 가족과 함께하는 여유 있는 저녁 식사도 인류의 긴 역사를 생각할 때 찰나에 불과하다고 할 수 있겠다.

가장 쓸모 있고
가장 창의적인 필수 교양

경제·문화 수업

2

자원의 저주,
자원이 많다고
다 좋은 건 아니다

어렸을 때부터 귀 따갑게 듣던 얘기가 있다. 한국은 '자원이 없는 나라'라는 것이다. 그럴 때마다 땅만 파면 석유, 아연, 구리, 리튬, 철광석, 다이아몬드 등이 쏟아져 나오는 나라들이 부러울 따름이었다. 이게 요즘 세대로 이어져 소위 '단군 부동산 사기설'이 나온 이유가 아닐까 싶다.

하지만 지금은 풍부한 천연자원을 경제 발전의 필수 요소로 꼽는 경제학자는 거의 없다. 그 산증인이 바로 한국과 일본이고, 유럽에서는 독일이다. 오히려 요즘엔 자원이 많을수록 경제성장이 둔해지고, 국민을 빈곤하게 만든다고 한다. 영국의 경제학자 리처드 오티Richard Auty가 처음 말한 '자원의 저주Resource curse'가 그것이다.

산업혁명이 일어난 18세기 말까지만 해도 자원은 경제에 크게 중요하지 않았다. 그 당시에는 어디서든 농사짓기 좋은 비옥한 토지가 최고였다. 하지만 철과 석탄이 산업혁명을 견인하자 천연자원의 중요성이 크게 떠오르기 시작했다. 그러면서 자원이 많을수록 그렇지 않은 나라보다 잘 살게 될 것이란 건 당연한 상식이 되었다.

그런데 실제로는 그렇지 않았다. 모두가 부러워하는 '검은 황금'을 세계에서 가장 많이 가진 나라 베네수엘라는 오죽하면 석유를 '악마의 배설물'이라고 부를 정도다. 1,000캐럿짜리 다이아몬드로 유명한 아프리카의 시에라리온은 국민의 43퍼센트가 2달러 미만으로 하루를 살아간다.

얼핏 보면 자원이 경제 발전에 방해가 된다는 건 상식적이지 않아 보인다. 자원을 밑천 삼을 수 있는 나라가 최소한 이마저도 어려운 자원 빈국보다야 당연히 유리하지 않겠냐는 것이다. 우리의 상식과 달리 지나친 자원이 어떤 방식으로 한 나라를 망치게 되는지 한번 알아보자.

우선 자원은 분쟁, 심하면 내전을 일으킬 위험이 무척 크다. '자원의 저주' 중 가장 최악의 경우다. 세계은행 조사에 의하면 천연자원이 없는 나라에서 내전이 일어날 가능성은 0.5퍼센트다. 반면 경제가 특정 자원에 의존하는 나라에서는 이 위험성이 23퍼센트나 되었다. 무려 46배의 차이이다.

자원은 보통 전국에 골고루 매장되지 않고 특정 지역에 몰리는 게 대부분이다. 그렇게 되면 자원이 있는 A 지역과 자원이 없는 B 지역 사이에 부의 불균형이 생기게 된다. B는 A에게 분배를 요구하지만, A는 나눌 생각이 조금도 없다. 이렇게 내부 갈등이 시작된다. 자원이 많은 나라는 대개 민족이나 부족도 여럿이다. 오래전부터 사이가 나쁠 수도 있고, 종교까지 다를 수 있다. 이들 간에 사소한 시비 하나가 내전으로 번지는 건 순식간이다. 자원을 뺏으면 엄청난 부가 따라오니 부족 전체가 쉽게 목숨을 걸게 되는 것이다.

감정이 격해지면 부족 간 인종청소가 생기기도 하고, 대량 난민이 발생하기도 한다. 일부에선 아예 분리독립을 추진하기도 한다. 자원이 많은 콩고, 수단, 나이지리아 등에서 걸핏하면 내전이 벌어지는 게 바로 이런 이유에서다. 이 내전은 부족 간의 끝없는 보복전으로 이어지니 저주도 이런 저주가 없다.

내전이라는 최악의 상황을 면하더라도 독재와 부정부패를 피하긴 어렵다. 내란을 경계하기 위해서라도 자원 부국에는 대개 아주 강력한 중앙집권 정부가 들어서게 된다. 그러면서 자원개발에서 오는 막대한 이익은 더더욱 소수의 특권층에게로 집중된다. 이 특권을 지켜야 하니 정부는 더 폭력적이고, 더 권위주의적인 악순환에 빠지게 되는 것이다.

아시아의 미얀마도 이런 나라 중 하나다. 미얀마는 불교의 나라이기도 하고, 루비의 나라이기도 하다. 전 세계에서 유통되는 루비의 90퍼센트가 미얀마산일 정도로 루비는 미얀마를 수십 년간 지배해온 군사 정부의 돈줄이다. 보석광산은 모두 군사 정부가 만든 기업들의 소유다. 아프리카와 중앙아시아 자원 부국에 초장기 독재자들이 유독 많은 것도 다 비슷한 이유에서다.

하지만 그럴수록 자원에서 나오는 부가 워낙 달콤하니 누군가는 끊임없이 이 철권통치에 도전하기 마련이다. 그래서 장기 독재도 흔하고 쿠데타도 흔하다. 최근까지도 빈발한 아프리카 기니의 쿠데타도 결국 알루미늄 원료인 보크사이트를 차지하기 위한 것이다. 이런 끝없는 정치 불안 속에서 제대로 된 경제 정책이 나올 리 없으니 국민 대부분은 자원이 없는 나라보다 더 극심한 빈곤에 시달리게 된다. 기니 역시 국민의 70퍼센트가 빈곤층이다.

부와 권력이 소수에게 집중되면 그다음 따라오는 건 부패다. 이런 나라에서 권력자는 국민 경제에는 관심이 없고, 기업은 뇌물을 주지 않고서는 아무 일도 할 수 없다. 기업은 기술개발보다는 리베이트 등으로 자원을 싸게 사는 게 이윤이 더 크기 때문에 정경유착은 서로의 필요로 고질병이 되어간다.

이런 부패는 점점 규모가 커져 자원을 탐내는 강대국이나 다국적 기업과의 결탁으로도 이어진다. 미국의 스탠더드 오일이 부패 정치인들과 손잡고 한때 남미에서 석유와 천연가스 개발을 독점했던 것과 마찬가지다. 때론 주변 국가가 이 자원을 차지하기 위해 부패 세력은 물론 반정부 세력과 손을 잡기도 한다. 30여 년 전 서아프리카의 라이베리아는 시에라리온의 반정부군을 지원해 내전을 유도한 다음 시에라리온의 다이아몬드로 큰 이득을 얻었다.

운 좋게도 분쟁, 내전, 독재, 부패 등을 모두 피한다 해도 자원의 저주는 계속된다. 이런 경제 외적인 면 말고도 경제 내적인 면에도 악영향을 끼치기 때문이다. 우선 풍부한 자원은 산업구조를 왜곡시킨다. 국가 생산의 대부분을 지하자원에 의존하면 제조업이나 서비스업 등 그 외 산업의 발전을 더디게 해 국가 경쟁력을 잃게 된다. 즉 땅만 파면 먹고살 수 있으니 굳이 노력해서 다른 분야를 발전시키려 하지 않는 것이다.

자원 부국들은 자원을 판 돈으로 자국에 필요한 소비재와 생산재를 모두 외국에서 수입하게 된다. 그럴수록 제조업은 도태되고, 결국 광업만 남게 된다. 일자리가 없으니 너도나도 땅 파는 데만 몰려 결국 인건비는 폭락하고 일부를 제외하곤 국민 모두가 가난해지는 것이다. 자원 산업의 특성상 저숙련 노동자만 양산하니 다른 산업의 발전은 가면 갈수록 더 기대하기 어렵다.

자원은 가격 변동성이 굉장히 큰 경제 분야다. 시장 상황에 따라 국제 자원 시장에서 가격이 결정되므로 개별국가에서 통제하는 건 불가능하다. 이 때문에 국가 경제를 자원에 의존하면 안정적인 경제계획을 세우기가 무척 어려워진다. 활황 지속을 예측하고 과잉 투자를 했다가 갑자기 자원가격이 폭락하면 외채가 폭증하기도 한다. 중남미 국가들의 경제가 자주 롤러코스터를 타는 게 이런 이유에서다. 중남미에는 수출에서 천연자원의 비중이 70퍼센트가 넘는 나라가 많기 때문이다.

심지어 자원이 고갈되면 바로 나락이다. 그 극단적인 예가 남태평양의 작은 섬나라인 나우루 공화국이다. 나우루는 비료 원료인 인광석을 팔아 1980년대 1인당 국민소득이 일본과 미국을 앞지른 나라였다. 나우루를 '로또 맞은 섬나라'로 만들었던 인광석은 단 10여 년 만에 바닥이 났다. 그걸로 파국이었다. 지금의 나우루는 난민들을 대신 수용하는 조건으로 호주의 지원을 받아 겨우겨우 먹고사는 처량한 신세이니 말이다.

자원의 저주 중에는 통화 가치의 문제도 있다. 자원을 팔아 달러가 마구 들어오면 자국의 통화 가치가 급상승하게 된다. 1달러에 1,000원이던 환율이 갑자기 1달러에 800원이 되는 식이다. 이렇게 되면 자원 산업을 제외한 나머지 분야는 수출 경쟁력이 뚝 떨어지게 된다.

이 저주는 후진국뿐 아니라 선진국에서도 벌어진다. 1960년대의 네덜란드가 그 예다. 네덜란드는 앞바다에서 갑자기 어마어마한 양의 천연가스가 터졌다. 당연히 수출로 엄청난 돈을 벌어들이면서 전국이 축제 분위기였다. 그런데 달러가 쏟아져 들어오자 당시로선 예상치 못한 일이 벌어졌다. 네덜란드의 통화 가치가 수직 상승하면서 천연가스를 제외한 모든 제조업이 수출 부진에 빠진 것이다. 이 바람에 네덜란드는 상당 기간 경제 침체에 허덕여야 했다. 로또인 줄 알았던 천연가스가 사실은 자원의 저주였던 것이다. 경제 분야에서는 이 현상을 '네덜란드 병'이라고 칭하기도 했다.

하지만 모두가 자원의 저주에 걸리는 건 아니다. 그 어디든 예외는 있다. 바로 앞에서 본 네덜란드다. 일시적으로 경제가 어려워졌지만, 네덜란드에선 쿠데타도, 내전도 일어나지 않았다. 시간은 좀 걸렸지만 결국 해법을 찾아 천연가스로 번 돈을 기술개발과 인프라 건설 등에 투자해 위기를 벗어났다. 후진국들과 달리 네덜란드는 공정한 의사결정 구조와 막대한 돈을 투자할 다양한 산업을 이미 갖추고 있던 덕이다.

네덜란드에서 자원이 터지고 10여 년 뒤 노르웨이도 앞바다에서 엄청난 유전이 터졌다. 다행히 노르웨이는 네덜란드의 사례에서 교훈을 얻었다. 달러가 한꺼번에 들어와 자국의 통화 가치가 폭등하지 않도록 대부분을 국부펀드에 편입하고 해외자산에 투자했다. 오늘날 세계에서 가장 잘사는 나라, 노르웨이를 있게 한 현명한 정책이었다.

선진국만 자원의 저주에서 벗어난 건 아니다. 아프리카의 보츠와나는 수출의 80퍼센트가 다이아몬드다. 이 다이아몬드로 보츠와나는 1960년대 1인당 국민소득 60달러에서 지금은 7,700달러의 안정적인 국가가 되었다. 다이아몬드에서 나오는 수익을 소수가 독점하는 걸 막고, 인프라 건설과 국민 교육에 고루 힘쓴 덕분이다. 보츠와나는 벌써 수십 년째 평화로운 정권 교체를 이루어온, 아프리카에서는 보기 드문 민주국가다.

마찬가지로 앙골라도 자원의 저주에 빠져 수십 년간 내전을 벌였지만 2000년대 들어 안정세를 보이고 있다. 수출의 90퍼센트가 석유이니 여전히 석유 의존도가 절대적이긴 하다. 하지만 국민이 선출한 정부가 잇따라 들어서면서 이 돈으로 국민을 위한 병원과 학교를 세우고, 도로 등 각종 사회간접자본에 투자하면서 최근 앙골라는 아프리카의 새로운 희망으로 불리고 있다.

이렇듯 자원의 저주는 인간이 결코 풀 수 없는 덫은 아니다. 국민 다수에게 어떻게 배분할 것인가 그리고 어떻게 활용할 것인가의 문제일 뿐이다. 미국, 캐나다, 호주만 보아도 알 수 있다. 하지만 얼핏 간단해 보이면서도 여전히 많은 나라가 자원의 저주에 허덕이고 있다. 저주가 있다면 자원이 아니라, 결국 이기적 욕망을 억제할 수 없는 인간이 아닐까?

인도의 14억 명이 인도공과대학에 목숨을 거는 이유

14억 명이 함께 산다는 건 어떤 걸까? 어떤 분야든 극악의 경쟁을 피할 수 없다는 건 분명하다. 그중의 하나가 입시다. 입시 지옥은 우리나라도 마찬가지다. 하지만 인도에 비할 바는 아니다. 특히 인도공과대학에 모든 걸 거는 인도의 입시는 오늘날 인도가 처한 현실을 많은 부분 시사한다.

우선 'IIT Indian Institute of Technology'라는 약자로 쓰이는 인도공과대학에 들어가는 게 얼마나 어려운지부터 이야기할 필요가 있다. 인도의 고등학교는 대략 14만 개다. 그럼 전교 1등이 14만 명이란 얘기다. 이들은 모두 IIT에 들어갈 수 있을까? 어림도 없다.

매년 고등학교 졸업생은 1,200만 명 정도다. 여기에 재수, 삼수생을 더하면 입시생이 적어도 1,500만 명 이상이다. 이 중 인도공과대학을 들어갈 수 있는 사람은 1만 3,000명뿐이다. 이마저도 전국 23곳에 캠퍼스를 순차적으로 열면서 계속 정원을 늘려온 결과다.

지난해 IIT의 1차 시험 지원자는 110만 명 정도였다. 이들은 수학, 물리, 화학으로 이루어진 2차 시험도 봐야 한다. 이 시험으로 1등부터 꼴등까지 순위대로 자기가 원하는 대학, 학과를 선택하게 된다.

그런데 독립적으로 신입생을 선발하는 인도공과대학의 전국 캠퍼스 중에서도 세계적인 IT업계가 모셔가는 명문 중의 명문이 있다. 1951년 가장 먼저 문을 연 IIT인 카라그푸르Kharagpur와 뭄바이, 첸나이, 칸푸르, 델리 등에 있는 인도공대다. 이중 델리 캠퍼스는 우리나라에서도 크게 인기를 얻은 인도 영화 〈세 얼간이〉의 배경이기도 하다. 이 5개 학교의 신입생을 합하면 고작 3,000명 정도다. 게다가 가장 인기 있는 학과인 컴퓨터공학과로 범위를 좁히면 경쟁률은 정말 극악 그 자체다.

경쟁률뿐 아니라 시험 수준도 사악하기 이를 데 없다. 2차 시험은 문제 전체가 대학 2학년 수준이다. 공교육만으론 도저히 풀 수 없는 킬러 문항들이다. 그래서 인도에는 사교육 시장이 엄청나게 발전했다. 단언컨대 학원 산업은 압도적으로 세계 최대일 것이다.

우리나라는 아파트로만 이루어진 분당, 일산 같은 신도시가 있지만 인도에는 학원으로만 이루어진 학원 도시가

인도의 학원 도시 코타의 모습.

있다. 인도의 수도인 뉴델리에서 남쪽으로 500킬로미터 떨어진 코타KOTA가 대표적이다.

1980년대만 해도 코타는 인구 10만 명의 작은 마을이었다. 옷감 만드는 일로 간신히 먹고살던 인도의 흔한 동네였다. 그러던 중 쿠마르 반살이라는 엔지니어가 고향인 코타로 내려와 과외를 시작했다. 그리고 그가 가르친 학생 대부분이 인도공과대학에 들어가는 기적이 일어났다. 이런 작은 도시에선 한 명만 합격해도 동네잔치인데 이 이례적인 실적은 인도 전체를 들썩이게 했다. 그러자 반살에게 과외를 받으려는 학생들이 몰려들었다. 그가 차린 '반살 학원'은 수강생이 수만 명에 이르렀다. 이후 입시학원들이 우후죽순처럼 들어서면서 가난한 도시 코타는 일약 학원의 메카가 되었다.

지금 코타 인구는 약 60만 명이다. 이중 학원생이 적을 때는 15만 명, 많을 때는 20만 명이다. 나머지는 학원의 강사이거나 아이들을 위한 식당과 하숙업을 하는 사람들이다. 그야말로 모두가 학원을 위해 존재하는 학원 도시다. 도시 내의 학원은 100개 이상으로 추정할 뿐 정확한 숫자는 알 수 없다. 빌딩 12개를 쓰는 초대형 학원도 있고, 이 초대형 학원에 들어가기 위해 공부하는 미니 학원도 있다.

이 학원에 다니기 위해 학생들은 우선 코타의 고등학교로 전학한다. 하지만 학교에는 나가지 않는다. 아침 7시 수업부터 시작해 종일 학원에서만 공부한다. 학교는 졸업 시험 날만 가면 된다. 코타가 있는 라자스탄주의 법이 허용하는 일이다. 그래서 이 작은 도시에 고등학교가 무려 350개나 있다. 이런 이점 때문에 학부모들은 비싼 돈을 들여가며 코타로 아이를 유학 보내는 것이다.

그럼 비용은 얼마나 들까? 대개의 학원은 1년 수업료가 10만 루피이고, 생활비로 또 10만 루피가 필요하다. 20만 루피면 약 320만 원으로 1인당 국민소득과 맞먹는다. 우리나라로 치면 1인당 국민소득이 3만 2,000달러이니 1년에 약 4,200만 원이 들어가는 셈이다.

그런데 이것만 드는 게 아니다. 인도공과대학에 갈 기회는 평생에 단 두 번뿐이다. 1차 시험을 봤다면 2년 내로 끝내야 한다. 모두가 공대에 매달리는 걸 피하기 위해서다. 그래서 시험 보기 전 코타의 학원에서 2~3년 공부하는 학생들이 상당수다. 경제적 부담은 점점 더 커질 수밖에 없다. 일부 상류층을 빼곤 이 막대한 비용을 마련하기 위해 친인척 간에 돈을 걷거나, 대출을 받거나, 재산을 파는 사람이 대부분이다.

부모들의 경제적 부담만큼이나 아이들의 심리적 부담도 엄청나다. 학업 스트레스를 견디지 못한 아이들로 코타에서는 학원 못지않게 정신과 병원도 성업 중이다. 성적이 떨어져 집안의 높은 기대를 저버렸다는 죄책감에 자살하는 아이들도 연간 수십 명이다. 코타는 전국에서 청소년 자살률이 가장 높은 도시. 그럼에도 여전히 공부 잘하는 아이들이 코타로 몰리는 건 인도공과대학 합격생의 3분의 1이 이곳에서 배출되기 때문이다.

이런 후유증과 무리를 감수해가면서까지 인도의 부모들이 아이들의 교육에 올인하는 이유는 명확하다. IIT가 게임체인저이기 때문이다. 빈곤이 일상인 인도에서 개인은 물론 집안 전체가 일어설 수 있는 방법은 세 가지가 있다.

하나는 인도인 모두가 열광하는 스포츠인 크리켓 스타가 되는 것이다. 하지만 이는 특별한 재능이 따라야 한다. 또 하나는 의사가 되는 것이다. 하지만 이는 비용도, 시간도 너무 많이 든다. 남은 건 엔지니어가 되는 것이다. 그것도 인도공과대학 같은 명문대를 나온 엔지니어가 되어야 한다.

물론 IIT에 들어가서도 수재들끼리 미친 듯한 경쟁을

해야 한다. 졸업까지는 무려 400학점 이상을 이수해야 하고, 매년 10퍼센트 이상 되는 유급도 당해선 안 된다. 이렇게 살아남은 자에게는 누구나 꿈꾸는 화려한 보상이 주어진다.

졸업 시즌만 되면 IIT의 캠퍼스를 직접 찾아 인재를 구하는 빅테크 기업이 구글, 마이크로소프트, 애플, 인텔, 아마존, 테슬라, 엔비디아 등 300여 곳이나 된다. 일부는 3억 원 이상의 연봉을 제시받기도 한다. 우리로 치면 40억 원 이상의 가치다. 이 정도면 인도 부모들이 전 재산을 걸고 모험할 만한 이유가 충분하지 않은가. 특히 2억 명에 달하는 불가촉천민 출신이라면 더 말할 것도 없다.

요즘 인도에서 공대의 인기는 의대를 넘어섰다. 엔지니어가 되는 게 의사보다 돈도 적게 들고, 선발 인원이 많아서만은 아니다. 의사는 인도에서만 일할 수 있다. 하지만 명문공대 출신의 엔지니어는 고액을 받고 미국에 갈 수 있다. 그다음 자신을 후원한 가족과 친인척을 차례차례 미국에 이민시켜 신세를 갚는 것, 이것이 인도공과대학에 가는 궁극의 꿈이자 목표다.

이렇듯 명문공대는 빈곤에서 벗어나고, 신분을 상승시켜 주는 사실상 인도 유일의 사다리다. 학원 도시 코타는 이런 야망에 불타는 학생과 학부모들을 사다리로 인도하는 역할을 한다. 하지만 이들은 극히 일부일 뿐이다. 엘리트 위주의 인도 교육은 "맨 앞 두 줄만 가르치는 시스템"

이라는 비판을 받고 있다.

반면 매년 사회에 첫발을 디디는 1,000만 청년의 상당 수는 부실한 공교육으로 나눗셈조차 하지 못한다. 기초학력조차 갖추지 못한 이들이 인도의 성장 잠재력을 갉아먹고 있다. 그래서 IIT는 인도 사회에 만연하는 양극단을 드러내는, 인도에서는 전혀 새로울 것도 없는 사례 중 하나라고도 할 수 있다.

유럽은 왜
불편한 돌길을
고집하는 걸까?

유럽의 오랜 도시들은 대부분 중심지일수록 길이 돌로 포장되어 있다. 차가 다니는 길도, 사람이 다니는 길도 모두 마찬가지다. 오랜 세월 수많은 사람과 말과 마차가 드나들면서 반들반들해진 이 돌길은 유럽의 도시들을 더 고풍스럽게 만들어준다.

하지만 보기에는 좋아도 여행자들에게 돌길은 불편한 점들이 많다. 오래 걸으면 발바닥도 아프고, 돌에 걸려 넘어질 수도 있으며, 특히 무거운 여행 가방을 끄는 데는 최악이다. 현지인이라고 불편하지 않을 리도 없다. 도로가 시끄럽기도 하고, 승차감도 나쁘고, 타이어도 빨리 갈아야 할 테니 말이다. 게다가 도로 유지비도 상당하다. 그럼에도 유럽인들은 여전히 수백 년 전에 깔린 돌길을 고집하고 있다. 돌길의 장점이 무엇이길래 이런 여러 불편함을 감수하면서까지 돌길을 고집하는 걸까?

돌길의 원조는 단연 로마인들이다. 가장 위대한 제국이라는 로마도 처음에는 미약해 소금 장사로 시작되었다. 상권이 확대될 때마다 로마는 소금을 실어 나르기 위한 길을 만들었다. 소금으로 부강해진 로마는 기원전 4세기에 신속한 군사 이동과 보급품 운송을 위해 전차 두 대가 엇갈려서 지나갈 정도의 크기로 소금길을 확장하고, 그 위를 판판한 돌로 덮었다. 이게 소위 "모든 길은 로마로 통한다"라는 바로 그 길이다.

유럽 전역에 로마인들이 만든 길이 무려 30만 킬로미터나 되었다. 길과 길이 만나는 주요 교차점마다 새로운 도시가 생겼는데 그렇게 탄생한 도시가 파리, 런던, 빈, 쾰른 등이다. 이 주요 도시와 로마를 잇는 주요 간선도로는 모두 돌로 포장했다. 그것만 해도 무려 8만 킬로미터나 된다.

사실 길은 아주 오래전부터 존재해왔다. 본격적으로 마을을 이루며 살기 시작한 1만 년 전 무렵부터다. 하지만 로마가 다른 건 인류 역사상 처음으로 길을 사회적 인프라로 여겼다는 점이다. 그런 인식이 없었다면 국가 전체가 나서서 유럽 전역에 도로를 내는 데 그토록 오랫동안 진심이진 않았을 것이다.

5세기에는 로마가 망하고 중세가 시작되었다. 중세는 도로에서도 암흑기였다. 이 기간에 로마가 거의 1,000년 동안 발달시켜온 도로 건설 기술이 순식간에 쇠퇴했다. 중세 유럽은 기본적으로 장원 경제였다. 즉 장원 내에서 모든 걸 자급자족했다. 게다가 각지의 봉건 영주가 생사여탈권까지 갖는 지방 분권의 시대이기도 했다. 다른 지역과 교류할 이유가 없었다. 그러니 새 도로를 만들 일도 없었다. 그러기는커녕 적의 침입에 이용될까 봐 희미하게 남아 있던 로마의 도로마저 완전히 지워버렸다.

이렇게 되자 장원을 제외한 땅들은 거대한 밀림이 되어갔다. 길도 없고, 인적도 없는 숲은 그야말로 공포의 세계였다. 숲에 버려진 아이들인 《헨젤과 그레텔》이나 숲속의 의적 《로빈 후드》 등이 바로 이런 배경에서 나온 이야기다. 이 공포의 숲이 다시 열린 건 11세기에 십자군 전쟁이 시작되면서다.

이교도들이 성지인 예루살렘을 점령하자 이에 격분한 곳곳의 봉건 영주들이 너도나도 전쟁터에 나섰다. 그런데 군사들이 이동하려면 숲을 베어 길부터 내야 했다. 십자군 전쟁은 실패했지만 이렇게 길은 부활했다. 마침 전쟁의 영향으로 상업 발달도 시작되었다. 하지만 중세 말 유럽 전역에 인구 2,000명 이상의 도시가 3,000여 개나 되었어도 이를 연결하는 길은 로마 수준에도 한참 떨어질 정도로 형편없었다. 비가 조금만 와도 도로는 순식간에 진창길이 되었다. 그러다 유럽의 도로와 도시가 본격 재정비된 건 중세가 끝나고 르네상스가 시작된 16세기부터다.

문예 부흥이 일어나면서 교역 증가는 물론 인적 교류가

크게 늘면서 마차가 주요 교통수단으로 등장한 게 큰 요인이었다. 많은 사람과 물건을 실은 마차가 다니기 위해서는 판판한 도로가 꼭 필요했던 것이다. 게다가 18세기에는 산업혁명으로 물동량이 폭증했고, 영국과 프랑스가 진전된 도로포장법을 잇달아 선보이기도 했다.

이 시기에는 좀 더 일렀던 파리를 비롯해 로마와 런던이 골목까지 돌로 포장되었고, 점차 유럽의 다른 도시도 돌길이 일반화되었다. 인구도, 마차도 가장 많이 몰리는 곳이니 그 어느 곳보다 도로포장도 먼저인 게 당연했다. 각종 자갈이 도로포장용 소재로 가장 인기였던 이유는 두 가지다.

첫째, 어디서든 쉽게 구할 수 있어서 비용이 싸게 먹혔다는 점이다. 둘째, 무엇보다 중요한 건 자갈이 당시의 가장 주요한 교통수단인 말에 최적화된 소재라는 점이다. 돌길은 모래길과 달리 말이 미끄러지지 않아 훨씬 더 안정감이 있었다. 또한 돌은 말의 견인력, 즉 마력을 높여주었다. 그래서 이 당시 도시를 포장한 도로의 자갈은 4인치, 즉 10센티미터 크기가 표준이었다. 말의 발굽에 딱 들어맞았기 때문이다. 하지만 19세기 중반이 되면서 도로포장의 제왕이 등장하게 된다. 바로 아스팔트다.

프랑스 파리에서 처음 사용된 아스팔트는 편안한 승차감과 빠른 속도감으로 이후 도로의 압도적인 지배자가 된다. 유럽에서도 제법 많은 도시가 돌을 걷어냈다. 그리고 유행과 효율에 맞춰 아스팔트를 깔았다. 그렇지만 20세기 중반이 되어선 많은 고도古都가 다시 아스팔트를 뜯어내고 돌길을 부활시켰다. 특히 오랜 건물로 가득한 구시가지와 광장 대부분이 다시 옛 모습으로 되돌아갔다. 뒤늦게 돌길의 효용성에 눈을 떴기 때문이다.

유럽에서 돌길의 가장 중요한 이점은 첫 번째로는 자동차의 진동을 감소시켜 오래된 건물들을 보호해 준다는 것이다. 사실 이는 철로와 비슷하다. 철길에 깐 자갈은 여러 가지 역할을 하는데 그중 하나가 열차가 달릴 때 발생하는 진동을 줄여 주변 환경에 미치는 영향을 최소화하는 것이다. 자갈이 진동을 흡수하고 분산시키는 역할을 하는 것이다.

수백 년 된 유적이 가득한 유럽의 유명 도시들이 가장 걱정하는 게 바로 진동으로 인한 고건축의 미세 균열이다. 그런데 아스팔트나 콘크리트 도로는 빠르게 지나가는 자동차의 진동이 건물에 고스란히 전해질 수밖에 없다. 반면 돌길은 자갈 깔린 철로처럼 진동을 흡수하거나 분산시켜 주고, 자동차의 속도를 억제해 진동을 최소화한다는 장점이 있다. 이것이 유럽이 전통의 돌길을 고수하는 가장 큰 이유다.

두 번째는 미적인 아름다움이다. 2차대전 후 파괴된 도시 복구 과정에서 돌길 대신 아스팔트를 깔았던 유럽의 도시들은 반쪽 복원이라는 비난을 받았다. 옛 건물과 대조적인 새 아스팔트가 고풍스러운 도시 특유의 레트로한 매력을 반감시켰기 때문이다. 실용적인 아스팔트보다는 예술적인 아름다움을 가진 돌길이 건축물들과 함께 보존되어야 한다는 공감대가 유럽인들에게 일어났다. 최근에는 다양한 패턴과 무늬를 연출하는 돌길과 돌 특유의 질감으로 더 많은 관광객을 끌어들이고 있으니 경제적으로도 탁월한 선택이었던 셈이다.

세 번째는 보행자의 안전성이다. 매끄러운 아스팔트와 달리 울퉁불퉁한 돌길에서 운전자들은 속도를 줄일 수밖에 없다. 자동차의 속도가 줄면 그만큼 보행자의 안전은 당연히 높아진다. 승차감이 좋지 않은 길은 운전자가 피할 테니 자동차 통행량 자체가 줄어들 수도 있다. 돌길을 달릴 때의 큰 자동차 소음은 보행자들에게 경각심을 가져오기도 하니 아스팔트보다 안전한 건 여러모로 분명하다.

돌길은 아스팔트 길보다 내구성이 좋다는 분명한 장점도 있다. 깨진 돌은 그 부분만 다른 돌로 교체하면 되니 보수도 간편한 편이다. 설혹 수명이 다했다 해도 자연 소재라 환경친화적이라는 점도 매력이다.

배수도 아스팔트보다 확실히 뛰어나다. 폭우가 쏟아지면 아스팔트는 물이 고이지만 돌길은 돌 틈 사이로 물이 빠지게 된다. 이렇게 빗물이 땅속으로 스며들면 물이 한번에 흐르지 않아 도시 침수가 줄어들게 된다. 효율을 우선하는 미국은 아스팔트가 개발되자마자 유럽과는 달리 조금의 미련도 없이 얼마 되지 않은 돌길을 걷어치워 버렸다.

우리는 흙길에서 바로 아스팔트 길로 전환돼 돌길에 대한 경험 자체가 아예 없다. 불편하지만 운치 있는 이 돌길의 감성을 좋아하는 사람으로서는 아쉬운 대목이다. 설혹 그런 경험이 있더라도 미국 이상으로 효율을 숭상하고, 약간의 불편함도 견디지 못하는 우리의 요즘 세태를 볼 때 우리 역시 돌보다는 아스팔트를 택하지 않았을까 하는 생각이 들기도 한다.

팁 문화의 역사
그리고
없애지 못하는 이유

미국은 세계에서 팁이 가장 비싼 나라다. 동전 몇 개로 시작된 팁은 기본이 20퍼센트이더니, 이젠 공공연히 30퍼센트를 요구하는 곳들도 있다. 심지어 서빙이라 할만한 것도 없는 스타벅스마저 팁을 달라고 하니 요즘 미국인들의 부담감과 불만이 이만저만이 아니다. 이 와중에 생뚱맞게 한국에서도 팁 문화가 생길 조짐을 보이니 걱정스럽다. 도대체 팁은 어떻게 만들어졌으며, 왜 없애지 못하는 걸까?

팁이 처음 생긴 곳은 유럽이다. 정확한 기원에 대해서는 견해가 엇갈리지만 16~17세기에 이런 비슷한 문화가 유럽 곳곳에 있었다. 봉건 영주들은 하인이나 농노들이 일을 잘하면 칭찬의 의미로 약간의 돈을 주었다. 귀족들은 마차를 타고 가다가 가난한 자들로 길이 막히면 동전을 던져 주기도 했다. 마땅한 숙박 시설이 없던 옛날에는 파티나 여행길에 다른 귀족의 저택에 머물곤 했다. 이럴 때 호스트의 하인에게 감사의 표시로 약간의 돈을 주는 게 유럽의 매너였다. 이런 것들이 모여 팁 문화의 바탕이 되었다.

'팁TIP'이라는 용어가 만들어진 시기와 장소도 설이 분분하지만 영국에서 시작된 것만은 분명하다. 실제로 17~18세기 영국의 커피하우스에서 사용된 팁 박스가 여럿 남아 있다. 여러 설 중 가장 그럴듯한 건 당시 런던의 커피숍 이야기다.

중국에서 들여온 차는 런던의 젠트리 계급을 매료시켰다. 이국적인 데다 건강에도 좋다는 소문이 파다했기 때문이다. 중국차를 마시지 않고서는 상류층 간에 대화가 되지 않았다. 이 때문에 런던의 커피숍은 중국차를 마시기 위한 사람들로 늘 줄이 길게 늘어서곤 했다. 이때 커피숍 주인의 번뜩이는 장사꾼 감각이 발동되었다. 'To Insure Promptness(신속 보장)'을 줄여 'T.I.P.'이라고 적은 나무상자를 놓고 그곳에 돈을 넣은 사람에게 중국차를 먼저 가져다준 것이다. 이게 런던의 커피숍, 술집, 음식점으로 퍼지면서 팁의 기원이 되었다는 것이다.

하지만 팁이 대중화되면서 부작용도 생겨나기 시작했다. 하인들이 팁을 요구하며 횡포를 부리는 일이 잦아지자 망신이 두려웠던 귀족들은 다른 귀족의 초대를 꺼리게 되었다. 또 누구나 팁을 내게 되자 커피하우스와 술집에서는 돈만 더 낼 뿐 '신속 보장' 서비스를 받지도 못했다. 팁 받는 일이 잦은 대저택에서는 급기야 하인들의 급료를 깎는 귀족들도 생겨났다.

이처럼 팁이 사회문제로 번지자 18세기 후반 영국의 귀족들은 런던에 모여 팁을 금지하기로 했다. 그러자 당장 수입이 줄어들게 된 하인과 식당 노동자들이 폭동을 일으켰다. 결국 팁은 계속될 수밖에 없었다. 하지만 이후 유럽에서 노동운동이 거세지면서 팁에 대한 인식도 빠르게 바뀌어 갔다. 봉건제와 신분제의 산물로 노예에게나 주는 모욕적 행위로 인식되면서 20세기 들어 대부분의 유럽에서 팁은 실질적으로 사라졌다. 서비스 역시 정당한 노동의 대가로 임금에 포함된 것이다. 그래서 지금 유럽에서는 일부를 제외하곤 자발적인 감사의 표시 정도로만 남아 있다.

하지만 유럽과 달리 미국에선 팁이 묘한 방향으로 변질되어 갔다. 유럽의 팁이 미국에 소개된 건 19세기 후반이다. 남북전쟁 후 경제붐을 타고 많은 돈을 벌게 된 미국 부자들이 유럽 여행을 다녀온 뒤였다. 이들은 대개 유럽을 선망하는 졸부들이었다. 이들은 유럽에서 허세를 부리느라 팁을 엄청나게 뿌려댔다. 사실 유럽에서 팁 없애기 운동이 본격화된 것도 이들이 일으킨 팁 인플레가 한 요인이었다.

유럽에서 돌아온 미국 부자들은 귀족 흉내를 내느라 미

국에서도 식당의 웨이터나 술집의 바텐더들에게 수고비를 주기 시작했다. 여기에 팁에 익숙한 유럽 이민자들이 대거 몰려오면서 미국에서도 팁 문화가 본격적으로 퍼지기 시작했다.

미국에서 팁이 하나의 문화로 자리 잡고, 이제 미국인들도 진절머리 낼 정도로 부담이 된 데는 세 가지의 큰 계기가 있다. 첫 번째 계기는 노예 해방이다. 19세기 후반은 남북전쟁이 끝나고 흑인 노예들의 자유가 시작된 시기다. 하지만 해방은 구호였을 뿐 미국 정부도, 당사자인 흑인들도 아무런 준비가 되어 있지 않았다. 흑인들은 땅이 없으니 농사를 지을 수도, 자본이 없으니 장사를 할 수도, 교육받은 게 없으니 취직을 할 수도 없었다. 단순노동직이나 손님의 시중을 드는 서비스업에 몰릴 수밖에 없었다.

그런데 문제는 백인들이 이들을 사회의 일원으로 대우할 생각이 조금도 없었다는 것이다. 임금이 아닌, 팁을 받아 먹고살게 한 것이다. 일은 일대로 부려 먹으면서 불안정한 부수입에 의존해 살게 했으니 노동력 착취라는 면에선 노예와 다를 바 없었다.

이렇게 팁은 인종차별주의의 산물로 뉴욕, 시카고 같은 대도시에 먼저 정착되었다. 그리고 한 호화 열차가 팁을 전국으로 실어 날랐다. 당시 미국은 전국을 연결한 기차 여행이 큰 인기였다. 하지만 지금처럼 초고속 열차도 아니고, 땅도 워낙 넓어서 며칠씩 딱딱한 의자에 앉아 가는 건 정말 고역이었다.

이때 시카고의 사업가 조지 풀먼이 최초의 침대칸 열차를 내놨다. 그리고 흑인을 고용해 고객의 시중을 들게 했다. 마치 하인을 둔 유럽 귀족이 된 기분에 미국 부자들은 일반석의 5배가 넘는 거액을 기꺼이 지불했다. 이 덕에 풀먼은 많은 돈을 벌었지만 침대 열차에서 일하던 흑인들은 아니었다. 이들은 풀먼이 월급을 주지 않아 팁으로 살아야만 했다. 이 팁 문화는 철로를 따라 미국 전역으로 빠르게 퍼져나갔다.

두 번째 계기는 금주법이다. 20세기 초에 전면적으로 시행된 금주법은 밀주로 떼돈을 번 마피아에게만 좋았을 뿐 결국 실패한 정책으로 끝났다. 후유증도 상당했는데 그중 하나가 팁이다. 금주법은 수많은 유흥가와 식당, 카지노를 문 닫게 했다. 이때에는 해방된 흑인뿐 아니라 수많은 백인 서민도 이 분야의 일을 하고 있었다. 매출이 뚝 끊기면서 백인들도 해고되거나 월급이 대폭 삭감되었다. 그러자 미국 전역에서 갑자기 팁이 장려되기 시작했다. 이들의 부족한 임금을 십시일반 팁으로 메워주자는 것이다.

금주법은 결과적으로 팁이 일반 백인들에게까지 확대되는 계기가 되었다. 이후 금주법이 끝나고 술집과 식당, 카지노가 다시 엄청난 호황을 누리게 되었다. 하지만 팁 덕에 인건비를 줄이게 된 가게 주인들의 반대로 다시는 이전으로 돌아갈 수 없었다.

마지막 세 번째 결정적인 계기는 미국의 최저임금법이다. 미국은 1938년 루스벨트 대통령 때 공정근로기준법을 만들어 최저임금을 시간당 0.25달러로 하기로 했다. 착취나 다름없는 대우를 받던 여성 노동자들을 보호하기 위한 것이었다. 하지만 이런 명목과 달리 흑인 여성들이 다수 고용된 요식업은 최저임금법에서 제외되었다. 최근에도 크게 다르지 않아 일반 노동자는 시간당 7.25달러의 최저임금을 받지만, 팁을 받는 업종의 노동자는 30퍼센트 수준인 2.13달러밖에 받지 못한다.

이런 사정 때문에 웨이터 등 많은 업종의 노동자들은 팁을 받지 않고서는 생활 자체를 할 수가 없다. 다시 말해 이들에게 팁은 서비스가 아니라 임금 그 자체인 것이다. 팁을 안 주는 손님을 쫓아가 악착같이 요구하는 것도 이 때문이다. 식당에서 손님이 원하는 자리가 아니라 웨이터가 안내해주는 대로 앉아야 하는 것도 팁의 배분 때문이다. 한가한 웨이터에게 서빙을 요청해봤자 모른 척하는 것도 팁을 받기 위한 담당 테이블이 모두 다르기 때문이다.

팁은 유럽의 귀족문화에서 시작되었다. 그리고 미국으로 건너와 인종, 성, 계급 등 각종 차별 속에서 뿌리내렸다. 이 때문에 팁은 자유와 기본권을 강조하는 미국의 헌법 가치와 맞지 않는다는 비판이 일찍부터 있어왔다. 그래서 19세기 말부터 지금까지 한편에서는 꾸준히 팁 철폐 운동도 같이 벌어졌다. 하지만 인건비 상승이 고용 감소를 가져올 것이라는 사용자와 팁이 사라지면 당장·수입이 줄어들 것이라는 노동자 등 양측 모두가 반대해 지금껏 팁이 유지되어온 것이다.

그러던 것이 코로나 이후 '팁플레이션(Tipflation, 팁+인플레이션)'이라는 신조어가 생길 정도로 봉사료가 치솟고, 패스트푸드점까지 디지털 결제를 통해 이를 요구하고 나서자 최근 'NO-TIP' 운동이 다시 불거지고 있다.

최근에는 한국 일부에서도 팁을 도입하려는 움직임이 일고 있다. 카카오 택시가 결제 모니터에 은근슬쩍 팁 항목을 두었고, 배달료 대신 배달팁이란 용어가 사용되기 시작했으며, 팁 박스가 계산대에 올려져 있는 레스토랑도 등장했다.

앞에서 본 것처럼 팁은 장점은 거의 없고, 단점은 너무나 뚜렷한 악습이다. 그리고 한 번 도입되면 두 번 다시 고치기는 어려우니 불치병이나 다름없다. 로마에 가면 로마법을 따르라 했으니 미국에 가면 미국법을 따라야 할 것이다. 그렇다고 한국을 로마와 미국으로 만드는 우를 범하지는 않았으면 좋겠다.

독일을
자동차 강국으로 만든
결정적 장면

'말 없는 마차'는 인간의 오랜 꿈이었다. 말은 마차를 오래 끌지도 못했고, 때론 제멋대로라 위험하기도 했다. 냄새도 고약했다. 그리하여 15세기 말 최초의 자동차가 탄생했다. 인류의 첫 작품은 믿을 수 없을 만큼 천재적이었다. 바로 레오나르도 다빈치가 만든 태엽 자동차다. 15분마다 태엽을 감아주어야 했으니 당연히 실용성은 없었다. 하지만 말이 아닌 기계를 동력원으로 삼은 이 아이디어야말로 오늘날의 자동차를 있게 한 원조라 할 수 있다.

이후 '지치지도 않고, 통제도 할 수 있으며, 냄새도 나지 않는 마차'에 대한 인간의 도전은 계속됐다. 100년 후에는 돛을 달아 바람의 힘으로 달리는 자동차가 나왔다. 하지만 내가 가고 싶은 곳이 아닌, 바람이 부는 데로만 가야 했다. 바람 없는 날에는 아무 데도 갈 수 없었다. 그리고 또 100년

이 흘러 이번에는 증기로 가는 자동차를 내놨다. 이 차는 너무 무거워 방향을 틀 수가 없었다. 이런 끊임없는 노력 끝에 100년이 또 흐른 19세기 말, 드디어 자동차다운 자동차가 탄생했다. 독일의 카를 벤츠가 가솔린 자동차를 만드는 데 성공한 것이다.

이후 독일은 소위 '독삼사'라고 불리는 벤츠, BMW, 아우디 등을 내세워 지금껏 단 한 번도 '최고의 자동차 나라'라는 명성을 빼앗긴 적이 없다. 독일은 무엇이 달랐던 걸까? 독일을 자동차 강국으로 만든 초창기의 흥미로운 몇 가지 장면들을 소개해보려 한다.

영국의 헛발질

사실 독일은 행운이 따랐다. 영국이 '적기조례赤旗條例, Red Flag Act'라는 헛발질을 해주지 않았다면 기회가 없었을지도 모른다.

산업혁명 후 영국은 증기자동차 시대에 접어들었다. 하지만 이 자동차는 그 어디에서도 환영받지 못했다. 시끄럽고, 그을음을 내뿜는 데다 툭하면 사람을 다치게 해 시민들은 '달리는 괴물'이라고 부르며 무서워했다.

무엇보다 마차 업계의 반대가 극심했다. 마차는 당시 가장 많은 사람을 실어 나르는 대중교통수단이었다. 증기자동차는 마차보다 두 배 이상 빠르고, 두 배 이상 사람을 태울 수 있는 반면 요금은 절반밖에 되지 않았다. 이제 막

시작된 철도 업계 역시 경쟁 업체의 출현이 달갑지 않았다. 일자리를 잃는 게 두려운 이들의 반대로 자동차에 대한 각종 규제가 시작되었다.

영국 의회는 우선 자동차의 통행료를 마차의 10배 이상으로 인상했다. 그리고 도시에서는 마차보다 빨리 달리는 게 금지되었다. 무엇보다 압권은 적기조례였다. 붉은 깃발을 든 기수가 자동차의 55미터 앞을 걷다가 마차를 발견하면 운전사에게 신호를 보내 말이 놀라지 않도록 자동차를 세워야 했다.

과잉 규제 논란에도 이 법은 31년간이나 계속되었다. 이 사이 영국의 자동차 산업은 완전히 망했다. 마부 대신 일자리를 잃은 기술자들은 미국, 독일, 프랑스로 향했다. 덕택에 이 국가들은 기술 격차를 단박에 줄이고 자동차 산업을 일으킬 수 있었다. 지금도 적기조례는 산업을 죽인 어리석은 규제의 대명사로 불리고 있다.

세계 최초의 여성 운전자, 베르타 벤츠

카를 벤츠가 만든 세계 최초의 자동차 이름은 페이턴트 모터바겐Patent-Motorwagen이었다. 가솔린엔진이 장착돼 세 바퀴로 달리는 2인승 마차였다. 하지만 이 역사적인 자동차도 처음엔 영국 못지않게 찬밥 신세였다. 냄새나는 고물이라는 손가락질에 소심해진 벤츠는 이 차를 세상에 내놓지 못하고 고민만 하고 있었다.

카를 벤츠가 만든 최초의 자동차를 운전하는 베르타 벤츠.

이에 아내 베르타 벤츠Bertha Benz가 친정에 다녀온다는 편지를 남겨 놓고 두 아들과 함께 남편 몰래 차를 몰고 나섰다. 당시 도로는 엉망진창 흙길이라 때론 차를 밀고 가야 했다. 도중 체인이 끊어져 가죽 신발을 잘라 대신 쓰기도 했다. 기름이 바닥나면 길가의 약국에서 석유 에테르를 사 연료통을 채우기도 했다.

이런 악전고투 끝에 베르타 벤츠는 만하임Mannheim에서 친정인 포르츠하임Pforzheim까지 106킬로미터를 무사히 주파했다. 이 소식은 곧 독일 전역으로 퍼졌다. 벤츠의 차는 연약한 여자와 아이들도 장거리를 달릴 수 있는 안전한 차라는 인식도 함께했다. 이 덕에 벤츠의 자동차는 비로소 주문이 몰려들기 시작했다.

벤츠 자동차를 널리 알리는 데 매우 중요한 역할을 한

베르타 벤츠는 세계 최초의 여성 운전자 겸 테스트 드라이버로 이름을 남기게 되었다. 그리고 그녀가 연료를 산 약국인 비슬로흐Wiesloch의 슈타트 아포테케Stadt-Apotheke는 지금도 운영 중이다. 이곳은 역사상 첫 주유소로 기록되며 자동차 마니아들의 성지 순례 코스가 되었다.

국민차 폭스바겐

아돌프 히틀러는 1933년에 독일 수상에 올랐다. 당시 일반인이 자동차를 가진다는 건 감히 상상조차 할 수 없었다. 더구나 독일은 1차대전 패전으로 막대한 전쟁배상금을 물어야 할 처지라 경제적으로 무너진 상태였다.

하지만 히틀러는 "국민 모두가 차를 갖게 하겠다"라고 공언했다. 독일의 건재와 게르만의 우월성을 세계에 알리고, 국민으로부터 인기를 얻기 위한 정치적 전략이었다. 세계는 히틀러가 미치광이란 걸 알고 있었고, 독일인들조차 이를 믿는 사람이 거의 없었다. 하지만 히틀러는 자동차 공학자였던 페르디난트 포르셰 박사에게 국민차 개발을 의뢰했다.

히틀러가 내세운 조건은 무척 까다로웠다. 5인 가족이 탈 수 있어야 하고, 시속 100킬로미터로 달릴 수 있어야 하며, 겨울에 엔진이 얼지 않아야 하고, 차 정비가 쉬워야 하며, 1리터의 기름으로 14킬로미터 이상 달릴 수 있어야 한다는 것이다. 가장 어려운 조건은 자동차 가격이 1,000마르크를 넘지 않아야 한다는 것이었다. 즉 오토바이 가격으로 자동차를 살 수 있어야 한다는 것이었다.

이 불가능해 보이는 조건을 모두 충족하고 3년의 연구 끝에 내놓은 차가 바로 그 유명한 폭스바겐Volkswagen이다. 독일어로 '폭스Volks'는 '국민', '바겐Wagen'은 '자동차'이니 '국민차'라는 뜻이다. 히틀러는 목돈 부담을 줄이기 위해 일주일에 우표 한 장씩 4년간 사 모으도록 했다.

그럼 과연 몇 명이나 이 국민차를 갖게 되었을까? 0명이다. 히틀러가 도중에 2차 세계대전을 일으켰기 때문이다. 수십만 명이 매주 낸 우푯값은 고스란히 전쟁 비용이 되었고, 폭스바겐은 군용차량이 되었다. 전쟁 후 포르셰 박사는 전범으로 체포되어 프랑스의 디종 감옥에서 2년간 복역했다.

하지만 이 국민차 개발은 독일의 자동차 기술을 비약적으로 발전시켰다. 미국이 딱정벌레를 닮았다고 비틀Beetle이란 이름으로 조롱한 독일의 폭스바겐은 그 실용성으로 인해 세계에서 가장 많이 팔린 자동차가 되었다. 그러면서 독일은 세계가 인정하는 '자동차의 나라'가 되어갔다.

독일을 내달리게 한 아우토반

독일이 고속도로 아우토반을 건설한 이유는 실업자를 구제하기 위해서였다. 당시 독일은 1차대전 후 배상금 청구와 세계 대공황 여파로 일자리를 잃은 사람이 600만 명이 넘었다. 이러한 배경에서 1920년대의 바이마르 공화국 때 건설이 시작되어 나치가 이어받았고, 지금은 독일 전역에 1만 3,000킬로미터나 깔려 있다. 이중 속도 무제한 도로가 70퍼센트나 된다.

아우토반은 독일의 자동차 산업을 지금의 자리까지 올려놓은 숨은 공신이다. 아우토반에서는 독일 차들의 속도 경쟁이 벌어졌다. 속도가 뒤처지면 당장 소비자들의 외면을 받았다. 그래서 독일 차들은 주행 성능이 뛰어난 차를 만드는 데 심혈을 기울여야 했다. 빠른 속도로 코너를 돌아야 하니 차체 강성도 뛰어나야 했고, 그러면서도 내구성과 안전성도 좋아야 했다.

독일 차들은 대개 핸들이 무겁고, 승차감이 딱딱하다는 특징이 있다. 아우토반을 200킬로미터 이상의 속도로 달리다 보니 안전성을 고려해 생긴 특성들이다.

사실 아우토반은 실업자를 구제하려는 애초 목적에는 큰 역할을 하지 못했다는 지적도 많다. 오히려 통행 차량 부족으로 돈만 낭비했다는 것이다. 하지만 독일 차들은 이후 매일 아우토반을 달리는 독일인들로부터 수시로 냉혹한 평가를 받아야 했고, 이것이 독일 차의 수준을 끌어올린 매우 중요한 요인이 된 건 분명하다.

예고된 위기

독일 자동차는 2022년 역사상 최대 매출액을 기록했다.

그런데 채 얼마 지나지 않은 지금 독일은 자동차 산업 전체가 생사의 갈림길에 섰다는 위기감으로 가득하다. 그간의 성공에 취해 전기차 전환이 너무 늦었던 탓이다. IT와 소프트웨어도 경쟁국 수준보다 한참 뒤처져 있고, 전기차의 심장이라 할 배터리는 걸음마 단계다. 이것이 독일의 가장 큰 시장인 중국에서의 급격한 판매 부진으로 이어지고 있다.

그간 자동차는 독일 수출의 15퍼센트 이상을 담당해왔다. 완성차 업체뿐 아니라 보쉬, 콘티넨털, ZF와 같은 세계적인 부품회사들에서 일하는 최고 수준의 엔지니어들이 거의 100만 명이다. 전기차는 내연기관차에 비해 필요한 부품이 절반 이하라 이대로라면 대규모 실업 사태가 불가피해 보인다.

독일은 EU와의 합의에 따라 2035년까지는 내연기관차를 전부 퇴출시켜야 한다. 카운트다운이 시작된 것이다. 100년 이상 자동차 시장을 지배해온 독일이 이 위기를 넘길 수 있을까? 세계를 보는 또 하나의 관전 포인트다.

중국과 인도의
28억 명이
축구를 못하는 이유

축구 팬들은 중국 축구가 형편없는 것이야말로 현대판 불가사의라고들 한다. 어떻게 인구 14억 명 중 축구 잘하는 11명이 없냐는 것이다. 이건 인도도 마찬가지다. 정말 왜 그런 것일까? 우리뿐 아니라 중국과 인도 그리고 축구의 본고장인 유럽의 축구 전문가들도 궁금하긴 마찬가지다. 그들이 내놓은 분석을 한번 정리해 보았다.

먼저 중국이다. 사실 중국은 좀 억울한 측면이 있다. 축구를 잘하기 위해 아무 노력도 하지 않은 인도와는 다르기 때문이다. 중국은 사람들이 어리둥절할 정도로 어느 날 갑자기 축구에 엄청난 돈을 풀기 시작했다. 들리는 바에 의하면 축구광인 시진핑 주석이 자신의 생일날 태국에 1 대 5로 대패하는 걸 보고 화가 나 축구에 대한 투자를 결정했다고 한다.

한 국가의 의사가 그렇게 결정될까 싶기는 하지만 아무튼 중국은 이후 수많은 프로팀을 창단하고, 세계적인 축구 스타를 사 모으기 시작했다. 한때 중국은 일본의 6배, 한국의 12배에 달하는 평균 연봉을 선수들에게 주었다.

중국은 그럴듯한 장기 계획도 세웠다. 2020년까지 축구학교를 2만 개 만들어 5,000만 명의 선수를 육성하고, 초등학교와 중학교에서 축구를 필수과목으로 지정하기로 했다. 이를 기반으로 2030년까지 아시아를 제패하고, 2050년까지 월드컵에서 우승하겠다는 원대한 포부도 호기롭게 발표했다.

이때까지만 해도 중국이 월드컵 우승은 몰라도 아시아의 축구 강호가 될 것이란 점은 의심의 여지가 없어 보였다. 하지만 10년도 되지 않아 중국 축구는 누가 봐도 실패의 길을 걷고 있다. 그리고 시진핑의 정책이 그 출발점이라는 지적이 대다수다.

우선 국내 리그 수준을 높이기 위한 해외 선수 수입은 중국 선수들의 연봉 인플레도 함께 가져왔다. 몸값이 한창 비쌌던 2019년 중국 선수들의 평균 연봉은 10억 원 정도였다. 일반 직장인들의 평균 연봉이 1,200만 원이던 때였다. 실력에 비해 엄청난 연봉을 받게 된 중국 선수들은 해외로 나가려 하지 않았다. 고생은 고생대로 하고, 연봉도 깎일 게 뻔해서다. 세계적인 선수들과 경쟁해야 기량이 늘 텐데 중국 내에 안주해 버린 것이다.

일반인 대비 천문학적인 돈을 받게 된 중국 선수들은 국가대표 경기에서는 몸 사리기 바쁘다는 중국 내 비판도 상당하다. 사명감이나 명예보다는 다치면 연봉에서 손해 보는 현실이 더 앞선 것이다. 해외 진출 기회를 얻기 위해서라도 국가대표가 되면 열심히 뛰는 게 보통이지만 중국에선 이런 동기부여가 없는 것이다.

단기적인 성적에 집착하는 구단도 큰 문제다. 이기기 위해 공격수 위주로 선수를 사다 보니 프로가 되기 어려운 공격수 포지션이 기피 대상이 되기도 했다. 중국 축구팀이 국제 대회에서 골 가뭄을 겪는 이유 중 하나다.

감독이 파리 목숨과 다름없다 보니 심판 매수나 승부 조작의 유혹을 받기도 하고, 당장 이기기 위해 반칙도 난무하게 되었다. 대신 시간이 오래 걸리는 팀 전술훈련은 피하는 바람에 중국 선수들은 비싼 돈 들여 외국 감독을 영입해 놓고선 현대 축구의 트렌드를 배우지 못하고 있다.

사실 장기적으로 중국 축구가 달라질 것이라고 가장 기대를 모았던 건 유소년 정책이었다. 중국의 축구 부진을 말할 때 늘 빠지지 않는 게 이른바 소황제 문제다. 한 자녀 정책으로 과보호 속에 자란 소황제들은 승리를 위해 개인의 희생이 필요한 팀 스포츠인 축구와 잘 맞지 않는다는 것이었다. 올림픽에서 대부분의 금메달을 따내는 개인 종목과 달리 축구, 야구, 핸드볼, 배구 등 단체 종목에선 하나같이 부진하다는 점에서 이 분석은 힘을 얻고 있다.

그러니 유소년들을 모아 조기 교육을 하면 축구 기술은 물론 단체 생활을 통해 이 문제도 개선할 수 있다고 기대한 것이다. 그런데 이 학교에 들어가려면 1년 학비와 생활비로 1,000만 원 이상이 필요하다. 직장인들의 평균 연봉과 거의 비슷하다. 사정이 이러니 실력이 있는 아이가 아닌, 부잣집 아이가 들어가 취미로 축구를 하게 되었다. 중국 축구가 개선될 리 없었다.

게다가 유소년 축구에서도 중국 특유의 꽌시 문화가 작용해 연줄에 의해 출전이 좌우되기도 한다. 코치에게 주는 뇌물에 따라 주전이 정해지기도 하니 재능 있는 아이들의 도전 의욕이 일찌감치 꺾일 수밖에 없다.

인도를 떠올리면 '거기도 축구를 하나?'라고 생각할지로 모른다. 현재 기준으로 피파 랭킹 100위 밖이니 26위인 우리에 비해 까마득히 아래다. 참고로 중국은 80위다. 하지만 인도는 한때 아시아의 축구 강국이었다. 특히 1950~1960년대는 인도 축구의 전성기로 아시안게임에서 두 차례나 우승했고, 멜버른올림픽에서는 4위를 하기도 했다.

잘나가던 인도 축구는 1960년대 후반 인디라 간디Indira Gandhi 여사가 장기 집권하면서 사실상 인도에서 잊힌 스포츠가 되었다. 경제개발에 몰두한다는 명목하에 아시안컵 개최권을 반납하고, 월드컵 예선에 불참하면서부터다. 그러던 차에 인도는 크리켓의 세상이 되었다. 특히 1983년 자신을 식민 지배했던 영국에서 열린 크리켓 월드컵에서 우승함으로써 크리켓은 국민적 자부심이 되었다.

이후 크리켓은 인도의 모든 스포츠를 빨아들이는 블랙홀이 되었다. 인기도, 언론의 관심도, 엄청난 돈벌이가 따르는 스포츠마케팅도 오직 크리켓 하나에 집중되었다. 크리켓은 가난한 인도인들이 인생 역전을 노릴 수 있는 유일한 스포츠라 해도 과언이 아니다. 스포츠로 성공할 수 있는 길이 여러 갈래인 중국과는 완전히 다르다. 그래서 중국의 체육 인재들이 온갖 종목으로 분산되는 것과 달리 인도에선 크리켓에 모두 쏠리고 있는 형편이다.

여기에 인도에선 유소년 축구 시스템 자체가 거의 없어 어렸을 때 축구의 기본기를 다지기 어렵다는 이유도 한몫한다. 또 축구를 하기엔 날씨도 너무 덥고, 축구 경기장도 드물다. 하지만 아프리카나 일부 중남미 국가 역시 사정은 비슷해도 축구를 잘하기만 하니 더운 날씨가 인도가 축구를 못하는 결정적인 이유가 될 수는 없다. 다만 인도에선 "잔디밭에선 소를 키우고, 남은 공간에선 크리켓을 한다" 라고 하니 그 큰 땅에 축구를 할 만한 변변한 공간이 거의 없는 건 사실이다.

중국과 인도가 축구를 못하는 데는 이렇듯 각기 사정이 다르지만 쏙 빼닮은 두 가지 이유도 있다. 어쩌면 이 두 가지가 가장 근본적인 이유인지도 모르겠다.

첫째, 축구 행정을 축구인이 아니라 정치인, 혹은 권력자들이 한다는 점이다. 중국은 아예 처음부터 시진핑 주석의 뜻에 따라 축구 굴기를 시작했다. 이때부터 축구를 전혀 모르는 문외한들이 중국 축구를 망쳐왔다는 게 일반적인 평이다. 권력자의 환심을 사기 위해 창단한 구단일수록 구단주의 전횡이 엽기적이라 체불은 물론 하루아침에 팀이 해체되기도 한다. 인도는 축구협회에 대한 권력의 노골적인 간섭으로 월드컵에 참가 금지를 당했을 지경이니 더 말할 필요도 없다.

둘째, 두 나라 모두 학부모들이 자녀가 축구하는 걸 극렬 반대한다는 것이다. 중국에서 축구는 돈이 많이 드는 스포츠라는 인식도 있지만 무엇보다 자식이 하나뿐이니 힘든 운동을 시키기를 꺼린다. 위험하고 불안정한 축구보다는 검증된 방식으로 안전하게 살기를 바라는 건 어찌 보면 당연한 일이다. 사실 중국은 세계에서 가장 경쟁적인 사회 중 하나다. 특히 대학 입시는 정말 치열하다. 부모들의 압력으로 학교에선 축구뿐 아니라 체육 활동 자체가 뒷전이 된 지 오래다.

인도는 더하다. 인도야말로 초경쟁사회다. 앞서 살펴본 대로 인도의 모든 학부모의 꿈은 아이들을 공대에 보내는 것이다. 인도공과대학이나 인도국립공과대학을 졸업하면 마이크로소프트나 인텔, 삼성에서 대부분 데려간다. 직장인 평균 월급이 51만 원인 나라이니 집안 전체의 팔자가 갑자기 달라지는 것이다. 그래서 인도에선 공부 잘하는 자식이 한 명 있으면 집안 전체가 뒷바라지에 나선다. 이런 분위기에서 재능이 있다고 축구를 한다는 건 가족을 배신하는 게 된다. 성공 경로가 사실상 엔지니어 하나뿐인 인도에서 공부를 포기하고 축구에 매달린다는 건 정말 쉽지 않은 일이다.

이렇듯 중국은 축구를 잘하기 위해 나름 애썼지만 '백약이 무효'인 상태이고, 인도는 여전히 아무 관심이 없다. SBS 보도에 따르면 영국의 명문 클럽인 아스널의 연구 결과 메시급의 축구 재능은 20만 명당 1명꼴이라고 한다. 이게 사실이라면 중국과 인도에는 각 7,000명의 뛰어난 인재가 자신의 재능을 꽃피울 아무 기회도 잡지 못한 채 영원히 묻혀 버린 셈이다. 어쩌면 중국에서만큼은 메시가 축구가 아닌 탁구를 하고 있는지도 모르겠다.

2차대전과 수동 자동차와의 관계

유럽에서 차를 빌릴 때마다 당황스러운 점이 한 가지 있다. 렌터카의 대부분이 수동이라 선택의 여지가 없다는 점이다. 렌트 가격도 동급의 수동에 비해 오토 차량은 훨씬 비싸게 받는다. 그나마 요즘은 사정이 좀 나아졌지만 10여 년 전만 해도 유럽의 작은 공항이나 작은 도시에선 오토매틱 차량이 아예 없는 경우도 꽤 있었다.

그간 수동 차량을 고집해오던 유럽에서도 최근에는 대형 승용차를 중심으로 점차 오토매틱이 증가하고 있기는 하다. 영국에선 2020년 처음으로 신차 판매에서 오토가 수동을 넘어섰다. 독일에서도 오토 판매가 비약적으로 증가해 거의 30퍼센트에 달할 것으로 추정되고 있다. 하지만 소형차 천국인 프랑스와 이탈리아에선 여전히 수동 차가 압도적으로 많다. 유럽 전체를 보면 길에 굴러다니는 승용차의 70~80퍼센트 정도가 여전히 수동일 것으로 자동차 매체들은 보고 있다.

사실 우리나라가 워낙 오토매틱 차량이 많아서 그렇지, 대부분의 나라에선 수동 차가 여전히 대세다. 세계 주요국 중 오토 차량이 압도적으로 많은 나라는 우리나라를 포함해 미국, 캐나다, 일본, 호주, 뉴질랜드 정도뿐이다.

우리나라에서도 아직 극소수의 수동 마니아들이 남아 있긴 하다. 소위 '운전 맛'을 즐기는 사람들이다. 하지만 요즘 수동 차를 운전할 줄 아는 사람들이 워낙 적다 보니 술 마시고 대리운전 부를 때가 제일 난감하다고 한다. 수동 차 운전이 가능한 사람을 찾느라 대기 시간도 길고, 추가 비용도 내야 하기 때문이다. 중고로 차를 팔 때도 막심한 손해를 감수해야 한다.

어쨌든 세계에서 여전히 수동이 인기인 것은 무엇보다 차량 가격이 상대적으로 싸기 때문이다. 그래서 세계에서 수동 차량이 가장 많은 인도를 비롯해 경제적으로 가난한 나라일수록 자동보단 수동이 훨씬 더 많다. 그런데 부자 나라들이 많은 유럽에선 왜 여전히 수동을 고집하는 걸까?

이는 2차대전의 전후 상황과 깊은 관계가 있다. 거의 모든 나라가 전쟁터였던 2차대전은 유럽을 그야말로 쑥대밭으로 만들었다. 전쟁 후 유럽의 목표는 오로지 복구와 재건이었다. 이 목표를 제외한 나머지는 허리띠를 졸라맬 수밖에 없었다. 사치는 꿈도 꿀 수 없는 시절이었다. 물론 자동차에도 영향을 미쳤다. 이 무렵 영국에서 가장 많이 팔렸던 오스틴Austin 1100 같은 1,100cc 급의 값싼 소형차가 유럽 자동차의 지배종이 된 건 당연했다.

이 상황은 미국과 비교해보면 더욱 확연하게 이해할 수 있다. 당시 미국은 유럽과 정반대였다. 전쟁도 이기고, 경제도 호황이었다. 세계 최강대국이라는 자부심이 하늘을 찌르면서 '뭐든지 크게' 만들게 되었다. '건물도 크게, 상점도 크게, 도로도 크게, 자동차도 크게'였다. 그래서 지금도 클래식카로 유명한 쉐보레 임팔라처럼 크고 무거운 차가 미국에선 대세가 되었다.

이런 전후 상황을 바탕으로 도시의 역사와 지형의 차이는 양쪽의 자동차를 더욱 다른 모습으로 만들었다. 유럽의 도시는 적어도 수백 년의 역사를 갖고 있다. 복구 역시 이를 바탕으로 한 것이다. 그래서 유럽의 도시 도로는 대부분 폭이 좁고, 구불구불하다. 게다가 처음부터 방어를 기본 개념으로 언덕 위에 도시를 만들었기에 경사도 제법 가파르다. 소형차가 적합할 수밖에 없는 환경이다.

반면 미국은 드넓은 평지에 계획적으로 도시가 들어섰다. 처음부터 도로도 반듯하고 넓게 만들었다. 그러니 유럽과 달리 큰 차도 아주 쉽게 도시를 달리고, 주차도 쉽게 할 수 있었다.

1980년대 후반기가 되어 이미 미국에선 오토 자동차의 시대가 되었다. 하지만 유럽에는 아무런 영향을 미치지 못했다. 좁고 구불구불하고 가파른 도로에선 수동변속기가 최고였기 때문이다. 이런 도로에서 빠르게 달리고, 높은 파워를 얻는 데 당시 기술로는 자동이 수동을 따라올 수 없었다.

게다가 결정적으로 유럽의 휘발윳값이 미국보다 늘 비쌌다. 물론 나라마다 다르긴 하지만 역대 평균으로 보면 유럽의 1리터당 휘발윳값은 미국과 2배 이상 차이가 났다. 지금도 미국이 리터당 1,000원대 초반 수준이라면 유럽은 대개 2,000원이 넘는다. 그러니 차를 결정할 때 연비가 무엇보다 중요한 고려 사항일 수밖에 없다.

수동 자동차는 동종의 오토매틱에 비해 보통 30퍼센트 정도는 더 가볍다. 기계에 맡기는 게 아니라 사람이 직접 변속하니 변속기의 구조가 좀 더 간단하고 무게에서도 차이가 나는 것이다. 차가 가벼우면 당연히 연비도 좋아져 보통 수동이 자동보다 20퍼센트가량 연비가 높다.

하지만 이것도 옛날 이야기다. 오토매틱 차량의 약점이 계속 개선되면서 최근엔 수동과 자동의 연비는 거의 차이가 나지 않는다고 한다. 더구나 수동의 경우 변속기를 완벽한 타이밍에 맞춰 조작하지 않으면 오히려 지금의 자동보다 연비가 떨어진다. 이런 상황에서 수동을 계속 고집한다는 것은 그간의 효율성에서 비롯된 일종의 관성이라고 할 수 있다.

유럽인들이 수동을 고집하는 또 다른 이유로는 낮은 유지 비용을 꼽을 수 있다. 수동은 자동에 비해 구조 자체가 단순해 수명이 길고, 잔고장도 훨씬 적다. 고장이 나더라도 수리 비용이 적게 나온다. 인건비가 비싼 유럽에서는 그 비용이 엄청나 웬만하면 직접 수리하는 사람도 많다. 이들에게 복잡한 자동은 쓸데없는 돈 낭비인 셈이다. 더구나 찻값이 싸면 보험료와 연간 세금도 아낄 수 있으니 유지 비용을 자동보다 더 낮출 수도 있다.

정리하자면 전쟁 후 근검절약 분위기에서 저렴하고, 지형과 도로 사정에도 잘 맞고, 기름값과 유지비도 덜 드는 수동 차는 유럽에서 경제적이고, 합리적인 선택이라고 할 수 있었다. 그리고 이런 인식이 남아 유럽에선 아직도 오토매틱은 사치스러운 옵션이라고 생각하는 것이다.

한편 오토매틱이 일부 국가에서 급속도로 보급된 것은 '도시 집중화'가 가장 중요한 요인이다. 오토 자동차가 절대다수인 한국, 일본, 미국은 모두 고속도로보다는 복잡한 도심에서의 운전이 훨씬 많은 나라들이다. 가다 서다를 반복하는 극심한 교통체증이 일상화된 현실에선 오토 자동차의 장점이 더욱 뚜렷할 수밖에 없다.

만약 유럽에서도 우리만큼이나 도시 집중화가 심했다면 분명 지금보다 오토매틱의 보급은 훨씬 많았을 것이다. 하지만 유럽에서도 앞으론 자동이 대세가 될 것이다.

이미 유럽에서 만드는 고급 차종에서는 수동변속기의 단종이 시작되었다. 수동변속이 당연했던 스포츠카조차 이제는 자동변속기만을 달 정도다. 미래의 전기차나 수소차 시대에서는 말할 것도 없다.

앞에서 본 것처럼 수동은 자동에 비해 거의 모든 면에서 비교 우위였다. 단 한 가지 뒤처지는 게 있다면 조작의 편의성이다. 점차 수동이 멸종하고, 자동이 보편화되는 것을 보면 편리함이야말로 인간의 본성 중 하나라는 생각이 든다.

네코노믹스,
고양이와
경제 흐름의 상관관계

일본만큼 고양이를 좋아하는 나라가 있을까? 아마 없을 것이다. 가게마다 복을 부르는 고양이 마네키네코招き猫가 손님을 맞이하고, 고양이를 키우는 사람을 위한 전용 아파트가 인기리에 분양되며, 신사에서는 고양이가 신으로 모셔지는 나라가 일본이다. 《나는 고양이로소이다》, 《고양이를 빌려드립니다》, 《고양이의 보은》 등 고양이는 일본에서 소설, 영화, 애니메이션의 단골 주인공이고, 헬로키티나 도라에몽은 우리나라에서도 유명한 고양이 캐릭터다.

일본에는 '네코노믹스'라는 단어도 있다. '고양이'라는 뜻의 일본어 '네코ねこ'와 영어 '이코노믹스Economics'를 합친 신조어다. 반려묘 문화가 만들어 내는 경제효과를 말한다. 작년의 일본 〈요미우리 신문〉 보도에 의하면 이 규모는 20조 원이나 된다.

하지만 처음부터 고양이가 일본에서 인기 있었던 것은 아니다. 1983년 일본에서 실시된 한 여론조사 결과 전 국민의 59퍼센트가 고양이를 싫어했다. 다른 나라와 마찬가지로 일본에서도 고양이보다는 강아지가 단연 애완동물 1위였다. 그러던 것이 2017년 조사에서 처음으로 뒤집어졌다. 5만 명을 대상으로 한 사육실태 조사에서 고양이가 953만 마리, 개가 892만 마리로 고양이를 키우는 사람이 더 많아진 것이다. 무슨 일이 일어난 것일까?

애완동물의 숫자 변화는 우리의 미래에 관한 몇 가지 생각거리들을 제시한다. 우선 고양이가 이 지구상에 등장한 건 700만 년 전이다. 하지만 가축화한 건 겨우 1만 년밖에 되지 않았다. 시작은 이집트인들에 의해서다. 당시 이집트인들은 나일강의 범람을 이용해 본격적으로 농사를 짓기 시작했지만, 곡식을 갉아 먹는 쥐 때문에 골머리를 앓았다. 이게 고양이를 길들인 이유다.

이집트에서 고양이는 무척 신성시되었다. 그래서 고대 이집트 왕조에서는 고양이의 해외 반출을 엄격히 금지했다. 하지만 이집트의 항구를 드나들던 페니키아 상인들이 고양이를 몰래 빼돌렸다. 쥐 때문에 고민인 건 어느 나라나 마찬가지였기 때문이다. 그리스, 로마 등 지중해변으로 퍼진 고양이는 차츰차츰 영역을 넓혀 기원전 2세기에는 중국에 이르렀고, 일본에는 6세기경 불교와 함께 들어왔다.

일반적으로 고양이는 개보다 사람에게 헌신적이지도 않고, 살갑지도 않다. 약 3만 년 전에 길들인 개에 비해 고양이는 가축화의 역사가 짧아 야생의 본능이 아직 많이 남았기 때문이라고 보고 있다. 그래서 어디서나 대개 고양이보다는 개의 인기가 높았다. 펫산업계의 추산에 따르면 지금도 세계적으로 반려견이 48퍼센트, 반려묘가 38퍼센트다.

일본도 마찬가지였다. 애완동물 키우는 게 유행하기 시작했던 1990년대 후반만 해도 고양이보단 강아지가 압도적이었다. 그러다 2007년 철거 위기에 놓인 한 시골 마을 간이역에 '타마'라는 고양이가 역장으로 취임했다는 뉴스가 전해졌다. 이게 국제적인 화제가 되면서 일본에서 고양이를 기르는 사람들이 폭발적으로 증가하는 결정적인 계기가 되었다. 타마는 8년간 큰 사랑을 받으며 역장 임무를 수행하다 2015년 급성신부전증으로 세상을 떠났다. 이때 타마를 추모하는 문상객이 3,000명이나 되었다. 하지만 타마는 일종의 트리거였을 뿐 일본인들이 개 대신 고양이를 선택하도록 하는 사회적 분위기는 이미 변하고 있었다.

가장 먼저 꼽을 수밖에 없는 건 고령화다. 2022년 기준으로 일본에서는 75세 이상의 노인이 총인구의 15퍼센트인 2,000만 명이나 된다. 80세 이상도 10퍼센트인 1,200만 명이나 된다. 개를 키우려면 매일 밖으로 데리고 나가 산

일본 기시역의 고양이 역장으로 큰 사랑을 받았던 타마.

책을 시켜야 한다. 이 점이 노인들에겐 나이가 들수록 체력적으로 부담스러울 수밖에 없다. 반면 고양이는 산책을 별로 좋아하지 않는다. 개보다 몸집이 작아 돌보기도 쉽다. 노인 인구가 많아질수록 반려동물로 고양이가 선택되는 건 일본뿐 아니라 세계적인 현상이다. 다만 일본의 노령화가 급격히 진행됨에 따라 고양이의 비중도 눈에 확 띄게 높아진 것이다.

고양이의 증가는 1인 가구 확산과도 비례한다. 일본의 1인 가구는 2010년 32퍼센트였다가 2020년에는 38퍼센트가 되었다. 1인 가구는 지금도 지속적으로 증가하는 중이다. 출근도 해야 하고, 반려동물도 돌봐야 하는 1인 가구 입장에서는 개보단 고양이가 기르기가 훨씬 쉽다. 고양이는 따로 가르치지 않아도 배변을 알아서 잘 가리고, 집을 난장판으로 만들지도 않는다. 무엇보다 고양이는 강아지에 비해 분리 불안 장애를 훨씬 덜 느끼기 때문에 고양이를 혼자 두고 일하러 가도 안심할 수 있다.

주거환경의 변화도 고양이를 선호하게 되는 한 요인이다. 일본인들은 대부분이 단독주택에서 살던 과거와 달리 점점 아파트나 맨션 등의 공동 주택에서 사는 사람들이 많아지고 있다. 단독주택에서는 집을 지키기 위해서라도 개를 많이 키웠지만 공동주택에선 그럴 필요가 없다. 민폐 끼치는 걸 꺼리는 일본인들은 개보단 고양이가 소음에 민감한 공동주택에 더 알맞은 선택이라고 여기기도 한다.

일본의 경제 전문가들은 고양이 붐이 경기침체와도 관련 있다고 분석한다. 경제가 좋을 때는 마당이 있는 넓은 주택을 지어 개를 키우고, 경제가 나쁠 때는 가족 모두가 일하러 나가느라 고양이를 기르게 된다는 것이다. 일본은 과거 석유파동 때도 고양이가 대폭 증가한 사례를 들어 1990년대부터 시작된 장기불황이 일본인들이 고양이를 많이 키우게 된 중요 요인이라고 보고 있다.

비용 문제도 무시할 수 없다. 대체로 고양이는 강아지에 비해 비용이 적게 든다. 무엇보다 개는 광견병 같은 의무 접종도 여럿이고, 의료보험에도 가입해야 하지만 고양이는 상대적으로 병원에 갈 일이 훨씬 적다. 일본의 관련 업계 계산에 따르면 반려묘를 키우는 게 반려견보다 40퍼센트 정도 비용이 덜 드는 것으로 나타났다. 반려동물을 키우고는 싶지만 수십 년째 월급이 동결되다시피 한 일본인들에게는 고양이로 갈아타는 게 현실적인 선택인 셈이다. 그래서 일본에서는 개가 앞으로 부유층의 상징이 되는 게 아니냐는 한탄도 나오고 있다.

개보다는 고양이가 일본인들의 기질과 맞다는 이야기도 있다. 이건 주로 일본 측의 주장이다. 〈산케이 신문〉에 의하면 자립을 중시하는 일본인들은 충성스러운 개보다는 독립적인 고양이에게 더 끌린다는 분석이다. 간섭하는 것도, 간섭받는 것도 싫어해 아무리 친한 사람과도 일정 거리를 두는 일본인들에겐 고양이의 냉정함이 더 어울린다는 것이다. 반면 산책도 해야 하고, 다른 강아지와 어울리기도 해야 하는 개와 개 주인은 일정 정도의 사교성이 필요하기 때문에 소극적이고 내성적인 일본인들에겐 어울리지 않는다는 해석도 가능할 것 같다.

한편 우리나라에선 반려견을 키우는 가정이 반려묘를 키우는 가정보다 지난해 기준으로 2.7배가 더 많다. 하지만 이 간격은 자꾸만 좁혀지고 있다. 한 해 동안 반려견은 5퍼센트 증가에 그친 데 비해 반려묘는 13퍼센트나 늘었다. SNS에서는 이미 고양이가 강아지의 게시물 숫자를 뛰어넘었다.

일본처럼 인구 노령화가 급진전 중이고, 1인 가구가 계속 상승 중인 우리나라도 고양이가 강아지를 앞서는 건 시간문제다. 노령화와 인구 감소를 동시에 겪는 나라가 많은 EU에서도 이제 고양이를 키우는 집과 개를 키우는 집은 거의 차이가 없다. 수백 년간 마녀와 함께 사는 사탄의 동물이라며 수십만 마리의 고양이를 화형시켰던 유럽에서 말이다. 특히 절대적으로 개를 좋아하는 나라였던 프랑스는 이제 반려묘가 1,400만 마리로 개의 두 배 가까이가 된다.

흔히 고양이 키우는 사람을 집사라고 한다. 고양이를 키우려면 주인은커녕 마치 하인이 되어 모시듯 해야 한다는 뜻이다. 그럼에도 수많은 사람이 집사를 자처하는 걸 보면 고양이가 대단한 매력이 있음은 분명한 것 같다. 일본 소설가 오사라기 지로는 "고양이는 고독하게 지내면서 강하게 자신을 지켜낸다"라며 "이런 침묵의 아름다움을 느낄 수 있는 사람이라면, 고양이를 사랑하지 않을 수 없다"라고 말한다.

일본도, 우리나라도, 세계도 어쩌면 인간의 삶과 고양이의 삶이 점점 더 닮아 가는 것 같다. 부대끼며 살기보단 개인적이고 독립적인 걸 원하는 방향으로 말이다. 그 대가로 점점 더 외로워지는 인간을 고양이 붐이 반증하는 듯하다.

동남아의
그 많은 오토바이,
정말 다 사라지는 걸까?

"애인은 없어도 오토바이는 없으면 안 된다." 동남아에서 흔히 하는 얘기다. 심지어 "집은 없어도 오토바이는 있어야 한다"라고도 한다. 실제로 동남아의 젊은이들에게 오토바이는 핸드폰과 함께 꼭 가져야 할 양대 필수품이다.

동남아의 대표적인 나라들인 태국, 베트남, 인도네시아, 말레이시아 등은 모두 전체 가정의 80퍼센트 이상이 한 대 이상의 오토바이를 갖고 있다. 고급 오토바이는 사회적인 지위와 부 그리고 허세의 상징이기도 하다. 오토바이 사용자가 압도적으로 많다 보니 도로, 신호등, 주차장도 오토바이 중심이다. 오토바이 운전자들의 편의에 맞춘 상점과 물건 등 경제에 미치는 영향도 상당하다. 일본의 오토바이 회사가 동남아의 최대 축구대회인 '스즈키 컵'을 후원하는 것도 이 지역의 엄청난 시장 때문이다.

한마디로 동남아에서 오토바이는 이동 수단 그 이상의 존재다. 하지만 머지않아 동남아의 장엄하기까지 한 오토바이 행렬을 더는 못 보게 될지도 모른다. 각국 정부가 오토바이 퇴출에 나섰기 때문이다. 동남아에 무슨 일이 벌어지고 있는 걸까?

오토바이가 가장 많은 나라는 단연 인구도 세계 제일인 인도다. 14억 명의 인구에 오토바이가 2억 2,000만 대다. 두 번째는 동남아의 인도네시아다. 인구 2억 8,000만 명으로 인도의 5분의 1이지만 오토바이는 인도의 절반인 1억 1,000만 대를 갖고 있다.

베트남은 3위인 중국에 이어 4위다. 하지만 1억 명의 인구에 오토바이는 6,500만 대로 인구당 가장 많은 오토바이를 가진 나라다. 여러 면에서 동남아의 오토바이를 상징하는 나라이기도 하다. 통계에 의하면 베트남의 오토바이는 자동차보다 6배 많으며, 분당 5.8대가 팔린다. 인구당 가장 많은 오토바이를 가진 도시도 베트남에 있다. 840만 명의 하노이에는 570만 대가 있고, 900만 명의 호치민에는 무려 850만 대의 오토바이가 있다. 남녀노소 가릴 것 없이 1인당 한 대씩은 있다는 얘기다. 이 외에 태국이 세계 5위, 말레이시아가 7위, 필리핀이 16위이니 동남아에 얼마나 많은 오토바이가 몰려 있는지 알 수 있다.

동남아에 유독 오토바이가 많은 데에는 여러 이유가 있다. 우선 지난 20여 년간의 경제성장으로 이루어진 급격

오토바이로 가득한 베트남 하노이 도로 모습.

한 도시화가 근원이라 하겠다. 농촌에서 일자리가 많은 대도시로 인구가 대거 몰리면서 교통 대란이 벌어지기 시작했다. 베트남의 호치민은 순식간에 1,000만 명에 가까운 메가시티가 되었다. 호치민으로 출퇴근하는 광역 도시까지 합하면 2,000만 명이 넘는다. 이런 도시에 지하철이 이제야 건설 중이다. 위성도시와 호치민을 연결하는 대중교통수단은 버스뿐이다. 그마저도 태부족이다. 게다가 길마저 좁아 교통체증이 일어나지 않는 게 오히려 이상할 정도다.

인도네시아의 자카르타는 광역권까지 합하면 무려 3,000만 명이 넘는다. 도시 철도 역시 미비하기 짝이 없어 이제야 겨우 1개 노선의 지하철이 다니고 있다. 도심의 평균 주행 속도는 시속 10킬로미터가 채 되지 않는다. 그래서 자카르타는 최악의 교통체증 도시 조사에서 늘 최상위권을 차지하고 있다.

태국의 방콕은 이 분야에서 가장 악명 높은 도시 중 하나다. 웬만한 곳은 365일 막힌다고 해도 과장이 아니다. 이 고질적인 문제를 해결하기 위해 지하철, 모노레일, 수상 버스 등을 확충하지만 광역 도시권의 1,500여만 명을 감당하기에는 버겁기만 하다.

도시가 커지고, 인구가 증가하면 이에 맞춰 도로를 확장하고, 철도를 건설해야 하지만 이를 등한시한 대가를 치르는 것이다. 밀림이 많고, 날씨가 너무 더워 건설이 어렵다는, 동남아만의 고충이 없는 건 아니다. 하지만 실상은 과거 군사 정부가 사회간접자본에 무지했거나 무관심한 탓이라고 해야 할 것이다.

유일한 대중교통수단인 버스를 이용하는 것도 불편하기 짝이 없다. 우선 버스 정류장을 찾기도 어렵고, 배차 간격은 길며, 제시간에 오지도 않는다. 버스 정류장도 대로변 위주라 직장까지 땡볕 아래를 걷거나 갈아타는 데 적잖은 비용과 시간을 들여야 한다.

이렇듯 동남아의 폭발적인 오토바이 증가는 대중교통수단의 절대적인 부족과 불편함이 복합적으로 작용한 결과다. 오토바이는 그 어디든 원하는 목적지까지 빨리 갈

수 있다. 일찍 끊기는 버스와 달리 아주 늦은 시간에 이동할 수도 있다. 게다가 여러 번 갈아타야 하는 버스에 비해 돈도 적게 들고, 시간도 아낄 수 있으니 동남아에서 오토바이는 그 어느 면으로 보나 가장 효율적인 교통편이다.

동남아의 현재 경제 수준으로 보아도 다수가 자동차를 사는 건 아직 무리다. 1인당 GDP를 보면 말레이시아가 1만 2,000달러이고, 베트남, 인도네시아, 태국 등은 4,000~7,000달러 사이다. 관세도 비싸 이들 나라에서 자동차를 사려면 경차라도 꼬박 3년 이상의 월급을 모아야한다. 반면 오토바이는 3~5개월 정도면 살 수 있고, 할부도 다양해 큰 부담이 없다.

게다가 유지비도 자동차에 비할 바 없이 저렴하다. 엔진이 단순해 웬만하면 직접 고칠 수도 있고, 연비도 자동차의 4~5배다. 통행료는 자동차의 절반 이하이고, 주차료는 몇백 원이라 동남아의 소득 수준에서도 충분히 애용할만하다. 동남아에는 우리나라 같은 긴 겨울이 없어 1년 내내 사용할 수 있다는 점도 오토바이의 큰 장점이다.

그런데 이런 동남아인들의 발을 각국 정부가 나서 없애려 하고 있다. 오토바이가 많은 이유만큼이나 오토바이를 퇴출하려는 이유도 다양하지만, 그중에서도 동남아 대도시들이 공통으로 지닌 치명적인 이유가 있다. 그건 생명을 위협하는 수준으로 치솟은 대기오염이다.

최근 세계보건기구WHO, 스위스의 아이큐에어IQAIR 등 그 어떤 조사에서도 동남아 대도시들의 대기오염은 세계 최악으로 꼽히고 있다. 분석에 의하면 인도네시아의 자카르타, 베트남의 하노이 등은 오염 도시의 대명사인 중국의 베이징, 인도의 뉴델리, 파키스탄의 라호르와 어깨를 나란히 한다.

대기오염의 주범은 크게 두 가지로 꼽히는데 바로 화력 발전과 오토바이다. 그중 좀 더 만만한 오토바이를 골라 우선 규제하겠다는 것이다. 한 환경단체의 조사에 의하면 오토바이는 자동차보다 대기오염 물질을 4배나 더 많이 배출한다고 한다.

오토바이로 인한 대기오염이 극심한 도시 중 하나가 하노이다. 오죽 심하면 런던 스모그를 이젠 하노이 스모그가 이어받았다고 할 정도다. 호치민도 크게 다르지 않아 이 두 도시는 미세먼지가 기준치 이하인 날이 1년에 40일도 안 된다. 이에 베트남 정부는 2030년도까지는 대도시에서 오토바이 운행을 전면 중단키로 했다. 가장 심한 하노이는 일부 구간에서 당장 내년부터 운행 제한을 한다는 방침이다.

최악의 도시로 수차례 선정된 자카르타 역시 규제를 서두르고 있다. 이 상태가 계속되면 국민의 기대 수명이 1~2년 단축될 수도 있다는 연구결과도 나와 비상이다. 방콕 역시 낡은 오토바이가 대기오염의 주범 중 하나지만 북부에서는 화전이 더 문제. 보통 3~4월쯤 숲을 태운 연기와 재가 하늘을 덮으면서 치앙마이와 치앙라이 같은 도시는 주민들이 정부에 집단 소송을 제기할 정도로 오염이 극심하다.

이외에도 동남아에서 오토바이는 교통사고의 원흉이다. 태국에선 오토바이 사고로 숨지는 사람이 매년 2만 명 이상이다. 베트남은 헬멧 착용을 의무화하고 있는데도 매년 오토바이로 인한 사망자가 1만 명 가까이나 된다. 인도네시아는 시리아에 이어 교통사고 사망률이 2위인 나라로 75퍼센트가 오토바이로 인한 것이다. 게다가 오토바이를 이용한 소매치기 등의 범죄가 매년 늘고 있고, 무분별한 경적 사용으로 도시 소음의 주범으로도 꼽힌다. 이런 이유로 오토바이를 가급적 빨리 도시에서 몰아낸다는 게 동남아 각국의 확고한 입장이다.

그런데 동남아인들의 삶이자, 생활이자, 문화가 된 오토바이를 과연 없앨 수 있을까? 쉽지 않을 것이다. 도시 철도와 지하철, 버스 등의 대체 수단이 마련되지 않는 한 국민의 반발은 불을 보듯 뻔하다. 대체 수단이 마련되더라도 어디든 문 앞까지 쉽게 갈 수 있는 오토바이의 도어 투 도어Door to Door의 편리함을 포기하기는 어려울 것이다.

오토바이를 없애면 오토바이 사용에 맞춰져 있는 각종 상업시설도 모두 철거해야 한다. 우버를 물리치고 동남아의 유니콘 기업이 된 그랩이나 고젝 같은 차량 공유 서비스 업체도 큰 타격이 불가피하다. 수많은 오토바이를 기반으로 하기 때문이다. 우리보다 앞선다는 배달문화와 배달

업체도 오토바이 규제와 함께 사라질 수도 있다. 동남아인들의 가장 확실한 대출담보물인 오토바이가 가치를 잃으면 금융계도 손해를 봐야 할지 모른다. 이렇듯 일시적일 수도 있지만 교통대란, 실업자 급증, 경제적 혼란은 오토바이를 없애려면 각오해야만 하는 일이다.

대기오염은 모두에게 똑같은 재앙일 것 같지만 사실은 이마저도 불평등하다. 오염된 야외에서 종일 일하는 빈자들이 더 큰 고통을 겪어야 하기 때문이다. 이것이 요즘 동남아의 딜레마다. 오토바이를 없애는 것도, 유지하는 것도 서민들에게는 모두 고단한 일이다. 국민 생활 불편을 최소화하면서 오토바이를 감축하는 것, 과연 동남아가 이 만만치 않은 방정식을 풀 수 있을까?

보물선의
보물은
누구의 것일까?

세계 유산을 보호하는 유네스코의 추산에 의하면 지금까지 바다에 침몰한 난파선은 300만 척 이상이다. 이 중 막대한 인양비를 들일 가치가 있는, 소위 보물선은 3,000여 척이다. 이 중에서도 보물선 전문 사냥꾼들은 물론 일부 마피아들도 노리는 난파선은 100여 척이다. 이 배들에 실린 보물은 각각 5,000만 달러(약 700억 원)가 넘을 것이라는 추측이다. 그리고 모든 보물선의 가치를 돈으로 환산하면 무려 600억 달러, 즉 80조 원어치의 보물이 깊은 바닷속에 잠자고 있다.

보물선 인양은 워낙 은밀한 사업이라 많은 것이 비밀이다. 다만 업계의 추측에 따르면 지금까지 건져 올린 가장 값비싼 보물선은 누에스트라 세뇨라 데 아토차Nuestra Senora de Atocha호다. 1622년에 침몰한 이 스페인 선박에는

40톤이 넘는 금·은과 에메랄드, 10만 개가 넘는 동전 등 4억 달러(약 5,500억 원) 정도의 보물이 가득했다.

그런데 이 배와는 비교도 안 되는 보물선이 있다. '보물선의 전설', '모든 난파선의 어머니', '난파선의 성배' 등 여러 심상찮은 이름으로 불리는 '산호세San Jose'호다. 1708년 영국 함대에 한 방 맞고 콜롬비아 앞바다에 침몰한 산호세에는 1,100만 개의 순금 주화, 200톤의 은과 에메랄드 등이 가득한 것으로 보고 있다. 그 최대 추정 값어치가 무려 아토차호의 40배 이상인 170억 달러(약 20조 원)이다.

최근 콜롬비아 정부는 대통령이 직접 나서 산호세의 인양과 함께 보물은 콜롬비아 것이라고 선언했다. 이 배가 콜롬비아의 영해에 있다는 이유에서다. 그러자 스페인이 발끈하고 나섰다. 산호세가 자국의 배이니 보물은 당연히 스페인 것이라는 거다. 그러자 미국도 나섰다. 배의 위치를 알아낸 미국의 탐사회사가 처음 계약대로 절반의 소유권이 있다는 주장이었다. 과연 20조 원짜리 산호세의 보물은 누가 가져야 하는 걸까?

오랫동안 보물은 찾는 사람이 임자였다. 영화 〈인디아나 존스〉처럼 유물에 해박한 고고학자가 이끄는 탐험대가 허술한 그림지도 한 장 달랑 들고 온갖 모험을 하고, 결국 엄청난 보물은 모두 그들 차지가 된다. 하지만 그런 시대는 끝이 났다. 아랍과 아시아에 국가가 제대로 들어서지 않았거나 유럽의 식민지였던 시절에나 가능한 얘기다. 보물을 찾아도 반출이 어렵게 되자 보물 사냥꾼들은 바다로 시선을 돌렸다. 건져 올릴 수만 있다면 물밑에는 골치 아픈 문화재 대신 현금이나 다름없는 금은보화가 가득했다. 때맞춰 수중 보물 인양에 필요한 여러 기술도 날로 발전해갔다. 이제 보물 사냥에는 〈인디아나 존스〉 같은 고고학자는 별 쓸모가 없게 되었다.

이들은 보물을 실은 난파선이 지났을 옛 해로를 따라 소나sonar 탐지기로 위치를 대략 추정하고, 잠수 장비와 수중 카메라로 존재를 확인한 다음, 수중 로봇과 원격 조종 차량 등을 동원해 비교적 쉽게 대박을 터뜨렸다. 초반만 해도 보물을 발견하고 인양한 사람의 분배 몫이 가장 컸다. 하지만 이곳저곳에서 잭팟이 터지자 이제는 관련 국가들이 나서 소유권을 주장하고 있다. 산호세호의 콜롬비아, 스페인, 미국의 경우처럼 말이다. 그래서 분쟁을 막기 위해 마련된 것이 유엔 '해양법협약'과 유네스코의 '수중문화유산 보호협약'이다.

그런데 이게 굉장히 복잡하고, 어렵고, 지루하다. 침몰 위치가 영해와 배타적 경제수역, 공해냐에 따라 다르고, 군함과 무역선이냐에 따라 다르며, 수장된 지 얼마나 됐느냐에 따라서도 다르다. 게다가 협약에 가입되어 있지 않은 나라가 더 많은 실정이라 국제협약이 무용지물인 경우도 많다. 그러니 결론은 사실상 '당사자끼리 잘 협의해 결정하라'인 셈이다. 다만 보물의 분배를 두고 대부분이 존중

하는 큰 틀의 합의가 몇 가지 있다. 이 정도만 알아도 보물에 관한 국제협약의 성격을 알 수 있다.

이 국제 약속은 크게 셋으로 나뉜 협약 대상자의 권리와 관련이 있다. 우선 보물을 발견하고 인양한 개인이나 기업이다. 이들에게 가장 많은 몫이 돌아갔던 과거와 달리 지금은 분쟁이 많아지면서 보물은 개인이 아닌 국가에 귀속되는 경향이 뚜렷하다.

나라마다 다르지만, 산호세의 소유권을 주장하는 콜롬비아는 배를 발견한 기업에 5퍼센트의 수수료만을 주려고 한다. 하지만 협상 결과에 따라 인양 업체의 몫이 엄청날 수도 있다. 유엔 해양법에 따라 군함은 주권면제의 대상이다. 쉽게 말해 군함은 다른 나라의 간섭을 받지 않는 소유국의 영토나 다름없다는 얘기다. 따라서 군함은 침몰기간이 아무리 길더라도 그 권한이 소유국에 있다. 그래서 스페인이 산호세의 권리를 주장하는 것이다. 배에 대포가 달린 점을 근거로 주권면제의 대상인 스페인 군함이라는 것이다. 하지만 옛날에는 무역선도 대포를 다는 경우가 꽤 있어서 진짜 군함과 구분하는 것이 쉽지 않다. 수백 년간 바닷속에 있는 배라면 더 말할 것도 없다. 이 점을 들어 콜롬비아는 스페인의 권리를 인정할 수 없다고 하고 있다.

세 번째 대상자는 보물선이 실제로 위치한 나라다. 유엔 해양법협약도 유네스코 협약도 모두 연안에서 24해리, 즉 44킬로미터 안에 있는 수중 문화유산에 대해서는 그

연안국에 권리가 있음을 분명히 해두고 있다. 즉 침몰선이 위치한 나라의 허락 없이는 그 배의 소유국조차 이를 건져낼 권리가 없다는 얘기다. 콜롬비아가 산호세를 두고 세게 나가는 것도 바로 이 협약이 있어서다.

하지만 그 어떤 협약에도 정해진 분배 비율은 없다. 이 현실적인 경제적 이익을 두고 위의 삼자가 어떻게 나눌 것인지 물밑 협상을 벌여야 하는 것이다. 물론 자국의 영해에서 자국인이 보물선을 발견하면 완전히 다른 룰이 적용된다. 우리는 문화재급 이상이면 국가 귀속이 기본이고, 미국은 발견한 개인의 몫이 국가보다 더 큰 것으로 알려져 있다.

그런데 왜 역대 1위도, 앞으로의 1위도 모수 스페인 배일까? 최근 엄청난 보물선이 주로 발견되는 곳은 카리브해다. 17~18세기에 카리브해는 해적들의 천국이었다. 이들은 중남미의 보물을 싣고 유럽으로 돌아가는 배를 집중적으로 노렸다. 우리나라에서도 큰 인기였던 영화 〈캐리비안의 해적〉을 생각하면 된다. 이 영화 시리즈가 거둬들인 돈이 6조 원이라니, 해적이 웬만한 보물선을 턴 것보다 훨씬 나은 셈이다.

아무튼 당시 중남미는 스페인 천하였으니 스페인 보물선이 압도적으로 많은 건 당연하다. 당시의 영국, 프랑스 등 유럽의 후발주자들은 스페인의 성공에 배가 아팠다. 하지만 중남미에서는 스페인의 세력이 워낙 확고해 끼어들

틈이 었었다. 그래서 이들은 국가가 공인한 해적들로 스페인 배를 약탈하도록 했다. 빼앗은 보물은 국가와 해적이 반반씩 나눴다.

스페인이 무적함대를 동원해 해적 소탕에 나섰지만, 카리브해에는 해적들이 숨을 너무나 많은 섬이 있었다. 더구나 스페인 함대의 큰 배들이 드나들기 어려운 모래사장이 많아 해적이 소굴로 삼기에 카리브해는 최적이었다. 해적에 의해 수많은 보물선이 침몰당한 스페인은 최근 난파선 리스트를 작성해두었다. 2019년 스페인 문화부가 자국 소유라며 만든 목록에는 681척이 있다. 스페인은 보물선 인양 소식만 들리면 바로 이 리스트를 들이대며 열심히 숟가락을 얹는 중이다.

그런데 뭔가 이상하지 않은가. 그 보물은 원래 어디서 난 것일까? 국제협약 그 어디에도 보물을 강탈당한 피해 당사국의 권리가 없다. 산호세에 실린 금과 은은 대부분 볼리비아와 페루에서 가져온 것이다. 그래서 산호세호의 인양을 앞두고 이들 나라 역시 소유권을 주장하긴 했다. 하지만 아무도 이 목소리에 귀 기울이거나 관심을 두지 않았다. 보물선을 가진 나라도, 인양할 능력이 있는 나라도 모두 강대국이자 옛 제국들이다.

산호세는 아니지만, 보물선이 수장된 영해도 이들 나라에 많다. 이런 점에서 수중 문화유산을 둘러싼 이 국제협약은 피해국에 명백히 불공정하다. 입증이 어려워서인지는 모르겠지만, 피해국을 놔두고 가해국끼리 보물이 서로 자기 것이라 싸우는 건 도둑이 도둑을 도둑질하는 것과 다르지 않다. 이런 걸 보면 제국주의는 아직 끝나지 않은 것 같다.

로마에서는
월급으로
소금을 받았다

한식이 짠 건 두말할 필요도 없다. 하루 소금 섭취량이 세계보건기구WHO 권고량의 2.5배이니 말이다. 그런데 정작 해외에 나가보면 우리나라 음식보다도 짠 곳이 참 많다. 개인적인 체감으로는 유럽이 가장 심하다. 자유여행으로 유럽을 여행해본 사람이라면 피자도, 스파게티도, 수프도 너무 짜서 도저히 먹을 수 없었던 경험이 한두 번쯤은 있을 것이다. 유럽인들은 왜 이렇게 짜게 먹는 걸까? 여기에는 사소한 이유 몇 가지와 진짜 중요한 이유 한 가지가 있다.

유럽이 짜게 먹는 사소한 이유 첫 번째는 물이다. 잘 알다시피 유럽 지역의 대부분은 물에 석회질이 들어있다. 수돗물을 받아 물을 끓이면 하얀 석회가 둥둥 떠다니는 걸 쉽게 볼 수 있다. 유럽 대륙의 지질 전반이 석회암 지대라

이 사이를 흐르는 물에 미세한 석회질이 섞여 있는 것이다. 유럽 건축물이 돌로 지어진 것도 석회암과 석회암의 압력으로 만들어진 대리석을 아주 쉽게 구할 수 있기 때문이다.

어쨌든 이 석회수는 담석증이나 요로 결석을 가져올 수도 있고, 물 자체가 텁텁해 음식 맛을 내기도 어렵다. 이에 대한 해결책이 소금이다. 소금이 물속에 함유된 석회질을 제거해주거나 최소한 완화해주는 역할을 하기 때문이다. 오랜 세월 유럽의 고민이었던 석회수 문제를 소금이 어느 정도 해결해주면서 유럽의 음식은 점점 더 짜게 된 것이다.

두 번째는 우리와 다른 유럽의 소금이다. 우리는 보통 '소금' 하면 바닷가의 염전을 떠올린다. 바닷물을 일정 지역에 가둬 놓고 이를 햇볕과 바람에 증발시켜 소금을 만들어 낸다. 이것이 천일염天日鹽이다. 특성상 천일염은 기후조건이 결정적인 영향을 미치기 때문에 햇볕 잘 드는 나라에서나 가능하다.

하지만 유럽은 지중해변을 제외하곤 대개 날씨가 우중충하다. 그래서 발전한 게 암염巖鹽, rock salt이다. 한마디로 바다가 아닌 광산에서 캐낸 소금이다. 대개는 바다였던 곳이 지각변동으로 땅속에 묻히면서 소금광산이 되었다. 전 세계적으로 천일염과 암염을 비교하면 압도적으로 암염이 많다. 암염이 없는 나라는 한국, 일본, 베트남 등 극히 일부 나라들뿐이다.

그런데 암염은 천일염보다 굉장히 짜다. 짠 정도를 나타내는 염도가 천일염은 80퍼센트인데 비해 암염은 무려 96퍼센트나 된다. 이 정도면 일반인들도 금방 구분할 수 있을 정도로 짠맛의 차이가 상당히 크다. 유럽의 음식은 바로 이 암염으로 간을 맞추기 때문에 짤 수밖에 없는 것이다. 유럽은 더운 지역일수록 음식도 더 짠 경향이 있는데 냉장고가 없던 시절, 이 암염으로 음식이 상하지 않도록 염장을 해왔기 때문이다.

　세 번째로 소금이 역사적으로 부와 권력의 상징이었다는 점도 있다. 아주 오래전부터 소금은 곧 돈이나 다름없는 귀한 존재였다. 봉급을 '샐러리Salary'라고 하고, 봉급 받는 사람을 '샐러리맨Salaryman'이라고 하는데 이게 다 소금인 '솔트Salt'에서 나온 단어다. 즉 봉급은 '소금'이고, 샐러리맨은 '소금을 받는 사람'이란 뜻이다. 이런 단어 중에는 '솔저Soldier'도 있다. 앞의 'Sold'가 바로 'Salt'에서 나온 말로 로마 시절 군인은 월급을 소금으로 받았기에 솔저가 되었다.

　과거 유럽 전역에 소금을 공급해 막대한 부를 쌓았던 오스트리아 잘츠부르크Salzburg는 '소금의 성'이란 뜻이고, 오늘날 축구로 유명한 영국 리버풀은 순전히 소금광산의 소금을 실어 나르기 위한 항구로 개발된 도시다. 이탈리아의 베네치아와 밀라노는 원래 족보도 없는 도시에서 소금길을 장악한 덕에 일약 강대국으로 급부상하기도 했다.

어쨌든 '하얀 금'이라고 불릴 정도로 소금은 너무 비싸서 유럽에선 소금을 많이 먹는 사람은 곧 부자라는 오랜 등식이 만들어졌다. 귀족들은 파티를 열 때마다 부를 과시하기 위해 소금을 있는 대로 뿌려 댔다. 초대한 손님이 귀하면 귀할수록 음식은 더욱 짜게 했다. 이걸 일반인들도 따라 하게 되면서 손님을 대접하는데 음식이 짜지 않으면 예의가 없는 것이 되어 버렸다. 이렇게 유럽에서 짠 음식 문화가 만들어진 것이다.

지금도 '짠 음식=고급 음식'이라는 등식이 남은 흔적이 있다. 모든 레스토랑의 식탁에 올려져 있는 소금통이 바로 그것이다. 후추와 함께 소금이 부를 상징하던 시절에 만들어진 문화로 "우리 음식은 값비싼 고급이야"라는 무언의 외침이라고 볼 수 있다.

네 번째는 저기압에 따른 저혈압이다. 유럽은 대체로 기압이 낮다. 그래서 하루에도 여러 차례 비가 오고 그치기를 반복한다. 특히 독일, 폴란드, 러시아 등은 5개월 이상 지속되는 겨울로 악명이 높다. 저기압이 극에 달할 때다. 이때 공기 중 산소 함유량이 낮아지면서 기압 변화에 따른 소위 '기상병'이 자주 발생한다. 이유를 알 수 없는 두통, 몸 쑤심, 우울, 무력감, 피로가 대표적인 증상이다. 의학적 논란이 있긴 하지만 현지인들은 이를 경험적으로 저기압에 따른 저혈압이 원인이라고 생각한다.

그래서 혈압을 높이는 방법을 찾아야 하는데 그중 하나

가 소금을 먹는 것이다. 특히 기압이 떨어지면서 생긴 저혈압이 심장마비로 인한 사망과 자살률 급증을 가져오기 때문에 음식을 짜게 먹는 건 건강을 위해 꼭 필요하다고 생각하는 사람이 많다. 러시아 사람들은 짜게 먹는 것도 모자라 보드카도 함께 마신다. 둘 다 혈압을 높이기 위해서다.

마지막 다섯 번째가 가장 중요하다. 앞에서도 말한 것처럼 우리나라는 WHO 권장량의 2.5배나 되는 많은 소금을 하루에 먹는다. 그런데 우린 별로 짜다고 생각하지 않는다. 한국 음식을 먹어 본 대부분의 외국인 역시 마찬가지다. 대신 외국인들은 한국 음식이 맵고 달다고 한다. 권장량보다 훨씬 많은 소금을 먹고서도 짠 줄 모르는 이유가 바로 이것이다. 맵고 단맛이 짠맛을 가려버리는 것이다.

더구나 우린 국과 찌개 같은 국물 요리로 많은 소금을 섭취한다. 그런데 음식을 뜨겁게 먹는 것도 짠맛을 잘 느끼지 못하게 한다. 식은 라면 국물을 먹어 보면 얼마나 짠지 뜨거울 때보다 아마 더 잘 실감할 것이다. 정리하자면 맵고, 달고, 뜨겁게 먹는 한국 음식 특성상 우린 소금을 그렇게 많이 먹고도 정작 소금 맛을 잘 느끼지 못하는 것이다.

한편 유럽의 음식은 갖은양념으로 맛을 내는 우리 음식과 달리 재료 자체의 맛을 내는 데 주력한다. 소금, 후추에 기껏해야 올리브유를 더하는 정도다. 이 중에서도 가장 중요한 건 단연 소금이다. 유럽의 음식 전문가들이 소금을 "인류 최초의 식품첨가물이자, 인류 최후의 식품첨가물"이라고 할 정도로 유럽에서 소금은 음식 맛 자체를 좌우하는 절대적인 요소다. 단순하게 말하면 소금을 잘 쓰는 요리사가 유럽에선 최고의 요리사다.

그래서 양념 맛보다는 소금 맛이 거의 전부인 유럽 음식에 익숙하지 않은 우리 혀는 실제로는 우리보다 유럽이 소금을 덜 쓰는데도 더 짜게 느끼는 것이다. 더구나 우리의 국물 요리처럼 뜨거운 요리가 없기 때문에 음식에 들어간 유럽의 암염은 우리에겐 더더욱 짜게 생각되는 것이다. 사실 유럽뿐 아니라 미국, 캐나다, 호주는 물론 태국, 필리핀, 일본 등 아시아 요리도 우리보다 꽤 짜다. 이것 역시 우리가 익숙하지 않은 소금 맛 때문이라고 할 수 있다.

하지만 갖은양념 덕에 우린 서구에 비해 좀 더 다양한 식재료를, 좀 더 다양한 맛으로 즐길 수 있는 것도 사실이다. 게다가 다행스럽게도 이렇게 짜게 먹는데도 우린 세계적인 장수 국가다. 물론 과유불급이니 건강한 삶을 위해 나트륨 섭취를 줄일 필요는 있다. 입맛을 바꾸는 것만큼 어려운 일도 없는 게 문제이긴 하지만 말이다.

일본에
유독 경차가 많은
이유

일본은 경차 왕국이다. 거리에 다니는 자동차의 35퍼센트가 경차다. 자동차 산업을 시작할 때부터 그랬고, 경제가 한풀 꺾인 요즘도 마찬가지다. 심지어 일본의 전성시대라 할 1980년대의 거품경제 때도 일본의 경차 비중은 30퍼센트가 넘었다. 우리나라의 경차 비율은 가장 높을 때가 2012년의 17퍼센트이고, 지금은 대폭 줄어 8퍼센트 정도이니 상당한 차이다.

한때 세계 두 번째의 경제 강국이었음에도 일본은 왜 줄기차게 작은 차를 고집하는 걸까? 그리고 한국에서는 별 인기 없는 박스카가 일본에서는 어떻게 경차의 대세가 된 것일까? 분명한 건 일본인들이 검소하거나 실용적이기 때문만은 아니라는 것이다.

그 이유를 알아보기 전에 일본인들은 아주 오래전부터

좁게 사는 데 익숙하다는 점을 이해할 필요가 있다. 알고 보면 일본은 인구밀도가 세계에서 가장 높은 나라 중 하나다. 한반도의 1.7배나 되는 넓은 땅에서 사는데 무슨 소리냐고 할지도 모른다. 그런데 사람들이 살 수 있는 땅만을 따져보면 얘기가 달라진다.

일본은 산이 엄청나게 많은 나라다. 보통 우리나라를 산악국가라고 하지만 일본은 더하다. 일본은 국토의 73퍼센트가 산지이고, 한반도는 70퍼센트다. 수치상으론 비슷해도 산의 규모는 차원이 다르다. 우리는 한반도에서 가장 높은 산인 백두산이 2,744미터이고, 남쪽은 2,000미터 넘는 산이 없다. 이 정도의 산간은 얼마든지 농사를 지을 수 있다.

그러나 일본은 다르다. 일본은 잘 아는 것처럼 4개의 대륙판이 만나는 유일한 나라다. 이 4개의 판이 서로 밀고 밀리면서 땅이 융기해 곳곳에 큰 산맥을 만들어 놓았다. 가장 높은 후지산의 3,776미터를 비롯해 3,000미터가 넘는 고봉들이 20개가 넘고, 2,000미터급만 해도 50개나 된다. 그래서 이런 산지를 빼고 평야 면적만 놓고 보면 한반도와 비슷하다. 그런 곳에서 한반도보다 훨씬 많은 인구가 먹고 살아야 했으니 그 적은 경작지를 빼앗기 위한 내전이 끊임없이 벌어진 것이다. 그마저도 안 되니 해적질도 해야 했다. 오랜 세월 왜구가 판을 친 근본 이유가 바로 이것이다. 이런 지리적 환경으로 늘 비좁게 살아온 일본인들은 2차대전 패전 후 국가 경제 재건이라는 목표하에 경차를 만들었다. 1920년대 미국의 포드와 GM의 조립공장으로 시작된 일본의 자동차 산업은 일본을 점령한 미군정에 의해 엄격한 통제를 받았다. 그러다 6·25 전쟁이 발발하면서 미군 트럭을 수리하기 위해 부활하게 되었다.

일본은 이 기회에 자동차 산업을 키우려 일반인들도 살 수 있는 아주 싼 차를 만들기로 했다. 그게 경차다. 최대 길이 2.8미터에 최대 폭 1미터, 최대 엔진이 150cc에 불과했으니 지금으로선 상상하기 어려울 정도로 작은 차였다. 말이 경차지, 사실 네 바퀴 달린 오토바이나 다름없었다. 아마 일본인들의 체격이 대부분 왜소했기 때문에 이런 사이즈의 차가 가능했을 것이다.

이 차는 작은 공간에도 주차가 가능했고, 좁은 차선에도 안성맞춤이었으니 일본의 제한된 공간을 그나마 효율적으로 활용할 수 있는 대안이었다. 공간에 대한 일본의 압박감은 지금도 작용해 일본의 경차는 그 어느 나라보다 작다. 한국의 경차 기준이 배기량 1,000cc에 길이가 3.6미터, 폭이 1.6미터인 반면 일본의 경차는 배기량 660cc에 길이 3.4미터, 폭이 1.48미터다. 이 때문에 일본의 경차는 대부분 내수용으로만 사용되고 있다.

어쨌든 이 초미니 자동차가 인기를 끌면서 일본의 자동차 산업은 크게 발전할 수 있었다. 1970년대에 들어 대폭 증가한 여성 운전자들이 경차에 몰려들었다. 주차도, 운전도 쉬워서다. 1980년대에는 거품경제로 경차의 인기가 주춤했지만 차 크기를 키워 극복해 나갔고, 1990년대 이후에는 불황이 지속되면서 값도 싸고, 유지비도 적게 드는 경차의 인기가 계속되었다.

이렇듯 자동차 산업 초기부터 꾸준히 이어져 온 일본인들의 경차 사랑에는 두 가지의 큰 요인이 있다. 강력한 차고지 증명제와 저렴한 유지비다.

일본에선 1962년부터 차고지가 없으면 아예 차를 살 수가 없다. 주거지 반경 2킬로미터 내에 주차 공간을 확보해야 차를 등록할 수 있어서다. 일본에선 아파트조차 주차료를 별도로 내야 한다. 큰 도시라면 월 30~50만 원 정도다. 그런데 1991년까지 경차는 예외였다. 일본은 주차 단속이 지독한 데다 벌금도 세고 위반 세 번이면 면허정지다. 그러니 차고지 증명 예외는 큰 특혜였다.

지금은 인구 20만 명 이상의 도시에선 경차도 차고지가 있어야 한다. 하지만 경차는 여전히 주차 문제에서 큰 차보다 훨씬 유리하다. 일본은 지진 탓에 여러 층으로 된 지하 주차장이 거의 없다. 공간이 늘 협소한 데다 땅값이 너무 비싸 노면 주차장 대신 기계식 주차 타워가 많다. 이 경우 크기와 무게에 제한이 있어 아무 데나 댈 수 있는 경차가 훨씬 유리하다. 또 좁은 길에서 주차를 조금만 잘못해도 가차 없이 벌금 딱지니 작은 경차가 더 선호될 수밖에 없다.

주차료를 내기 싫으면 단독주택에서 살아야 한다. 그런데 땅이 일정 크기 이상이면 세금폭탄이라 일본인들이 사는 곳은 대개 협소주택이다. 이런 작은 집에 차를 주차하려면 경차 외엔 대안이 없는 게 현실이다.

일본은 세계적으로도 자동차를 보유하는 데 돈이 정말 많이 드는 나라 중 하나다. 일본에서 경차가 인기 있는 두 번째 이유가 일반 승용차보다 유지비가 훨씬 적게 든다는 점이다. 자동차세만 해도 경차가 10만 원 정도인 데 비해 일반 승용차는 약 3배에서 10배까지 높다.

특히 일본에서 자동차를 유지할 때 가장 큰 부담 중 하나가 자동차 검사다. 우리와 달리 일본에선 차량 무게에 따라 중량세라는 세금이 붙는다. 검사가 워낙 까다로워서 최소한의 부품 교체만으로도 150만 원 정도는 훌쩍 넘는다. 그런데 경차는 3분의 1 수준이다.

이 밖에도 경차는 일반 승용차보다 연비도 2배가량 높고, 보험료 취등록세도 싸며, 우리보다 5배나 비싼 고속도로 통행료도 할인받을 수 있으니 웬만한 부자가 아니고선 경차를 모는 걸 당연하다 여긴다.

그 외에도 여러 이유가 있다. 일본인들은 차를 오래 타지 않는다. 늘 절약이 몸에 밴 일본인들이지만 차만큼은 5만 킬로미터 이상 타는 사람이 드물다. 의외라 생각할 수 있지만 연식이 오래될수록 자동차세도 늘어나고, 무엇보다 자동차 검사비가 폭증하기 때문이다. 그래서 새 차를 자주 사야 하니 상대적으로 싼 경차가 인기 있는 건 당연하다. 더구나 일본은 1990년대 이후 월급이 제자리인 데 비해 차 가격은 그간 2배 가까이 올랐다. 사실 차 크기를 더 줄여도 모자랄 판이다.

일본 특유의 도로 환경도 경차 인기에 한몫한다. 일본은 도로 폭도 우리보다 작지만, 미로처럼 얽혀 있는 주택가의 골목이 굉장히 비좁은 곳이 많다. 그 좁은 골목 안에 집이 있다면 아무리 부자라도 경차 외엔 대안이 없다.

일본은 대중교통수단도 은근히 불편한 나라다. 특히 도심을 벗어난 외곽이라면 차 없는 생활은 거의 불가능하다. 버스비도 너무 비싸고, 운행 간격도 너무 길다. 최근에는 인구감소로 버스 기사를 구하지 못해 점점 더 많은 노선이 폐쇄되고 있다. 이런 환경이 경차 수요를 늘리는 데 한몫하고 있다.

우리와 달리 온갖 종류의 경차가 있다는 점도 매력이다. 경차의 왕국답게 일본엔 다양한 디자인과 용도의 경차가 있다. 우리가 좋아하는 세단과 왜건 형태는 물론, 오픈카도 있고, 스포츠카도 있고, 심지어 캠핑카도 있다. 이렇듯 선택의 여지가 많으니 운전자 취향에 따라 다양한 경차를 고를 수 있다.

하지만 아무리 좁게 사는 데 익숙한 일본인들이라도 경차의 좁은 실내가 불편하지 않을 리 없다. 그래서 일본의 경차는 어떻게 하면 더 크게 느껴질까에 집중하는 방향으로 발전해왔다. 그렇게 찾은 해법이 바로 사각형의 박스카다. 천장을 높인 직사각형 형태는 개방감과 시야 확보는 물론 제법 넓은 실내와 수납공간까지 갖춰 엄청난 인기다.

다만 각이 지다 보니 고속 주행할 때의 공기저항이 문제다. 그런데 일본은 고속도로 속도 제한도 심하고, 경차를 주로 시내용으로 쓰기 때문에 큰 문제가 되지 않는다. 그래서 일본에서 가장 인기 있는 경차 베스트 3인 혼다의 엔박스N-BOX, 스즈키의 스페이시아, 다이하츠의 탄토가 모두 실용적인 박스카 스타일이다.

하지만 앞에서 본 것처럼 아무리 실용적이고 가성비가 좋다고 해도 일본인들이 경차를 사고 싶어서 사는 건 아니다. 경제적으로, 정책적으로, 환경적으로 경차를 선택하는 것 외엔 달리 대안이 없기 때문이라는 게 좀 더 사실에 가까울 것이다. 게다가 일본의 자동차 업계가 안정적 수입을 보장하는 내수용 경차에 올인하느라 고급 세단 시장을 죽였다는 비판도 받는다. 이것이 요즘 세계 시장에서 일본의 자동차 판매가 부진한 하나의 요인이기도 하다. 이런 면에서 일본인들의 유별난 경차 편애도 일본의 갈라파고스화 현상 중 하나가 아닌가 싶다.

수천 년의 시간을
단숨에 독파하는

도시로 보는 세계사

3

스페인 식민지였던
필리핀에
메스티소가 적은 이유

필리핀과 중남미는 모두 스페인의 식민 지배를 300년 이상이나 받았다. 이 기간 중 남미에는 경천동지驚天動地할 일이 일어났다. 듣도 보도 못한 새로운 인류가 중남미의 다수가 된 것이다. 바로 라틴 아메리카의 70퍼센트를 차지하는, 스페인과 원주민의 혼혈 메스티소다. 하지만 필리핀에서는 이런 대규모 혼혈이 일어나지 않았다. 필리핀에서 메스티소의 비율은 고작 3~4퍼센트다. 식민 지배 기간이 거의 같은데도 말이다. 어찌 된 일일까?

첫째, 필리핀에 온 스페인인 숫자 자체가 극히 적었다. 스페인이 중남미를 식민지로 삼았던 초기인 16세기만 해도 아메리카 대륙으로 이주한 스페인 사람들은 대략 25만 명이나 되었다. 식민 기간 전체를 합하면 약 186만 명으로 추산된다. 이 중에는 물론 군인이나 성직자들도 있었지만 새로운 땅에서, 새로운 인생을 살고 싶었던 일반 남성들이 다수였다. 이들이 원주민 여성들과 가정을 이루면서 혼혈이 대거 탄생하게 되었다.

반면 필리핀은 식민지 초기에는 2,200명 정도가 전부였다. 이후 이주민들이 점차 늘긴 했지만 역사를 통틀어 1만 2,000명이 넘었던 적은 없는 것으로 보고 있다. 왜 이렇게 적었던 걸까? 무엇보다 너무너무 멀어서다.

스페인에서 지구 반대편인 필리핀까지 가려면 우선 배를 타고 대서양을 건너 식민영토인 멕시코의 베라크루스Veracruz로 가야 했다. 여기서 내린 다음엔 태평양의 항구도시인 아카풀코Acapulco까지 험난하고도 먼 길을 횡단해야 했다. 그리고 1년에 두 번 다니는 정기선을 기다려 망망대해를 헤치고 필리핀으로 가야 했다.

이렇게 스페인에서 필리핀까지 가는 데는 거의 2년이 걸렸다. 그러니 비용도 많이 들고, 위험도 큰 이 길을 아무도 가려 하지 않았다. 일반인들로선 상대적으로 가기 쉽고, 땅도 넓은 라틴 아메리카를 놔두고 이 먼 필리핀까지 갈 이유가 없었던 것이다. 그래서 필리핀에 파견된 스페인인들은 군인과 관료, 선교의 사명을 띤 성직자가 대부분이었다. 어쨌든 이 소수에 불과했던 초기의 스페인인들은 이 땅을 식민지로 삼은 다음 당시 왕인 필립 2세Philip II의 이름을 따 필리핀이라고 이름 지었다.

둘째, 중남미와 필리핀의 식민지 성격이 달라서다. 동

방 무역로를 장악한 오스만튀르크 제국의 등장으로 유럽은 인도로 가는 새로운 길을 찾아야 했다. 그 결과 포르투갈은 아프리카의 희망봉을 지나 동쪽으로 가는 길을 찾았고, 스페인은 대서양과 태평양을 지나 서쪽으로 가는 길을 발견했다. 그 길에 1521년 마젤란이 우연히 찾아낸 게 필리핀이다.

유럽인들은 어딜 가나 낯선 이를 만나면 인디언이라고 불렀다. 콜럼버스가 그랬듯 마젤란도 필리핀을 인도라고 생각했던 것이다. 이후 필리핀이 인도가 아님을 알게 되었지만, 꽤 오랫동안 필리핀인들은 스페인 사람들에 의해 인디언이 되어야 했다. 물론 필리핀 원주민들은 그렇게 불리는지도 몰랐으니 상관은 없었을 것이다.

하지만 기대와 달리 필리핀에는 금도 없었고, 비단도 없었으며, 향신료조차 없었다. 이 때문에 스페인 내부에서는 유지비만 많이 드는 애물단지인 필리핀을 그냥 버리자는 의견도 많았다. 하지만 머지않아 향신료가 있는 동남아도, 비단과 도자기, 차 등 당대 최고의 사치품이 있는 중국도 가깝다는 게 밝혀졌다. 그러면서 필리핀은 일약 무역의 전초기지 역할을 하게 되었다. 이후 식민지 기간 내내 필리핀의 마닐라는 아시아에서 생산되는 각종 물품이 모이는 집산지가 되었다. 스페인이 중남미에서 수탈한 수많은 은이 이때 마닐라를 통해 중국으로 흘러들어 갔다. 당연히 아시아에서의 이익을 지키기 위한 스페인 함대도 필리핀에 주둔했다. 스페인에게 필리핀은 영국의 아시아 진출 허브였던 인도나 다름없는 존재였다.

스페인이 필리핀을 식민지로 삼은 이유에는 선교 목적도 있었다. 이슬람의 오랜 지배를 받았던 스페인은 그 반작용으로 유럽에서도 가장 보수적인 가톨릭 국가였다. 교황의 중재로 세계를 포르투갈과 함께 양분하기로 한 토르데시야스 조약을 맺으면서 "세계에 가톨릭을 전파하겠다"라는 굳은 약속을 한 것도 스페인 왕이었다. 필리핀의 개종이 순조롭다는 보고는 늘 스페인 왕실을 행복하게 했다. 암튼 이 덕에 현재 필리핀은 국민의 80퍼센트가 가톨릭을 믿는 국가가 되었다.

필리핀의 또 하나의 역할이 있었는데 바로 유배지다. 영국이 호주로 죄수들을 보내듯 스페인은 멕시코로 보냈고, 그중에서도 죄질이 안 좋은 일부는 필리핀에 버렸다. 그야말로 두 번 다시 돌아올 엄두를 못 내도록 지구 끝으로 쫓아내 버린 것이다.

그런데 이들의 대다수는 악질적인 범죄자들이 아니었다. 영국이 호주로 유배 보낸 죄수들이 그렇듯 배고픔에 빵 몇 조각 훔친 경범죄자들이 많았다. 그리고 특이하게도 이들 중에는 정치범들과 함께 보수적인 종교사회에서 있을 수 없는 성직자들의 사생아도 있었다. 그러니 처음부터 정착지로 개발한 라틴 아메리카와는 모든 게 달랐다.

멕시코 등에는 이민이 적극 권장되었고, 자기 땅에서

농사지을 꿈에 부풀었던 이주민들이 실제로 많았다. 하지만 필리핀은 아무도 가려 하지 않아 죄수를 골라 강제로 보내야 할 판이었다. 더구나 군인, 관료, 성직자, 상인, 죄수들로 이루어진 이 특수 집단들은 필리핀 원주민들과 섞이지 않도록 별도의 거주지에서 생활했다. 이 때문에 혼혈이 이루어질 가능성이 중남미에 비해 필리핀이 적을 수밖에 없었다.

셋째, 중남미와 필리핀의 면역력 차이다. 잘 알려진 것처럼 중남미 원주민들은 스페인 사람들이 가져온 세균에 속수무책이었다. 콜럼버스가 이 땅을 밟은 이래 약 150년간 80~90퍼센트의 원주민이 감소했으니 인구학적으로 멸종이나 다름없었다. 살아남은 자는 극히 일부의 원주민을 제외하곤 사실상 스페인 피가 섞여 면역력을 갖게 된 혼혈뿐이었다. 이들만이 대를 이을 수 있었으니 중남미에서 메스티소가 순식간에 다수가 된 건 외길 수순이었다.

반면 필리핀에선 이런 일이 일어나지 않았다. 유럽인들이 오기 전 필리핀은 이미 중국, 인도네시아, 말레이시아 같은 인근 나라들과 활발한 교역을 하고 있었다. 좀 더 멀리로는 인도와 아랍 상인들도 필리핀을 드나들었다. 그래서 이들에겐 스페인 사람들이 가져온 세균을 이겨낼 항체가 있었다. 일부에선 필리핀 원주민들이 백인들보다 오히려 면역력이 더 강했을 것으로 보기도 한다. 이런 현상은 유럽 열강의 식민지였던 미얀마, 베트남, 인도, 파키스탄,

인도네시아 등도 마찬가지여서 아시아에선 라틴 아메리카 같은 인구학적 붕괴 현상이 없었다.

마지막으로는 필리핀의 지리적 특성이다. 필리핀은 7,000개가 넘는 섬으로 이루어진 나라다. 많은 종족이 많은 섬에 나뉘어 고립된 삶을 살고 있었다. 스페인의 얼마 되지 않은 군인으로는 이 많은 섬을 정복하는 게 애당초 불가능했다. 스페인인들이 정착한 곳은 고작해야 첫발을 디딘 세부와 정기선이 오가는 마닐라 그리고 몇 곳의 항구도시들뿐이었다. 그래서 필리핀의 많은 지역에선 수백 년간 스페인 사람과 아예 접촉이 없는 곳도 있었다. 이런 영향으로 지금도 우리나라 여행자들이 즐겨 찾는 세부와 마닐라에 메스티소가 가장 많다.

이렇듯 여러 여건상 필리핀에는 라틴 아메리카와 달리 스페인 혼혈이 극히 적을 수밖에 없었다. 그럼에도 필리핀인들은 자신들에게 스페인의 피가 섞였다고 믿는 사람들이 꽤 많다. 식민지 시절, 스페인이 세금을 걷기 편하도록 자신들의 성을 쓸 것을 강제했기 때문이다. 게다가 이후 스페인 혼혈이 우대받는 사회적 분위기로 한 번도 식민지가 된 적이 없는 섬에서조차 스페인 성을 쓰는 사람들이 많아졌다. 이후 몇 세대를 거치면서 스페인 성이 스페인 조상을 의미하는 것으로 오해하게 된 것이다. 하지만 스페인 피가 아니더라도 330년간의 스페인 식민 지배는 필리핀의 모든 것에 영향을 끼쳤다.

필리핀 사람들은 스스로 동남아의 이방인이라고 생각한다. 오히려 문화적으로나 정서적으로나 동남아보다는 라틴 아메리카의 히스패닉에 좀 더 가깝지 않나 하는 일부 분석이 타당해 보인다.

태국이
단 한 번도
식민지가 되지 않은 이유

태국은 단 한 번도 서구열강의 식민지를 겪지 않은 나라로 유명하다. 이에 대한 태국인들의 자부심도 당연히 대단하다. 태국은 국명을 두고 시암과 타이를 오가다가 1949년 타이(태국어: ไทย)로 확정해 오늘에 이르고 있다. 타이는 태국어로 '자유'를 뜻하며 태국명 프라텟 타이 ประเทศไทย, 혹은 영어명 타일랜드Thailand는 모두 '자유의 땅'이라는 뜻이다. 식민지로 고통받은 여타 아시아 국가들과 다르다는 국가적 자부심이 확연히 드러난다. 하지만 이건 수많은 굴욕을 견딘 결과였다. 지금도 주변국들은 이 점을 콕 찍어 태국을 경멸하기도 한다. 식민지의 수모를 당하지 않기 위해 그만한 대가를 치렀다는 뜻이다.

이 서사는 18세기 후반 중국 출신의 장군 탁신에서 시작된다. 탁신은 태국의 광개토대왕이다. 그는 순식간에 미얀마와 베트남 일부를 제외한 동남아 대륙 국가 대부분을 차지하고 톤부리 왕국을 세웠다. 하지만 오른팔이었던 차오프라야 차크리 장군이 쿠데타를 일으켜 탁신을 죽이고 차크리 왕조를 세웠다. 이게 지금의 태국 왕실이다. 이유는 정신병 때문이라지만 역사란 게 승자의 기록이니 알 수는 없다.

태국에 새 왕조가 들어서고 오래되지 않아 세계사를 뒤집을 어마어마한 변화가 갑자기 시작되었다. 듣도 보도 못한 무기로 중무장한 백인들이 어디선가 나타난 것이다. 특히 수백 년간 승패를 가리지 못했던 미얀마와 베트남이 영국과 프랑스에 손쉽게 꺾이는 걸 본 태국은 극심한 공포에 빠져들었다. 이 대목에서 등장하는 인물이 몽꿋Mongkut이란 이름으로 유명한 네 번째 왕 라마 4세다. 올드 팬이라면 한 번쯤 보았을 너무나 유명한 영화 〈왕과 나〉의 주인공이다.

원래 라마 2세의 적장자였던 몽꿋은 왕이 되지 못하고 아버지의 뜻에 따라 승려가 된다. 이게 태국에게는 행운이라면 행운이었다. 이 기간에 몽꿋은 많은 곳을 여행하고, 많은 사람을 만나고, 서양의 선교사로부터 영어와 과학, 수학 등을 배우면서 제국주의의 무서움을 깨닫게 된다. 47세의 뒤늦은 나이에 왕위에 오른 몽꿋은 유럽 열강과의 전쟁은 커녕 무력 개입의 빌미를 아예 주지 않겠다는 확고한 대외방침을 세웠다. 이를 '대나무 외교'라고 했다. 바람이 불면 부러지지 않도록 휘어지되 실리를 챙긴다는 것이다. 이는 오늘날까지 이어진 태국 외교의 기본이다.

그 방침대로 몽꿋은 영국이 내민 보링 조약에 사인했다. 자유무역항과 특별관세, 치외법권 등 영국이 원하는 모든 걸 들어주는 명백한 불평등 조약이었다. 그 후 태국은 프랑스, 미국, 독일과도 연달아 유사한 조약을 맺었다. 그때마다 대신들의 반대에도 몽꿋은 이것만이 태국이 살 길이라며 밀어붙였다. 몽꿋은 영어를 쓰며 직접 각국의 외교관들을 대접하는 일도 마다하지 않았다.

이 정도로 끝났다면 몽꿋의 대나무 외교는 허울뿐인 굴욕외교에 지나지 않았을 것이다. 몽꿋은 한발 더 나아가 조약을 맺은 각 나라의 인재들을 정부 요직에 앉혔다. 80여 명의 유럽 전문가들에게 군, 경찰, 세관, 항만 등을 맡겨 선진 제도를 도입하고자 했던 것이다. 한편으론 서구 열강들끼리 서로 견제하도록 하는 일석이조의 영리한 방안이기도 했다.

그러면서 국내로는 근대화에 나서 철도를 건설하고, 처음으로 학교를 세우기도 했다. 태국은 영국처럼 자동차가 좌측통행하는데, 이것도 이때부터 시작되었다. 몽꿋 왕은 자녀들의 영어 교육을 위해 한 영국 여성을 가정교사로 채용했는데 이 경험담이 후에 영화 〈왕과 나〉가 되었다.

몽꿋이 시작한 태국의 대나무 외교는 아들 라마 5세에게로 고스란히 이어졌다. 하지만 제국주의의 욕심이 경제

개방으로 끝날 리 없다. 머지않아 이들은 영토까지 요구하기 시작했다. 프랑스는 함대를 동원해 방콕의 왕궁으로 함포를 정조준한 채 노골적으로 라오스를 달라고 윽박지르기도 했다.

태국은 영국과 프랑스가 요구할 때마다 미얀마와 캄보디아, 라오스와 베트남 땅을 떼어주기 시작했다. 그렇게 광개토대왕인 탁신이 일궈놓은 땅을 모두 잃게 되었다. 그게 태국 영토의 절반이나 되었으니 독립의 대가로는 상당히 컸다. 태국은 유연한 외교정책의 승리라고 자위하지만 사실 살점을 떼어내 본토를 지킨 셈이다. 그렇게 절반의 땅을 잃고도 우리나라의 5배이니 태국 땅이 크긴 하다.

태국이 식민지를 모면한 건 지리적 행운도 있었다. 공교롭게도 태국을 가운데에 두고 서쪽으로는 영국이 인도와 미얀마를 가지고 있었고, 동쪽으로는 프랑스가 베트남, 캄보디아, 라오스를 지배했다. 영국보다 한발 늦게 식민지 쟁탈전에 뛰어든 프랑스는 특히 동남아를 집요하게 공략했다.

양대 식민 제국은 이제 그간 확보한 동남아의 모든 식민지를 걸고 태국에서 최종 승부를 가릴 순간이 다가왔다. 하지만 이건 양쪽 다 너무 큰 모험이었다. 둘이 싸우길 기다려 어부지리를 노리는 다른 식민 제국은 넘쳐났다. 태국이 땅만 크지, 자신들이 잘 먹지도 않는 쌀을 빼고는 딱히 욕심나는 자원도 없는 편이었다. 게다가 태국이 요구하는 대로 다 들어주니 먼저 쳐들어갈 명분도 없었다. 그래서 영국과 프랑스는 협상을 벌여 태국을 완충지대로 남겨두기로 합의했다. 이게 1896년 1월이다. 태국에서 가장 위대한 왕으로 추앙받는 라마 4세와 라마 5세가 그 오랜 굴종을 인내한 끝에 태국의 독립이 확정된 것이다.

그러나 태국의 위기는 이게 끝이 아니었다. 2차대전 때는 생각지도 못한 일본이 나타났다. 일본은 태국에게 미얀마와 말레이시아에 있는 영국을 칠 테니 길을 빌려달라고 요구해왔다. 1592년 임진왜란 때 명을 칠 테니 조선에 길을 빌려달라고 했던 것과 같은 방식이다.

이때도 태국은 일본의 요구를 순순히 들어주었다. 일본과 동맹을 맺고 미국과 영국에 선전포고를 한 다음 태국의 모든 도로와 철도, 군사시설을 이용할 수 있도록 했다. 일본이 영국군 포로를 동원해 미얀마와 태국을 잇는 철도를 건설하는 영화 〈콰이강의 다리〉가 바로 이때를 배경으로 한 것이다.

하지만 태국은 일본이 영국과의 전쟁에서 밀리자 태세를 전환해 돌연 일본을 공격하기 시작했다. 이 덕에 태국은 졸지에 2차대전 후 전범국이 아닌 승전국이 되어 여러 특혜를 누렸다. 태국의 배신에 치를 떤 영국과 프랑스에겐 잽싸게 배상금을 물어 화를 달랬다. 그리고 미국에겐 한국전쟁에 군을 파견하는 것으로 사과를 대신했다.

이런 아슬아슬한 줄타기로 태국은 동남아에서 유일하

게 독립을 유지하게 되었다. 전쟁을 피하고, 근대화에 일찍 나선 덕에 동남아의 지역 강국으로 계속 발전할 수도 있었다. 그래서 일각에선 태국의 바람 부는 대로 휘어지는 실용적인 외교를 칭송하기도 한다.

하지만 식민 제국에 맞섰던 주변국들의 시선은 당연히 곱지 않다. 태국의 실상이 식민지와 다를 것도 없었고, 간에 붙었다 쓸개에 붙었다 하는 게 박쥐에 불과하다는 것이다. 특히 오랜 앙숙 관계인 미얀마는 태국이 나라를 팔아먹었다고 조롱하기도 한다. 이 점이 태국의 치명타라는 걸 잘 알기 때문이다. 그럴 때마다 태국이 발끈하는 걸 보면 식민지를 피하려 영토를 떼어준 걸 내심 무척 자존심 상해하는구나 싶다.

절망의 땅,
르완다가
떠오르고 있다

르완다가 달라져도 너무 달라졌다. 불과 30년 전, 르완다는 단 100일 만에 인구의 20퍼센트인 100만 명이 집단 학살을 당했다. "신도 죽었다"라고 할 정도로 참혹함, 그 자체였다. 그런 르완다가 지금은 아프리카에서 가장 주목받는 나라로 떠오르고 있다. 이들의 꿈은 '아프리카의 싱가포르'다. 아직 갈 길이 멀지만, 허황된 것만은 아니라는 게 세계의 평이다. 희망이라곤 눈곱만큼도 없었던 르완다에 그동안 무슨 일이 있었던 걸까?

르완다는 우리나라의 경상도 크기만 한 아프리카의 내륙 국가로 85퍼센트의 후투족과 14퍼센트의 투치족으로 이루어졌다. 후투족은 온순한 농경민들이고, 투치족은 좀더 호전적인 유목민 출신들이다. 이들은 같은 언어를 사용하고, 문화도 비슷하고, 부족 간의 결혼으로 서로 동화되면서 크게 싸울 일은 없었다.

평화롭던 르완다를 지옥으로 만든 건 벨기에다. 약 40년 간 르완다를 식민 지배한 벨기에는 다른 서구 열강과 마찬가지로 분열 정책을 사용했다. 소수의 투치족을 말단 관료 집단으로 삼아 다수의 후투족을 다스리도록 했다.

이들의 갈등은 1962년 독립하면서 본격화되었고, 1994년 후투족 출신의 대통령이 비행기 추락 사고로 사망하면서 사태는 걷잡을 수 없이 커졌다. 후투족의 강경파들이 근거도 없이 투치족의 소행으로 선전해댄 게 결정적이었다. 나중에 밝혀진 바로는 오히려 후투 강경파의 짓이었다. 이때의 구호가 "큰 나무를 베어라"였다. 투치족이 대부분 키가 컸기 때문이다.

모두가 가해자이면서 모두가 피해자가 된 이 광기는 투치 반군인 '르완다 애국전선'이 수도를 점령하면서 멈추었다. 전세 역전으로 이번엔 투치족이 대량 보복에 나설 게 뻔했다. 이번엔 후투족이 르완다를 탈출하면서 총 250만명의 난민이 발생했다. 그리고 르완다는 세계에서 버려졌다. 유엔의 평화유지군과 NGO 단체들조차 르완다에 그 어떤 희망도 보이지 않자 모두가 포기하고 떠난 것이다.

그런데 이 잊힌 땅에 조금씩 희망이 돋아나기 시작했다. '르완다 애국전선'을 이끈 폴 카가메가 2000년 임시 대통령에 오르면서부터다. 르완다 전역을 장악하자마자 예상과 달리 투치족의 보복을 엄격히 금지했고, 대통령이 되어선 한발 더 나가 인종, 종교, 민족에 대한 전면적인 차별 금지에 나섰다. 지금도 르완다에선 투치족과 후투족 등 종족의 이름을 부르는 것 자체가 암묵적인 금기다. 하나의 르완다만 존재할 뿐이라는 것이다.

무엇보다 르완다에 평화를 가져오려면 가해자와 피해자 간의 화해가 중요했다. 그런데 처벌해야 할 범죄자들이 너무나 많았다. 추리고 추려도 12만 명이었다. 100년이 걸려도 재판을 끝내지 못할 것으로 판단되자 가차차Gacaca라는 마을 재판을 임시로 부활시켰다.

르완다 정부는 주모자는 정식 법정에 세우고, 비교적 죄질이 경미한 자는 가차차에 세웠다. 교육을 받은 15명 이상의 재판관들은 가해자들이 죄를 인정하고, 진심으로 용서를 구하면 피해자를 위한 노역이나 봉사활동 등 관대한 처벌을 내렸다. 전국 1만 2,000여 개의 마을에 설치된 가차차는 10년간 총 190만 건의 사건을 판결했다. 모두 만족한 것은 아니었지만 이렇게 해서 피해자들은 사건의 진실을 알게 되었고, 어느 정도 원한도 풀 수 있었다.

피해자와 가해자가 가차차를 통해 화해를 한 건 모두 엄격히 처벌할 경우 내전이 또 벌어질지 모른다는 현실적인 두려움이 커서이기도 했다. 그래서 용서는 하되 이 비극을 잊지 않도록 전국 곳곳에 박물관을 두어 그날의 파국을 적나라하게 기록해두었다. 그리고 매년 4월이 되면 박물관을 중심으로 추모제를 열어 인종 차별에 대한 경각심을 일깨우고 있다.

카가메 대통령은 전국적인 위생 개선 사업에도 착수했다. 르완다는 오랫동안 방치된 시신으로 전염병이 자주 돌았다. 그래서 전 국민이 나서 새벽마다 거리를 쓸고 닦았다. 한 달에 한 번은 대통령을 포함해 65세까지의 성인은 모두가 참여해 마을을 청소하고, 학교를 세우고, 도로를 정비했다. 지금도 르완다를 방문하는 여행자들이 가장 먼저 놀라는 건 아프리카라고는 믿기지 않을 정도로 깨끗한 도시와 거리의 모습이다.

르완다가 주목받는 또 다른 이유는 몰라보게 달라진 여성 인권과 지위 향상이다. 내전으로 르완다 여성들 역시 처참한 시기를 보냈다. 다른 아프리카 국가들과 마찬가지로 가부장제가 극심한 나라이기도 했다.

카가메 대통령은 모든 분야의 30퍼센트를 여성에게 할당하는 정책을 도입했다. 작은 마을 이장부터 내각과 의회까지 모두 적용했다. 구호에 그치는 게 아니라 실제로 르완다에선 국회의원의 60퍼센트 이상을 여성으로 선출해 세계를 깜짝 놀라게 했다. 다른 아프리카와 달리 르완다 여성들은 내각의 장관은 물론 항공기 기장으로도 일하고 있다. 현재 르완다의 성평등 지수는 세계 10위권이다. 대학살로 인해 일할 남자가 태부족인 상황에서 어쩔 수 없는 선택이기도 했지만, 여성이 르완다의 변화에 큰 역할을 하고 있음은 분명하다.

르완다의 미래가 밝은 이유 중 다른 하나는 교육이다. 카가메 정부는 우선 12년간의 무상교육을 의무화했다. 수백 개의 학교를 세우고, 교사를 확충하는 등 국가 예산의 17퍼센트를 교육에 쏟아붓고 있다. 이 덕에 르완다의 문해율은 76퍼센트로 치솟았다. 아프리카에서 글을 읽고 쓸 줄 아는 사람이 50퍼센트도 안 되는 국가가 수두룩한 현실에서 이 정도면 최고 수준이다.

르완다는 정보통신기술에도 상당한 투자를 하고 있다. 아프리카에서는 드물게 우리나라 KT의 도움을 받아 전국을 광통신망으로 연결했다. 디지털 교육을 위해 어린이 1명당 노트북 1대 갖기 운동을 벌이고 있고, 이 가난한 나라에서 87퍼센트가 핸드폰을 갖고 있다.

이러한 노력의 결과로 르완다는 놀랍게 변신했다. 르완다의 롤모델은 싱가포르다. 국토도 작고, 인구도 적고, 자원도 없는 게 르완다와 딱 닮았기 때문이다. 그래서 르완다는 싱가포르처럼 동아프리카의 금융 허브를 꿈꾸고 있다. 정보통신산업에 투자를 집중하는 게 바로 이런 이유에서다. 또 관광 같은 서비스업의 비중을 높이고, 수많은 국제회의를 개최하는 점도 닮았다.

그렇다고 르완다가 빈곤에서 벗어난 건 아니다. 2000년 이후 매년 7퍼센트 이상의 성장을 꾸준히 해왔지만 1인당 국민총소득GNI이 겨우 2,000달러대다. 그 이전에 세계에서 가장 가난한 10개 나라에 속할 만큼 워낙 바닥이었기 때문이다. 하지만 전문가들은 르완다가 이 수치를 훨씬 뛰어넘는 잠재력을 가진 것으로 보고 있다.

국제투명성기구TI, Transparency International에 따르면 르완다는 세계에서 부패가 가장 적은 국가 중 하나다. 아프리카에선 세 번째다. 전국 초고속 인터넷망도 깔려 있고, 교육 수준도 높은 데다 새벽에 여성이 혼자 다녀도 안전할 정도의 치안을 자랑한다. 영국 BBC 방송에 의하면 르완다는 세계에서 가장 안전한 나라 5개국 중 하나다.

공무원의 청렴도, 높은 교육 수준, 점점 늘어나는 공공 인프라, 정책의 투명성과 일관성은 아프리카의 그 어느 국가도 갖지 못한 르완다만의 자산이다. 이를 높이 산 해외 기업들의 투자가 잇따르면서 르완다는 48시간 만에 사업을 시작할 수 있는 원스톱 서비스를 도입했고, 세계은행에 의해 '사업하기 가장 쉬운 나라' 중 하나로 선정되었다. 이러한 성과로 모두가 떠나고 싶어 했던 르완다는 내전 30년 만에 주변국에서 모두가 오고 싶은 나라로 바뀌었다.

하지만 르완다에 큰 리스크가 하나 있으니 바로 이런 변화를 이끈 카가메 대통령이다. 이미 23년을 집권한 카가메는 개헌으로 10년 더 대통령이 될 수 있는 길을 터놓았다. 지지율도 여전히 90퍼센트가 넘을 정도로 엄청나다. 하지만 요즘 장기 집권의 부작용이 르완다 곳곳에서 드러나고 있다.

여기에는 두 가지 비판이 있다. 하나는 집권 기간이 길어지면서 점점 더 권위주의적이 되어간다는 것이고, 또 하나는 부패다. 2022년 르완다의 언론자유지수는 계속 하락해 세계 바닥권인 136위에 머물렀다. 대학살 당시 1,200명의 목숨을 구한 한 호텔 지배인의 실화를 다룬 영화 〈호텔 르완다〉의 주인공조차 쓴소리했다는 이유로 징역 25년형을 선고받았다. 대선 경쟁자들에 대한 체포와 실종도 번번이 일어난다.

무엇보다 문제는 대통령과 그 주변이 부패할 조짐이 뚜렷하다는 것이다. 르완다에서 돈이 되는 사업은 집권 여당이 독점하다시피 하고 있다. 부동산, 모바일, 호텔 사업 등이 사실상 대통령 소유라는 소문도 파다하다. 또 여당 인사가 이끄는 기업들이 각 입찰사업을 모두 따내며 공정한 경쟁을 해치고 있다.

이에 따라 도농 간의 격차가 갈수록 커지고 있고, 발전의 과실도 수도인 키갈리의 엘리트들에게 집중되고 있다. 이에 젊은 층의 반발이 거세지고 있다. 카가메 덕에 수준 높은 교육을 받았지만, 대학살은 겪어보지 못한 요즘 세대들이 그 중심이다. 이들은 새로운 시대에 맞는, 새로운 방식의 정치를 요구하고 있다.

아프리카에서 독재는 고질병이다. 독재로 말년이 비참해진 독립 영웅들도 부지기수다. 그 결과 정치 혼란으로 한때 잘나가던 국가들이 하루아침에 나락으로 떨어지는 사례도 아프리카에선 흔하다. 르완다를 지옥에서 건져내고, 경제 발전까지 이뤄내 지금까지는 르완다인들의 절대적인 존경을 받는 카가메. 과연 스스로 절대 반지를 벗어던지고, 영원히 국부로 남는 선택을 할 것인가.

마지막으로 사소한 TMI 하나로 이야기를 마무리하려 한다. 카가메 대통령은 축구광이다. 특히 영국 프로축구 팀인 아스널 FC의 광팬이다. 영국 축구를 좋아하는 사람이라면 아스널 경기장에 종종 "Visit Rwanda"라는 문구가 있는 걸 중계화면에서 본 적이 있을 것이다. 바로 카가메 대통령의 작품이다.

동남아에는 왜
목 잘린
불상이 많을까?

동남아를 여행하다 보면 목이 잘린 불상을 정말 많이 볼 수 있다. 세계 3대 불교 유적지인 캄보디아의 앙코르와트와 인도네시아의 보로부두르, 태국의 두 번째 왕조였던 아유타야가 대표적이다. 우리나라도 경주의 남산이나 전남 화순의 운주사에 가면 불두佛頭가 떨어져 나가고 몸통만 남은 불상을 볼 수 있다.

불교에서 가장 신성시하는 이러한 불상에 무슨 일이 일어난 걸까? 나라마다 각기 다른 사정과 이유가 있지만 크게 다음의 네 가지로 구분해볼 수 있다.

첫 번째는 자연적인 현상이다. 대부분의 머리가 없는 불상은 단단한 돌을 깎아 만든 석불이다. 돌을 조각하는 건 정말 어려운 일이다. 끌과 망치만으로 모든 작업을 해야 했던 옛날 석공들에겐 더 그랬을 것이다. 석공들은 정교한 작업을 위해 하나의 돌을 깎아 전신을 만들기보다는 몸과 머리, 손 등을 따로따로 제작했다. 그리고 하나로 조립했다. 특히 머리 부분은 무게를 지탱하기 위해 쇠로 만든 촉을 꽂아 연결했다. 단단하기 그지없는 화강암이 주재료인 신라 불상도 마찬가지였다.

이렇게 만들어진 불상은 목 부분이 가장 약할 수밖에 없었다. 야외에 자리한 이 석상들은 긴 세월 끊임없이 불어오는 비바람에 쓰러지며 결국 목이 부러져 버렸다. 세계 어디서나 머리 없는 불상이 흔한 첫 번째 이유가 바로 이 것이다.

불상은 지진에도 무척 약했다. 땅이 흔들릴 때마다 마치 가을바람의 낙엽처럼 불상의 머리도 우수수 떨어졌다. 인도네시아의 보로부두르는 11세기에 인근의 화산 폭발로 아예 사원 전체가 통째로 화산재에 묻혀 버리기도 했다. 이때 발생한 지진으로 많은 불상이 머리를 잃었다.

두 번째 이유는 약탈과 밀매다. 단일 불교 건축물로는 세계 최대를 자랑하는 보로부두르 사원에는 무려 504개의 불상이 모셔져 있었다. 800년 넘게 화산재에 덮여 있던 보로부두르는 19세기 네덜란드 식민지 시절 도굴꾼으로 들끓었다. 부처의 목은 행운을 가져오는 마스코트로 여겨졌다. 식민 지배자들에게 바쳐지는 최고의 선물 중 하나였다. 친교를 맺기 위해 네덜란드인들은 불교 왕국인 태국 국왕에게도 보로부두르의 불상 머리를 선물했다. 이렇게

보로부두르 사원에 있는 목 잘린 불상들.

세계 도처로 팔려나간 불상 머리는 수백 개일 것으로 추정된다.

태국의 옛 수도인 아유타야에서도 수많은 불두가 미국과 유럽의 개인 수집가들에게 팔려나갔다. 그 일부는 미국의 3대 미술관 중 하나인 시카고 미술관에서 발견되었다. 태국 정부의 반환 요청은 당연히 거부되었다.

라오스의 왓시사켓Wat Si Saket 사원 불상도, 캄보디아의 앙코르와트 불상도 유럽인들에 의해 머리가 잘린 채 팔려나갔다. 특히 캄보디아의 사례는 더 비극적이다. 킬링필드라는 대학살극을 벌였던 크메르 루주 공산 반군은 직접 불상 판매에 나서는 만행도 저질렀다. 부처 머리가 돈이 되는 걸 알았던 것이다. 이들은 불두를 팔아 일부는 착복하고, 일부는 총을 사들였다. 우리나라도 일제강점기의 피해국이다. 훼손된 불상이 얼마나 되는지는 아무도 모른다. 하지만 경주에 있는 굴불사지 불상의 머리를 일본인이 떼어갔다는 기록은 남아 있다.

이처럼 불상의 머리가 밀매 대상이 된 건 무엇보다 큰 돈이 된다는 것과 불상 전체를 가져가긴 어려워도 머리만 떼어가는 건 쉬웠기 때문이다. 이렇게 서양의 박물관에는 불상 머리만 가득하게 됐고, 동양의 불교 유적지에는 불상 몸뚱어리만 을씨년스럽게 남게 되었다. 그리고 지금도 불상의 머리는 공공연히 시장에서 거래되고 있다.

세 번째는 종교적 박해다. 중세 때의 십자군 전쟁은 많은 부작용을 낳았다. 그중 하나가 반달리즘이다. 십자군들은 가는 곳마다 '가짜 우상'을 없앤다며 파괴를 일삼았다. 그 대상은 대부분 그리스와 로마 때 만들어진 각종 신전 조각상이었다.

이런 일이 18~19세기의 아시아에서도 일어났다. 아시아를 식민지로 삼은 유럽의 기독교인들에게 불상은 '십자군의 그리스 로마 조각'과 다를 바 없는 '가짜 우상'이었다. 이것이 사원을 파괴하고, 불상의 머리를 떼어가는 데 아무 죄책감도 들지 않게 했다. 이들은 불상의 머리를 자르면서 불교의 권위를 약화시키고, 기독교의 우위를 드러내려 했다. 이것은 중남미에서 잉카의 신전을 허문 자리에 일부러 교회를 세운 것과 일맥상통하는 반달리즘이었다.

불상에 대한 종교적 박해는 같은 국가 내에서도 일어났다. 네덜란드인들이 앞서서 보로부두르 사원을 약탈할 무렵, 인도네시아는 불교 국가에서 이슬람 국가로 바뀌어 있었다. 이슬람인들에게 보로부두르는 예전과 같은 신성한 장소가 아니었다. 비록 잠시지만 인도네시아가 불상 밀매에 수수방관했던 것도 이런 종교적 변화와 무관하다고 할 수 없다.

1970년대 캄보디아의 폴 포트 공산정권은 아예 장갑차를 동원해 앙코르의 수많은 유적을 내다 팔았다. 이들은 불상을 사격 연습의 표적판으로 삼기도 했다. 카를 마르크스가 "종교는 인민의 아편이다"라고 일갈하듯 공산주의 특유의 반反종교주의가 앙코르의 수난을 가져온 것이다.

이런 현상은 조선에서도 뚜렷했다. 《조선왕조실록》에는 간혹 땀 흘리는 불상이 나타나면 세상을 현혹한 죄를 물어 유생들이 석불의 목을 잘랐다는 기록이 있다. 경주의 분황사 우물에선 이렇게 버려진 얼굴 없는 불상이 수십 점 발굴되기도 했다. 조선 내내 계속되었던 숭유억불정책의 하나였던 것이다.

마지막으로는 상징물 파괴다. 동남아의 역사는 오랜 세월 지금의 태국과 미얀마, 캄보디아의 각축장이었다. 미얀마와 캄보디아가 전통의 박힌 돌이라면 태국은 중국에서 굴러온 돌이었다. 태국과 미얀마만 해도 국가의 운명을 건 전쟁이 30회 이상이다. 이 징글징글한 숙명의 라이벌들은 전쟁에서 이길 때마다 상대국 불상의 목부터 쳤다. 적국의 정신적인 구심점을 말살하기 위해서다. 이들은 적국의 신성을 참수해 두려움을 안겨주고, 다시는 부활하지 못하도록 근본을 없애고자 했다.

이런 상징물 파괴는 역사가 오래되었다. 고대 이집트는 적국이 소중히 여기는 조각상을 골라 코를 집중적으로 부수었다. 숨 쉬는 곳을 없애면 생명력을 잃어 적이 다시는 일어나지 못할 것이라 여겨서다. 20세기 몽골을 지배한 소련도 수많은 몽골 불상의 목을 쳤다. 예전에 몽골 제국의 수탈에 시달렸던 러시아는 그 앙갚음을 할 겸 몽골의 상징물을 파괴해 기운을 완전히 꺾으려 했던 것이다.

그래서일까? 이후 몽골은 국제사회에서 존재감 하나 없는 약소국으로 전락했다. 하지만 동남아는 다르다. 유럽이 오랫동안 '적국의 예수도 적'으로 여겨 싸운 것처럼 이들도 '적국의 부처도 적'으로 간주해 상대를 말살하려 했다. 하지만 그럴 때마다 이들은 무사히 부활해 여전히 으르렁거리고 있다. 불상 파괴가 기대와 달리 아무 효험이 없었던 것이다. 만약 다시 전쟁이 일어난다면 승자가 패자의 불상을 치는 일이 또 벌어질지 두고 봐야 할 것 같다.

미국의
대통령 선거가
이토록 복잡한 이유

미국의 대통령 선거는 어지러울 정도로 복잡하다. 특히 대통령을 뽑는 선거인단 선출은 복잡함의 극치다. 뽑는 방식도 각 주마다 다르다. 뽑는 인원도 다르다. 마감일도 제멋대로다. 투표가 끝나도 대통령이 확정되지도 않는다. 어떤 후보는 국민의 지지를 더 받고도 떨어지기도 한다. 도대체 미국의 대통령 선거는 왜 이렇게 복잡한 걸까? 그리고 미국인들은 왜 바꾸지 않는 걸까?

이 모든 것들은 미국이 연방제 국가라는 사실에 기인한다. 특히 연방을 이루는 각 주의 독립성을 최대한 유지하려는 초기 국가 설계 때문이다. 이를 이해하려면 미국의 건국 초기로 돌아가야 한다.

1607년 배 한 척이 아메리카 대륙에 닿았다. 이 배에는 104명의 사람이 타고 있었다. 영국에서 온 첫 이주민들이다. 이들은 미국 최초의 주인 버지니아를 만들었다.

1620년에는 또 다른 배가 미 동부 해안가에 도착했다. 이 배에는 102명의 이주민이 타고 있었다. 지금의 미국인들이 자신의 조상이라고 하는 필그림 파더스Pilgrim Fathers들이다. 이들이 타고 온 배가 그 유명한 메이플라워호다. 아무것도 없는 아메리카 대륙에서 이들이 살아남은 건 인디언들이 먹을 것을 나눠 준 덕이 컸다. 여기서 유래한 게 추수감사절인 땡스기빙데이Thanksgiving Day다. 이 미국 조상들이 매사추세츠주를 만들었다.

그리고 약 150년이 지난 1776년으로 건너뛴다. 수백 명에 불과하던 신대륙 이주민들은 약 250만 명으로 불어났다. 주 역시 13개로 늘어났다. 그리고 이들은 마침내 영국으로부터 독립을 선언했다.

처음부터 독립을 하려던 것은 아니었다. 신대륙 정착민들의 생활은 비교적 자유로웠다. 당시 세계 최대 시장인 영국에 담배와 농산물을 수출하면서 경제적으로도 꽤 부유했다. 그래서 그들 스스로 자신을 영국인이라고 생각했다. 하지만 아메리카 땅을 두고 프랑스와 인디언과의 싸움이 장기화되면서 사정은 급변하게 된다. 이 막대한 전쟁비용을 충당하기 위해 영국은 미국의 수출품에 고율의 관세를 부과하게 되고, 이 바람에 이주민들의 파산이 속출했다. 그런데 관세는 국가와 국가 간에 물건이 오갈 때 매기는 세금이다. 관세를 내라는 것은 신대륙을 영국이 아닌 외국으로 본다는 뜻이다. 적어도 이주민들은 그렇게 받아들였다. 따라서 더 이상 영국을 존중할 필요가 없다는 생각이 이주민들 사이에 급격히 커져갔다.

그리고 매사추세츠주의 보스턴 항구에서 차 사건이 일어나면서 이것이 결정타가 되었다. 그 유명한 보스턴 차 사건이다. 신대륙의 이주민들도 대부분 영국인인지라 차 없으면 못 사는 사람들이었다. 미국으로 오는 찻값이 급등하자 흥분한 이주민들이 배에 올라 영국에서 온 차를 통째로 바다에 던져 버린 것이다. 이 사건을 계기로 얼마 후 독립전쟁이 시작되었다. 그리고 미국인들은 차 대신 커피를 마시기 시작했다. 보스턴 차 사건이 없었다면 스타벅스도 없었을지 모른다.

미국 지도를 보면 매사추세츠부터 조지아까지 동부 해안가를 따라 다닥다닥 13개의 주가 붙어 있다. 소위 미국의 '특별한 13개 주'이다. 건국 전부터 있었던 '최초의 13개 주'인 이들이 오늘날의 헌법, 대통령 선거, 연방제 등 지금의 미국을 만든 주인공들이다.

이 지점에서 먼저 주州, State라는 개념을 이해해야 한다. 미국의 주를 영어로 'State'라고 한다. 그래서 많은 사람이 'State'를 '주'라고 잘못 알고 있다. 하지만 미국에서 'State'는 '국가'라는 뜻이다. 영어 사전에도 그렇게 나와 있다. 미국의 특별한 13개 주 역시 자신들을 하나의 국가라고 생각했다. 실제로 이 13개 주는 법은 물론 화폐도 달랐다.

6년 전쟁 끝에 미국은 영국을 이기고 1781년 실질적인 독립을 이룬다. 우리는 보통 이를 미국의 독립이라고 하지만 엄밀하게 말하면 이 '특별한 13개 국가'의 개별적인 독립이다.

조지 워싱턴을 중심으로 연합 작전을 펴지만, 독립전쟁 와중에도 한 나라를 이룰 생각은 없었다. 하지만 자신들이 얼마나 큰 위험에 처해 있는지 곧 깨닫게 되었다. 영국이 언제 다시 반격해 올지도 몰랐다. 프랑스, 스페인 같은 당대의 최강대국들도 미대륙에서 기회만 노리고 있었다. 독립을 유지하기 위해서라도 하나 된 힘이 필요했다.

그래서 이 13개 주의 대표들이 모여 대륙회의를 열었다. 초대 대통령이 되는 조지 워싱턴, 2대 대통령이 되는 존 애덤스 등 소위 미국 건국의 아버지들이 모여 머리를 맞댔지만 합의는 쉽지 않았다. 각 주마다 인종도, 종교도, 경제적인 이해관계도 모두 너무나 달랐던 것이다.

우선 국가의 큰 방향부터 정해야 했다. 신대륙 정착민들은 대부분 본국에서 정치적·경제적·종교적·신분적 억압에 좌절해 목숨 걸고 그 험한 바다를 건너온 사람들이다. 그래서 미국의 중앙 정부가 영국만큼이나 강해져 자신들을 억압해 올까 봐 두려워했다. 이들에게 가장 중요한 것은 개인의 자유였다.

건국의 아버지들 역시 미국으로 건너와 성공한 사람들

이라 이해관계가 맞아떨어졌다. 그래서 중앙 정부의 힘이 너무 세지지 않도록 연방제로 뜻이 모이게 된 것이다. 그 때의 결정 덕에 미국의 주들은 지금도 독자적인 정부, 의회, 법원은 물론 자체적인 군대까지 갖고 있다. 하지만 이 정도로도 불안했던 모양이다. 13개 주는 아예 헌법에 명시된 것 외에 연방 정부는 각 주에 대해 아무것도 할 수 없다고 못 박아버렸다.

한편 당시 미국의 정착민 중에서는 다시 영국령으로 복귀해야 한다는 사람들도 많았다. 이 친영파들은 연방 국가의 출현이 분명해지자 대거 북쪽으로 이동해 캐나다를 이루게 되었다.

연방제도 합의가 쉽지 않았지만, 그다음은 더 어려웠다. 연방을 이끌 대통령과 의회를 어떻게 뽑고, 어떻게 구성할 것이냐. 각 주마다 인구와 인구 구성비가 달랐기 때문이다. 인구가 많은 주는 더 많은 의석수를 원했고, 인구가 적은 주는 동등한 의석수를 원했다.

수많은 격론 끝에 묘안을 하나 만들어 냈다. 의회를 상원과 하원으로 나누기로 한 것이다. 하원은 인구가 많은 주의 의견을 받아들여 인구 비례로 구성하기로 했다. 대신 상원은 인구가 적은 주의 의견을 따라 각 주당 동등하게 2명씩 하기로 했다.

당시 '인구'라 함은 백인 남성을 말한다. 여성과 흑인은 선거권이 없던 시대다. 그러자 흑인 노예가 인구의 40퍼센트를 차지하는 조지아 같은 남부 주들이 반발하고 나섰다. 이렇게 되면 인구수가 많은 북부가 매번 대통령과 의회를 장악할 것이 뻔했기 때문이다. 결국 흑인 노예 1명을 백인의 5분의 3명으로 계산해 의석수를 갖기로 했다.

미국은 우리와 달리 간접선거제다. 이게 오늘날 미국 선거 제도를 매우 복잡하게 만드는 중요 요인이다. 이것도 이 특별한 13개 주의 결정 사항이다. 건국의 아버지들은 이주민들의 집단 지성 따위 믿지 않았다. 좋은 대통령을 뽑을 판단 능력이 없다고 본 것이다. 그래서 자기를 대신해 대통령을 선택해줄 똑똑한 사람을 뽑게 하는 게 훨씬 낫다고 생각했다. 이게 오늘날의 선거인단이다. 영국 본토와 다를 바 없는 엘리트주의 내지 귀족주의라는 비판도 있다. 하지만 민주주의의 경험이 전혀 없는 데 따른 한계라 할 것이다.

당시는 도로나 교통편이 좋던 시대가 아니다. 간선제 채택은 국민 전체의 투표 참여가 사실상 불가능하다는 현실적인 이유도 한몫했다. 어쨌든 선거인단 제도는 인구수가 많은 주의 영향력은 줄이고, 인구수가 적은 주의 영향력은 늘리는 방향으로 진행되었다. 그리고 그 숫자는 상원과 하원에 맞추기로 했다.

미국의 선거를 복잡하게 만드는 또 하나의 요소는 승자독식제다. 한 표만 더 얻어도 그 주의 전체 선거인단을 모두 갖게 되는 제도다. 승자독식제는 그 '주'가 어느 후보를 지지하는지를 '하나로 통일한다'라는 뜻이다. 이 방식도 인구가 적은 주에게 유리하다. 박빙의 승부일 경우 작은 주가 캐스팅보트 역할을 할 수 있기 때문이다. 승자독식제는 주가 하나의 국가 개념이기 때문에 마치 한 나라에 대통령이 한 명이듯 지지하는 대통령 후보도 한 명이어야 한다는 의미를 담고 있기도 하다.

이렇게 해서 우여곡절 끝에 1789년, 드디어 13개 주가 모두 참여하는 'United States of America'가 출범하게 되었다. 이중 델라웨어주가 가장 먼저 미국의 헌법을 승인해 '첫 번째 주First State'라는 칭호를 얻었다. 델라웨어주는 트럼프를 이기고 미국 대통령이 된 바이든이 상원의원을 지낸 곳이다.

이런 특별함 때문에 미국의 건국 아버지들뿐 아니라 초기의 13개 주도 특별대우를 받았다. 미국 국기를 보면 왼쪽 위의 사각 박스 안에 50개의 별이 있다. 모두 알다시피 현재의 미국을 이루는 50개 주를 말한다. 하지만 빨간색과 하얀색의 줄무늬가 무얼 상징하는지 모르는 사람들이 꽤 있다. 이를 세어 보면 13줄이다. 바로 '특별한 13개 주'다. 이 13개의 주 이름 맞히기는 미국 이민 시험에 단골로 출제되는 문제이기도 하다.

미국의 선거 제도는 복잡하기도 할뿐더러 결정적인 결함도 가지고 있다. 우선 승자독식제 때문에 지나치게 많은 사표가 발생한다. 그리고 무엇보다 전체 득표율이 높음에도 대통령이 되지 못하는 일이 생긴다. 실제로 2000년의 엘 고어가, 2016년의 힐러리 클린턴이 그랬다. 다수결이라는 민주주의의 기본 원칙에 위배되는 것이다. 이런 불합리에도 불구하고 미국에선 여전히 이 복잡한 선거 제도를 유지하고 있다. 간혹 직선제로의 개헌을 요구하는 목소리가 나오기도 하지만 개헌은 사실상 불가능하다.

미국은 세계에서 개헌이 가장 어려운 나라다. 헌법을 한 자라도 바꾸려면 상원과 하원의 3분의 2가 찬성해야 한다. 동시에 50개의 주에서도 3분의 2가 찬성해야 한다. 그것도 이 모든 복잡한 과정을 3년 안에 마쳐야 한다.

직선제를 할 경우 작은 주들은 미국에서의 영향력이 급격하게 감소할 것이다. 그러니 이들이 찬성할 리가 없다. 누군가 지금의 선거 제도를 힘으로 바꾸려 한다면 연방의 해체를 각오해야 한다. 그러니 앞으로도 미국의 선거 제도는 지금의 복잡한 상태를 계속 유지하게 될 것이다.

우크라이나는
왜 전쟁을
피하지 않았을까?

우크라이나와 러시아의 전쟁(이하 우크라이나 전쟁)이 이제 2년 되었다. 이 전쟁을 지켜보면서 내내 드는 한 가지 의문이 있다. '우크라이나는 왜 피할 수도 있었을 전쟁에 뛰어들었을까'이다. 그것도 러시아 같은 군사 대국과 말이다. 이 질문 속에는 우크라이나 전쟁의 동기는 물론 현재 처한 우크라이나와 러시아의 고민이 함께 담겨 있다.

물론 전쟁은 한두 가지 이유로 일어나지는 않는다. 하지만 우크라이나 전쟁 발발에는 모두가 동의하는 한 가지가 있다. 바로 나토(NATO, 북대서양조약기구)의 확장이다.

2차대전 후 냉전 시대 내내 미국과 소련은 군사동맹체인 나토와 WTO, 즉 바르샤바 조약기구를 만들어 충돌해왔다. 소련이 서진하자 이를 막기 위해 미국과 서유럽이 나토를 만들었고, 이에 대항하고자 소련과 동유럽이

WTO를 만들었다. 이후 동구권이 몰락하자 소련은 1991년 WTO를 해체하고 물러났는데 이는 나토가 러시아가 있는 동쪽으로 확대하지 않겠다고 약속했기 때문이다. 하지만 미국과 나토는 이 약속을 지키지 않았다. 소련이 해체되는 혼란을 틈타 과거 소련의 동맹국이던 폴란드, 헝가리, 체코에 이어 급기야 에스토니아, 라트비아, 리투아니아의 발트 3국까지 나토에 편입시켰다.

이 사건은 러시아에 엄청난 충격이었다. 다른 나라들과 달리 발트 3국은 러시아와 직접 국경을 맞대고 있기 때문이다. 이는 미국이 모스크바와 함께 러시아의 양대 도시인 상트페테르부르크의 턱밑까지 다가왔다는 뜻이었다.

이보다 훨씬 심각한 건 우크라이나였다. 우크라이나는 오래전부터 '유럽의 빵 바구니'라고 불리던 나라였다. 미국 못지않게 비옥한 토지를 많이 가진 땅이다. 문제는 평지가 대부분이라 적의 침공을 견제할 자연장애물이 없다는 점이다. 그래서 역사적으로 러시아를 쑥대밭으로 만들었던 몽골, 나폴레옹, 히틀러가 모두 우크라이나의 대평원을 통해 밀려들어 왔다. 러시아로선 두 번 다시 겪고 싶지 않은 치욕의 역사다.

그런 우크라이나를 2008년 미국의 조지 부시 행정부가 나토 가입을 추진하고 나서자 러시아는 발칵 뒤집혔다. 우크라이나가 나토가 된다는 건 러시아 남부의 주요 도시인 볼고그라드에 미국의 탱크가 반나절 만에 닿을 수 있다는 뜻이다. 더 심각한 건 미국의 미사일이 단 5분 만에 모스크바에 떨어진다는 뜻이니 러시아로선 받아들일 수 없었다. 이건 1960년대 러시아의 쿠바 미사일 배치 때 미국이 느꼈던 위기감 그 이상이라고 해야 할 것이다.

이후 우크라이나에서 벌어진 일련의 사태는 모두 우크라이나의 나토 가입 추진이 불러온 것이다. 심상치 않게 돌아가자 러시아는 우선 흑해함대 기지가 있는 크림반도를 병합해 부동항부터 챙겼다. 소련 연방 시절에 행정 편의상 우크라이나 영토로 두었을 뿐 역사적으로 러시아 소유인 곳이다.

이에 자극받은 친러 성향의 돈바스 지역 주민이 분리독립에 나섰다. 이에 우크라이나 극우 민병대가 돈바스의 러시아인들을 학살했고, 러시아가 군사적으로 지원에 나서면서 사실상 전쟁 상태에 들어갔다. 급기야 젤렌스키 우크라이나 대통령이 나토와 합동 군사훈련을 벌이면서 결국 전면전으로 확대되었다.

사실 이 사태는 오래전부터 예견된 것이었다. 미국에 조지 케넌이라는 외교관이자 정치가가 있었다. 미·소 냉전 시대를 이끈 주역으로 러시아를 봉쇄하되 나토를 확장해선 안 된다고 한 인물이다. 나토 확장은 필연적으로 러시아의 국수주의를 가져와 민주주의 발전을 저해하고, 군국주의를 부활시키게 된다는 것이다. 불행히도 그의 혜안은 들어맞았다. 조지 케넌이 걱정하던 사태를 지금 우크라이나가 온몸으로 뒤집어쓰고 있는 셈이다.

하지만 이런 국제적인 역학 관계만으로 이 전쟁을 진단한다면 우크라이나 국민을 무시하는 것이다. 사실상 이 전쟁을 시작한 사람이 우크라이나 국민이다. 정치인의 무능과 부패에 신물 난 우크라이나인들은 아예 정치와 무관한 코미디언인 젤렌스키를 대통령으로 뽑았다. 정치 현실을 신랄하게 풍자하는 코미디로 큰 인기를 얻은 젤렌스키는 프로그램명이었던 〈국민의 종〉이라는 당을 결성해 엄청난 지지를 받고 졸지에 진짜 대통령이 되었다.

그런데 취임 초만 해도 젤렌스키는 러시아와 전쟁까지 할 생각은 아니었다. 그는 오히려 "돈바스 내전을 끝내고 평화를 가져오겠다"라며 러시아와 포로 교환을 성사시키기도 했다. 그러자 인사 실패까지 겹치면서 70퍼센트였던 지지율이 30퍼센트로 뚝 떨어졌다. 오히려 우크라이나 국민은 "푸틴에 굴복하지 말라"라며 대대적인 시위를 벌였다. 이렇게 되면서 젤렌스키도 국민의 요구에 따라 반러 강경주의자가 되었고, 곧 인기를 회복했다.

우크라이나 국민의 반러 정서는 오래된 얘기다. 우크라이나는 늘 독립을 원했지만, 러시아가 빵 바구니를 그냥 놔둘 리 없었다. 18세기 말부터 러시아 제국의 지배를 받던 우크라이나는 공산 혁명 후 옛 소련에도 편입되었다. 그러다 20세기 초 스탈린의 무리한 식량 징발로 300만 명 이상이 굶어 죽는 대참사가 벌어졌다. 세계에서 가장 비옥한 땅에서 일어난 어처구니없는 참극이었다. 이 과정에서 소련인들의 집단 이주로 많은 농민이 집과 농토를 잃기도 했다.

이 일을 겪은 후 우크라이나에는 민족주의가 본격화되었다. 우크라이나와 러시아는 결코 함께할 수 없는 나라가 된 것이다. 히틀러가 소련을 침공했을 때도 상당수가 독립을 위해 나치에 협력했다. 이 과정에서 이 지역의 러시아인들은 물론, 수많은 유대인이 희생되었다. 근래에도 오렌지 혁명, 마이단 혁명 등 정권이 친러 성향을 띨 때마다 국민이 나서서 퇴진시키곤 했다. 얼마 전의 여론조사에서도 우크라이나인들은 60퍼센트 이상이 러시아와의 협상을 반대하고 있다. 한마디로 "이번에 싸우지 않으면 또 러시아의 지배를 받게 된다"라는 게 이 전쟁을 지지하는 우크라이나인들의 생각이다.

하지만 국민적인 결기와 달리 우크라이나가 처한 현실은 너무나 냉혹하다. 우선 2024년 1월 우크라이나 당국이 발표한 군 사망자만 해도 4만 2,000명이다. 여기에 민간 희생자가 1만여 명이다. 하지만 미국 정부의 추산은 좀 다르다. 2023년 8월 기준으로 우크라이나군의 사망자가 7만여 명, 부상자가 10만 명이 넘는다. 여기에 국내외 난민이 무려 1,000만 명이다.

경제적인 피해는 말할 것도 없다. 전쟁 후 우크라이나의 GDP는 30퍼센트 이상 줄었다. 세계은행에 의하면 지금 전쟁이 끝난다고 해도 우크라이나의 향후 재건 비용만 5,000억 달러다. 가난한 이 나라에서 마련하기 쉽지 않은 돈이다. 그렇지 않아도 매년 일자리를 찾아 떠나는 사람들로 인구가 줄고 있는데 대량 난민으로 인구마저 급감하게 되었으니 성장 잠재력마저 보이지 않는다.

게다가 전쟁 장기화에 피로를 느낀 서방의 지원도 시들해지고 있다. 초조해진 젤렌스키의 잇단 말실수로 폴란드 같은 열성 후원국들도 등을 돌리고 있다. 최악의 시나리오는 군사 지원에 반대하는 트럼프가 다음 대선에서 재집권하는 것이다. 서방의 지원 없이 우크라이나가 이 전쟁을 계속하는 건 불가능하다.

러시아의 침략 전쟁은 어떤 이유로도 정당화될 수 없다. 하지만 전쟁 직전 우크라이나 정부의 행동과 결정에도 이해할 수 없는 점들이 정말 많다. 서방 세계는 일찌감치 러시아의 침공을 우크라이나에 경고해왔다. 그럼에도 젤렌스키는 이를 무시하고 러시아를 계속 도발했다.

러시아의 흑해함대 앞에서 나토와 합동 군사훈련을 했고, 외교 관례를 무시한 채 푸틴을 적이라고 수차례 직격하는가 하면, 러시아가 극도로 우려하는 문제임을 뻔히 알면서도 2024년까지 나토 가입을 마치겠다고 공공연히 밝히기도 했다. 미국과 나토가 파병은 없다고 누차 확언했음에도 이렇게 도발한 것은 마치 자살과 같은 것이었다.

프랑스와 독일 같은 나토 중심국들은 이미 이런 점을

우려해 우크라이나의 가입을 꺼려왔다. 나토 규정상 회원국이 공격받으면 모두 참전해야 하는데 상대가 러시아라면 그건 3차대전까지도 각오해야 할 일이었다. 그래서 나토 회원국들은 대부분 우크라이나가 러시아와의 완충지대로 남아 있길 원했다. 그건 누구보다 러시아가 원하는 것이었다.

많은 국제 전문가는 이미 우크라이나 정부에 서방과 러시아 사이의 균형 외교를 권해왔다. 어느 한쪽에만 붙는 건 파멸을 초래한다는 경고였다. 프랑스는 아예 핀란드 모델을 해결책으로 제시하기도 했다. 2차대전 후 러시아와 서방 사이에 중립을 지키고 민주화와 경제 발전을 동시에 이룬 핀란드를 따르라는 것이었다.

하지만 우크라이나는 이를 모두 거부했다. 그런데 막상 뚜껑을 열어보니 러시아가 하루 만에 우크라이나 수도를 포위할 정도로 전쟁 준비가 전혀 되어 있지 않았다. 전쟁이 터지고 나서야 젤렌스키는 우크라이나의 중립국화를 논할 수 있다고 말했다. 하지만 전쟁의 방아쇠는 한 번 당겨지면 되돌리는 건 불가능하다. 전쟁에는 "졌지만 잘 싸웠다"라는 말도 통하지 않는다. 하물며 전쟁터가 자국이라면 모든 게 폐허가 되니 이겨도 이긴 게 아니다.

국민의 분노를 푸는 것 외에 이 전쟁으로 우크라이나가 얻을 실익은 별로 없어 보인다. 인명피해와 경제 손실 외에 안보도 마찬가지다. 이기면 보복이 두렵고, 지면 영토

한쪽을 떼줘야 한다. 공짜 점심이 없는 것처럼 공짜 전쟁도 없다. 전쟁을 대부분 외세에 의존해 치르고 있으니 머지않아 외세의 청구서가 날아들 것이다. 앞으로의 안보와 재건도 외세에 의존할 수밖에 없을 테니 누군가의 꼭두각시에서 벗어나기도 어렵다.

허술한 전쟁 준비와 애초부터 존재하던 양국 간의 국력차를 감안하면 우크라이나인들은 누가 봐도 선전 중이다. 그만큼 러시아에서 벗어나고 싶은 간절함 때문일 것이다. 경험 없는 대통령치곤 젤렌스키도 기대 이상으로 전쟁을 잘 이끌어 온 것도 사실이다. 하지만 날이 갈수록 우크라이나의 한계도 점점 뚜렷해지고 있다. 상황이 이렇게 되자 국제 문제 전문가, 중립을 권했던 서방의 조언 그룹, 우크라이나의 야당, 해외를 떠도는 난민, 전쟁터인 동부지역 주민, 징집 대상인 젊은 층 등 점점 더 많은 이들이 질문을 던지고 있다. "우크라이나는 왜 피할 수도 있는 전쟁에 뛰어들었는가"라고 말이다.

아고라에서 광화문까지, 광장의 역사

유럽의 도시와 한국의 도시는 무엇이 다를까? 여러 차이가 있겠지만 도시 구조상 가장 크게 다른 건 광장의 존재와 그 쓰임새일 것이다. 유럽의 도시는 한마디로 '광장'을 중심으로 만들어졌다. 반면 우리는 줄곧 '길'이 도시의 중심이었다. 이 때문에 광장의 역사가 굉장히 짧을뿐더러 사용하는 방식도 매우 다르다.

유럽 광장의 원류는 고대 그리스의 폴리스에 있었던 아고라다. 산 위의 아크로폴리스가 신을 중심으로 한 세계라면 산 아래의 아고라는 인간 세계의 중심지였다. 죽은 사람은 산 위에서 살고, 산 사람은 산 아래에서 사는 우리와 비슷하다고도 하겠다.

어쨌든 '모이다'라는 뜻을 가진 단어답게 아고라에는 온갖 사람들이 모여 정보를 교환하고, 토론도 하며, 민회

고대 아테네의 정치·경제·사회·문화의 중심지였던 아고라.

도 열었다. 사람이 많이 모이는 장소이니 당연히 시장도
이곳에 열려 상거래의 중심지가 되기도 했다.

그리스의 아고라는 로마 시대에는 포럼으로 이어졌다.
"모든 길은 로마로 통한다"라고 할 정도로 로마인들은 수
많은 길을 냈는데 길이 좌우로 교차되는 지점마다 대개
포럼을 만들었다. 그리고 화려한 열주列柱를 세워 포럼의
경계선을 표시했다.

그리스의 아고라와 로마 초기의 포럼은 대부분 네모반
듯한 사각형이었다. 그래서 오늘날에도 광장을 '스퀘어
Square'라고 부른다. 물론 역사가 진행되면서 광장은 점차
부채꼴, 마름모꼴, 삼각형, 타원형 등 온갖 모양으로 변화
해갔다.

하지만 유럽의 도시에 광장이 본격적으로 들어선 것은
중세 때부터다. 이는 기독교의 확장과 맞물려 있다. 11세

기에 들어서 십자군 전쟁 등으로 사람들의 대규모 이동이 잦아지게 되었고, 상업이 발달하면서 경제력도 커져갔다. 그러면서 유럽 전역에 많은 도시가 생기게 되었고, 따라서 광장도 폭발적으로 늘어나게 되었다.

도시가 광장을 중심으로 발달했다지만 엄밀히 말해서 광장은 교회가 중심이었으니 많은 경우 사실상 교회가 도시의 출발점이라고도 할 수 있다. 우선 누군가가 사람 통행이 많은 곳에 교회를 짓기로 했다고 가정해보자. 홍익대학교 건축도시대학 유현준 교수에 의하면 성당 같은 대건축은 주로 돌로 짓게 된다. 그러려면 돌을 다듬고 건축자재를 쌓아둘 별도의 공간이 필요하다. 그건 주로 성당 앞의 드넓은 빈터다. 돌로 큰 성당을 짓는 건 수백 년이 걸리는 대공사다. 따라서 성당 주변으로 인부들을 위한 숙소와 식당 등도 들어서게 된다. 마침내 공사가 끝나면 숙소와 음식점 건물은 그대로 남게 되고, 대신 작업장은 비워져 자연스럽게 광장이 되는 것이다.

여기에 좀 더 덧붙이자면 성당은 신의 권위가 잘 드러나야 하므로 그 앞을 비워 어디서든 잘 보이게 해야 했다. 그리고 성당은 완공 전이라도 실내 예배당만 만들어지면 마을 사람들이 일주일에 한 번은 모여야 하는 장소였다. 게다가 광장에는 동네에서 유일한 작은 분수나 우물을 두었다. 물을 긷기 위해서라도 마을 사람들은 광장에 가야 했다. 이곳에서 마치 우리의 옛 우물가가 그랬듯 동네 사람들에 대한 뒷담화를 포함한 온갖 정보가 교환되었을 것이다.

사람들이 모이는 장소이니 상업시설이 광장 주변에 만들어지는 건 당연한 수순이었다. 그래서 광장마다 시장이 들어섰다. 게다가 지배층들이 이 요지를 놓칠 리가 없었다. 광장을 둘러싸고 시청이 들어서고, 길드 조합이 자리하고, 귀족들의 저택까지 한 모퉁이를 차지했다.

이렇게 교회가 완성되기까지 수백 년에 걸쳐 광장이 있는 중심 지역은 지배층이 차지하고, 그 뒤편으론 좁은 골목을 사이에 두고 일반인들의 집들이 자리하면서 자연스럽게 도시가 만들어졌다. 그리고 방어를 위한 성벽을 빙 둘러 세워 도시를 완성시켰다.

이 성벽은 중세가 끝나고 르네상스 시대가 되면서 더 이상 쓸모없게 되었다. 유럽에 화약이 전해졌기 때문이다. 그래서 점차 이 성벽을 철거하게 되는데 그 덕에 오히려 도시가 더 커질 수 있었다. 그리고 마치 복제하듯 또 다른 블록에 수백 년에 걸쳐 교회를 세우고, 돌 작업터가 광장이 되고, 그 주변으로 시장이 들어서고, 관공서가 자리하는 과정을 거쳐 도시가 확대되었다. 광장과 광장은 여러 갈래의 골목으로 이어졌고, 골목을 사이에 두고 집들이 빽빽하게 빈 공간을 채웠다.

그런데 르네상스와 바로크 시대를 거치면서 유럽의 광장은 좀 더 커지고, 좀 더 화려해졌다. 피렌체의 시뇨리아

피렌체의 시뇨리아 광장.

광장이 대표적이다. 기념비와 통치자의 동상이 세워지고, 예술적인 분수와 조각품이 광장을 장식했다. 이는 대부분 그 지역 명문세가의 헌납에 의한 것이었다. 늘 이들을 옥죄는 성경 구절이 하나 있었으니 "부자가 천당에 가기는 낙타가 바늘구멍을 통과하기보다 어렵다"이다. 교회는 이 구절을 적절히 이용해 부자들에게 교회 종탑은 물론 도서관이나 미술관을 지어 시민들에게 기부하도록 유도했다.

유럽의 도시에 광장이 있을 수밖에 없는 또 다른 이유도 있다. 그건 굉장히 폐쇄적인 건축 방식이다. 유럽의 오래된 집들은 거의 대부분 골목의 경계선에 바짝 붙여 지었다. 외부로는 창을 가급적 작게 내고, 큰 창은 주로 건물 내부의 중정 방향으로 냈다. 이런 집들이 다닥다닥 붙어 있으니 마치 전체가 거대한 담장처럼 보였다. 이는 일부 지역에선 창문에 붙는 세금 때문에, 어떤 곳에선 지진에 대비하기 위해서다. 하지만 대개는 적의 침략에 대비해 도시를 마치 요새처럼 만들려는 이유가 크다.

도시 전체가 이런 집들로 가득하면 도시에 사는 사람들은 숨 쉴 공간도 없고, 함께 쓸 공적 공간도 없게 된다. 그래서 마련된 게 광장이다. 숨 막힐 것 같은 도시의 폐쇄성을 그나마 광장을 통해 완화한 것이다.

어쨌든 유럽의 역사에서 광장은 결코 빼놓고 이야기할 수 없는 중요한 공간이었다. 이곳에서 경제활동도 하고, 의견도 교환하고, 축제도 즐겼다. 격동의 시대에는 혁명의 무대였고, 단두대로 목을 자른 한풀이 장소였고, 때론 피비린내 나는 전쟁터였다. 그리고 마침내 민주주의를 꽃피운 곳도 광장이다.

반면 우리나라는 어떨까? 우리의 전통 집은 길을 따라 집을 짓되 길의 경계까지가 아니라 대지 안쪽으로 물러나 집을 앉혔다. 집에서 길까지의 공간은 마당으로 삼았다. 이 마당으로 이웃이 쉽게 드나들면서 마당이 광장의 역할을 일부 하기도 했다.

그리고 이웃이 생기면서 자기 땅을 구분 짓기 위해 마당과 길이 만나는 지점에 담이나 울타리를 쳤다. 그런데 이것도 대개 밖에서 안이 훤히 들여다보일 정도로 낮았다. 이는 집 안에서 집 밖을 내다보는 시선을 중시했던 차경借景 문화의 영향일 것이다. 어쨌든 폐쇄적인 유럽의 집들과 달리 우리나라의 집들은 이런 식으로 타인에게 시각적·물리적으로 개방감을 주었다. 그만큼 우리나라는 유럽의 도시에 비해 광장의 필요성이 적었다는 얘기다.

게다가 우리는 오랫동안 인구밀도가 낮은 농경사회였다. 중앙집권제가 일찌감치 정착한 덕에 유럽에 비해 내부 전쟁도 거의 없었다. 그만큼 방어를 위한 성벽도시를 만들 필요가 없었으니 그에 따른 광장도 발전할 여지가 적었던 셈이다.

우리나라에 광장이 처음 만들어진 것은 사실상 20세기 후반이 되어서다. 지금은 여의도공원이 된 5·16광장이 바로 그것이다. 수백 년의 기간 동안 자연스럽게 자리 잡은 유럽의 광장과 달리 권력자의 명령에 의해 인위적으로 만든 전형적인 '관치 광장'이었다. 사실상 5·16광장의 쓰임새는 박정희 정권의 권위를 드러내기 위한 군사 퍼레이드뿐이었다.

이후 차도를 막아 서울광장과 광화문광장을 만들었지만 유럽과 같은 일상 공간이나 문화 공간이라고 하기에는 거리가 먼 게 사실이다. 건축학적으로 왕복 4차선 이상의 도로가 있으면 사람들은 잘 건너려 하지 않는다. 그런데 서울광장도, 광화문광장도 6차선 이상의 도로에 둘러싸인 섬 같은 곳이다.

무엇보다 광장을 둘러싸고 기념품 가게나 술집, 카페,

식당 등이 있어야 사람들이 오래 머무를 텐데 우리의 광장은 앉아 있을 벤치조차 없는, 참 심심한 장소다. 그렇다 보니 우리가 광장에서 할 수 있는 일이라곤 정치 집회나 시위뿐이다.

그렇다면 유럽 광장의 미래는 어떻게 될까? 긴 역사를 볼 때 광장의 가장 중요한 두 가지 역할은 '시장'과 '공론의 장'이다. 하지만 유럽인들도 더 이상 광장의 시장에서 장을 보지 않는다. 의견을 나누기 위해 더 이상 광장에서 직접 만나는 일도 없다. 마트나 온라인 쇼핑몰, SNS가 이미 광장을 대체하고 있기 때문이다. 그래서 세월이 더 흐르면 광장이 야외주차장으로 전락하는 게 아닌가 하는 우려도 있다. 사실상 유럽의 역사를 써온 광장이 앞으로 어떻게 변하게 될지 지켜보는 것도 꽤 흥미로운 일일 것 같다.

유럽이
화장실 인심에
야박한 이유

유럽 여행 중 '화장실 찾아 삼만 리'를 겪어보지 않은 사람이 있을까? 거리는 물론 지하철역에조차 대부분 화장실이 없으니 유럽 여행은 곧 화장실과의 전쟁이기도 하다. 게다가 어렵사리 찾은 화장실은 여지없이 유료다. 심지어 커피 마시러 간 카페도, 밥 먹으러 간 레스토랑도, 쇼핑하러 들어간 백화점도 사용료를 요구하는 곳이 점점 더 많아지니 해도 해도 너무하다는 생각이 들곤 한다.

　이런 불편함은 여행자만 느끼는 게 아니다. 현지인들은 코로나 때 폐쇄된 화장실이 여전히 문을 열지 않아 화장실이 더욱 부족해졌다고 불만이 대단하다. 독일 방송국인 MDR의 설문 조사에 의하면 무려 80퍼센트가 도심에서의 화장실 부족이 심각하다고 답하고 있다. 특히 생리현상을 참기 어려운 노인과 여성, 어린이들의 어려움은 더욱 크다. 화장지가 제공되는 곳은 1유로, 즉 1,400원 정도를 내야 하니 경제적 부담도 만만치 않다. 부자 나라도 많고, 복지도 세계 최고 수준인 유럽이 왜 화장실만큼은 인심이 야박한 걸까?

우선 유럽인들은 화장실 없는 환경과 유료화에 익숙하다는 점부터 얘기해야 할 것 같다. 19세기 중반까지만 해도 유럽은 도시 전체가 거대한 화장실이나 다름없었다. 공중화장실은 물론 집에도 화장실이 거의 없어서 대낮에도 거리낌 없이 남녀불문 거리에서 볼일을 보곤 했다. 비만 오면 똥물이 강을 이뤄 하이힐조차 아무 소용이 없었기 때문에 귀부인을 업어 도로를 건너 주는 직업도 있을 정도였다. 2층에서는 수시로 요강에 담긴 배설물을 거리로 내버렸기 때문에 이를 피하거나 옷을 가리기 위해 우산과 망토가 유행하기도 했다.

아이러니한 것은 유럽에서 수세식 화장실의 역사가 매우 길다는 점이다. 미노아 문명이 꽃폈던 그리스 크레타섬에는 기원전 2000년경의 수세식 화장실이 뚜렷하게 남아 있다. 지금의 좌변기인 돌의자에 앉아 일을 보면 배수 파이프에서 물이 흘러나와 배설물을 씻어냈으니 누가 봐도 완벽한 수세식 화장실이었다. 이렇게 냄새 문제가 해결되자 화장실은 실내로 들어오게 됐다.

이를 더욱 발전시킨 로마 제국은 정말 완벽한 화장실 문명국이었다. 도시에 설비된 상하수도를 이용해 각 가정의 화장실까지 수세식으로 만든 것이다. 4세기의 로마 시내에는 무려 400여 개의 공중화장실까지 두었다.

그런데 로마가 망하면서 화장실 문명이 중세 유럽에서 뚝 끊기고 말았다. 기독교가 지배 이념이 되면서 육체가 원하는 모든 욕구를 억제해야 한다는 금욕주의가 강요되면서부터다. 졸지에 로마의 목욕 문화는 알몸이 정욕을 불러일으킬 수 있다고 하여 죄악시되었다. 이는 유럽에 청결과 위생의 급속한 쇠퇴를 가져왔다. 심지어 목욕이 건강에 좋지 않다는 중세 의학이 상황을 더 악화시켰다. 이후 목욕을 멀리한 유럽인들의 몸에서는 심한 악취가 풍겼고, 이를 가리기 위해 향수가 나왔지만 매해 발생하는 전염병을 피할 수는 없었다.

유럽에 목욕 문화가 사라지자 실내 화장실도 사라져 갔다. 16세기 초의 종교혁명이 결정타였다. 구교와 신교 간에 일종의 선명성 경쟁이 벌어지면서 유럽인들은 몸에 물이 닿는 것조차 꺼리게 되었다. 그렇게 되면서 가정은 물론 궁전까지 화장실이 자취를 감추게 되었고, 곧 유럽의 도시들은 오물 천지가 되어갔다. 방이 700여 개나 있고 왕과 귀족 등 5,000여 명이 모여 살던 프랑스의 베르사유 궁전에 화장실이 하나 없던 것도 이런 이유가 한몫했다.

유럽의 화장실 유료화도 오래되었다. 서기 74년, 로마는 잦은 전쟁과 콜로세움 건설 등으로 재정이 바닥났다. 이 위기를 넘기기 위해 고심하던 황제 베스파시아누스는 묘안을 하나 짜냈다. 공중화장실의 사용료를 걷기로 한 것이다. 동시에 황제는 화장실 외의 곳에서 볼일을 보는 사람에게는 벌금을 아주 무겁게 해 이중으로 세금을 걷었다. 이에 많은 로마인이 "냄새나는 화장실 유료화는 황제답지 않은 처사"라고 비난하자 "돈은 냄새가 나지 않는다"라고 반박했다.

영어 'Toilet'도 화장실의 유료화에서 나온 단어다. 프랑스 파리에서 볼일이 급하면 사람들은 프랑스어로 망토를 뜻하는 "Toile"을 외쳤다. 그럼 망토를 두른 사람들이 나타나 큰 통을 내주었다. 거기에 앉아 큰일을 보는 동안 다른 사람이 보지 못하도록 이 망토로 가려줬다. 이 프랑스의 이동식 유료 화장실인 'Toile'이 영국으로 넘어가 'Toilet'이 된 것이다.

화장실의 부재와 화장실의 유료화라는 오래된 이 두 가지 배경에 더해 몇 가지의 현실적인 이유도 있다. 우선 건축물의 문제다. 유럽의 유서 깊은 도시들에는 200년 이상 된 건물들이 수두룩하다. 골목은 보통 복잡하고, 협소하다. 무척 단단한 돌로 지어진 집들도 많다. 이 건물들은 대개 도시 계획법과 건축 관련법의 규제를 받는다. 새로 화장실을 만들고 싶어도 법적으로 불가능하거나 공사비가 상상 이상으로 많이 들게 된다.

게다가 물의 석회 성분이 파이프를 막기 때문에 배관교체도 자주 해줘야 한다. 화장실 유지비용도 그만큼 많이 든다는 뜻이다. 이런 이유로 도심에 화장실을 늘리는 게 어렵고, 또 비용을 충당하기 위해 유료화를 시행하게 된 것이다. 어쩌면 우리도 서울이나 부산 한복판이 조선 시대 건물로 가득했다면 화장실 부족 문제로 곤욕을 치렀을지도 모르겠다.

화장실에 대한 인식도 우리나라와 유럽은 대체로 다르다. 우리는 보통 화장실을 공공시설물로 생각한다. 그러니 국민의 세금으로 만들고, 운영하는 게 당연한 것이라 여긴다. 하지만 유럽에서는 이용한 사람이 돈을 내야 한다는 사용자 부담 원칙이 분명한 편이다. 화장실을 깨끗하게 유지하기 위해서는 돈을 내는 게 당연하다는 것이다. 프랑스에서는 돈도 받고, 화장실도 관리하는 여성을 '마담 삐삐 Madame Pipi'라고 한다. 대개는 기계식이지만 간혹 마담 삐삐가 보이면 그나마 화장실이 깨끗할 것이라 오히려 안심된다고 말하기도 한다.

그리고 유럽에서는 실제로 화장실이 하나의 비즈니스 아이템이기도 하다. 특히 스페인의 대도시에서는 민간 업체가 화장실을 만들거나 운영 관리하기도 한다. 이런 곳은 상당히 깨끗하게 유지되지만 대신 요금이 꽤 비싸다. 유럽에선 화장실의 수도꼭지를 떼어가거나 세면대를 부수는 등 기물 파손도 자주 일어나 사설 업체 관리는 점차 늘어나는 추세다.

최근에는 노숙자 증가가 화장실 증설을 막고 있다는 분

석도 있다. 노숙자들이 화장실을 점거하고 더럽힐 것이 분명하므로 이런 공간을 애초에 만들지 않아야 한다는 것이다. 공중화장실이 마약 거래 장소로 이용되거나, 무엇보다 성범죄의 온상이 될지도 모른다는 두려움도 있다. 특히 개인 업체나 일반 건물의 경우 선의로 화장실을 개방했다가 범죄가 발생하면 소송을 당할지도 모른다는 두려움도 화장실 인심을 각박하게 만들고 있다고 말한다.

이렇듯 유럽에 화장실이 부족한 데에는 다양한 역사적·사회적·문화적·현실적 이유들이 있다. 여행자들이야 스치듯 지나가면 그만이지만 현지인들은 매일매일을 고통받아야 한다. 이유가 아무리 많다 한들 화장실 부족이 정말 해결하기 어려운 난제일까? 그 많은 세금을 어디에 쓰길래 이런 원초적인 문제 하나 해결하지 못하는지 잘 이해가 되지는 않는다. 결국 대국민 서비스에 대한 의지의 문제라는 점과 함께 유럽은 '서비스의 사막'이라는 비아냥을 다시금 떠올릴 수밖에 없다.

동남아 이해하기 ①
각 나라의 특징과
포지션

최근 10년간 우리에게 무척 중요한 지역으로 떠오른 곳이 있다. 바로 동남아다. 그 어디보다 한류 열풍이 거세고, 여행자도 많고, 경제 교류도 비약적으로 증가하고 있다. 그럼에도 우리는 정작 동남아에 대해 아는 게 별로 없다는 생각이 든다. 이해는커녕 일부는 하찮게 생각하거나 심지어 멸시하기도 한다. 하지만 수많은 나라가 명멸해간 긴 세월 속에서 거저 살아남은 나라는 없다. 동남아의 11개국 역시 존중받아 마땅한, 수천 년 역사의 승자들이란 뜻이다.

그래서 이번에는 동남아를 이해하는 데 도움이 될 만한 주제들을 다뤄보려 한다. 시작은 일종의 오리엔테이션으로, 동남아의 특징과 각 나라의 지역 내 포지션 그리고 국가 간 관계를 알아보려 한다.

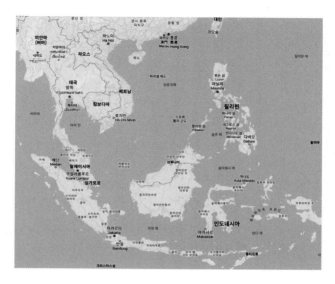

동남아 11개국 국가의 지도상 위치.

　동남아 11개국은 미얀마, 태국, 라오스, 캄보디아, 베트남, 말레이시아, 싱가포르, 브루나이, 인도네시아, 동티모르, 필리핀이다. 이들 나라 중 특히 대륙에 있는 미얀마, 태국, 라오스, 캄보디아, 베트남을 인도차이나 국가들이라고도 한다. 하지만 이 명칭은 서구 열강들이 편의상 인도와 중국 사이에 있는 나라라고 뭉뚱그린 모멸적인 이름이다. 한국을 차이나재팬이라고 부르는 것과 같은 것이다. 그러니 사용하지 않는 게 좋겠다.

　이 명칭에서 보듯 동남아 각국은 태국을 제외하고 모두 유럽의 식민 지배를 받았다는 공통점이 있다. 2차대전 때는 일본의 지배를 받았다는 점도 같다. 그런데 흥미로운 점은 누구의 지배를 받았느냐에 따라 지금의 정치·사회·문화가 확연히 달라졌다는 것이다.

독립 전까지 미얀마, 말레이시아, 싱가포르, 브루나이는 영국의 식민지였다. 인도네시아는 네덜란드, 필리핀은 미국, 동티모르는 포르투갈의 식민지였다. 이 국가들은 대부분 식민국의 의회제와 선거제의 영향을 받으면서 왕정이 무너졌다. 선거를 하기는 하지만 일당의 독주가 계속되고 있는 싱가포르를 제외하면 여야의 정권교체도 비교적 순조롭다. 다만 원래부터 이슬람 왕국이었던 브루나이는 열외다.

한편 식민 경험이 없는 태국은 여전히 왕정이 남아 있다. 형식적으로는 입헌군주제다. 하지만 왕의 영향력이 막강한 데다 걸핏하면 쿠데타를 일으키는 군부로 인해 아직 완전한 민주국가는 아니다.

특이한 곳은 프랑스 식민지들이다. 프랑스의 식민 지배를 받은 나라들은 독립 후 하나같이 공산정권을 경험했다. 오직 수탈에만 몰두한 프랑스로 인해 민주주의를 전혀 경험하지 못한 채 독립한 영향이라고 할 수 있다. 그중 베트남과 라오스는 여전히 일당 지배국이고, 캄보디아는 야당이 존재하기는 하지만 정권교체는 현실적으로 불가능하며 여전히 왕실도 남아 있다.

동남아는 500만 제곱킬로미터의 면적에 약 6억 1,000만 명의 사람이 살고 있다. 지구 전체의 3.4퍼센트 면적에 7.7퍼센트의 인구이니 상당히 조밀한 지역이다. 이 중 인도네시아가 땅 크기로도 1등이고, 2억 7,000만 명으로 인구도 압도적으로 1위다. 반면 브루나이는 크기도 제일 작고, 45만 명으로 인구도 제일 적다. 독립의 역사가 가장 짧은 동티모르와 함께 이 지역에서는 존재감이 많이 떨어지는 나라다.

하지만 땅이 크고, 인구가 많다고 강국은 아니다. 'US뉴스앤월드리포트US News & World Report'의 2022년 발표를 보면 동남아에서 가장 강력한 국가는 베트남과 싱가포르가 1, 2위다. 베트남은 강한 군사력과 최근의 급격한 경제 성장이 큰 점수를 얻었고, 싱가포르는 압도적인 경제력이 높은 평가를 받은 것으로 보인다. 이어 인도네시아, 태국, 필리핀, 말레이시아 순서지만 이들 간의 격차는 그리 크지 않아 동남아를 이끌어나갈 절대 강국은 없다고 할 수 있다.

오히려 고만고만한 나라 간에 충돌이 끊이지 않자 동티모르를 제외한 10개국은 20세기 중후반에 아세안(ASEAN, 동남아시아국가연합)을 결성해 평화와 공동 발전을 도모하고 있다. 하지만 그렇다고 오랜 갈등이 쉽게 사라질 리가 없다. 이 갈등 요소들이 오늘날 동남아의 특징을 이루고 있다. 이를 이해하려면 알아두어야 할 몇 가지의 역사적 배경이 있다. 크게 세 가지다.

하나는 오랜 갈등의 뿌리다. 동남아는 두 개의 권역으

로 나뉘어 있다. 하나는 대륙권으로 미얀마, 태국, 라오스, 캄보디아, 베트남이고, 또 다른 하나는 섬으로 이루어진 해양권으로 말레이시아, 싱가포르, 브루나이, 인도네시아, 동티모르, 필리핀이다. 동남아 국가들은 대개 이 권역별 내에서 생존을 건 싸움을 해왔다.

대륙권의 원래 터줏대감은 미얀마와 캄보디아였다. '위대한 유적 앙코르'를 남긴 캄보디아의 크메르 제국이 9세기부터 이 지역의 대부분을 제패했다. 그러던 중 13세기 중국에서 굴러온 돌인 태국이 점차 터를 잡아가다가 14세기에 아유타야 왕국을 세웠다. 이들이 급기야 막강 크메르 제국을 무너뜨리면서 동남아에 지각변동이 일어났다. 이후 캄보디아는 급격히 쇠퇴하며 태국과 베트남의 속국과 다름없는 처지가 되어 버렸다.

이렇게 한방에 무너진 캄보디아와 달리 미얀마는 태국과 정말 질기디질긴 경쟁을 벌였다. 국가의 운명을 건 큰 전쟁만 30회가 넘는다. 그러다가 마침내 18세기에 영원할 것 같던 아유타야를 정복하게 된다. 미얀마는 불상의 목을 치고, 도시를 폐허로 만듦으로써 지긋지긋했던 태국을 영원히 끝장내려 했다. 하지만 곧바로 반격을 당하면서 오히려 태국에게 처절한 복수를 당하게 되었다. 서구 열강들이 갑자기 나타나지 않았더라면 이들은 분명 아직도 싸우고 있었을 것이다.

유럽이 물러나면서 동남아의 대륙권은 본래의 영토대

로 각기 독립했다. 하지만 태국은 이게 은근 불만이다. 유럽 열강이 오기 전, 태국은 동남아의 대부분을 지배했고, 지금은 오히려 자신의 땅을 미얀마, 캄보디아, 라오스에 빼앗겼다는 의식이 일부에게 남아서다. 이 지역의 국경선 분쟁은 대개 여기에서 비롯되었다.

동남아의 해양권은 스토리가 비슷한 듯 조금 다르다. 동남아의 전통적인 맹주는 말레이시아다. 사실 인도네시아, 말레이시아, 브루나이, 동티모르, 필리핀 사람들은 모두 아주 오래전에 말레이 반도에서 퍼져 나간 후손들이다. 그래서 언어적인 유사성도 꽤 있다. 조금 멀리 떨어진 필리핀을 제외하면 7세기부터 수백 년간 모두 스리위자야 제국이기도 했다. 그래서 이들은 달라서가 아니라 비슷해서 더 싸운다.

이들은 유럽 열강이 점령한 세력대로 독립했다. 그리고 유럽의 입맛에 맞게 국경선도 그어졌다. 아프리카와 마찬가지로 이는 동남아에서도 갈등의 뇌관이 되고 있다.

두 번째는 경제적인 격차다. 경제력으로만 따진다면 이 지역에서는 싱가포르가 넘을 수 없는 벽이다. 1인당 GDP가 8만 달러가 넘는다. 하지만 인구 600만의 작은 도시국가라는 분명한 한계가 있다.

반면 태국은 전체 GDP 5,000억 달러에 1인당 GDP가 7,000달러다. 전형적인 중진국 수준이지만 인구 7,200만의 안정적인 규모의 경제를 가진 나라다. 우리 중에는 태국을 얕보는 사람도 있겠지만 태국은 엄연히 동남아의 이웃들에게는 '기회의 땅'이다. 미얀마, 캄보디아, 라오스의 수많은 사람이 먹고살기 위해 태국에서 노동자로 일하고 있다.

동남아 해양권에서 태국의 역할을 하는 곳이 말레이시아다. 말레이시아는 인구와 전체 경제 규모가 태국보다는 작지만 1인당 GDP가 1만 2,000달러로 훨씬 높다. 일자리를 얻기 어려운 싱가포르와 달리 말레이시아는 인도네시아, 동티모르, 필리핀 사람들의 삶의 터전이 되고 있다. 하지만 고용주인 태국과 말레이시아 그리고 피고용주인 그 밖의 나라들 사이에는 차별과 불평등, 인권 경시 등의 문제가 일어나기 마련이다. 이것이 또 다른 갈등의 요인이자 동남아의 특징이다.

마지막 세 번째는 다양한 종교다. 동남아 대륙권인 미얀마, 태국, 라오스, 캄보디아, 베트남은 모두 불교권이다. 해양권은 조금 복잡하다. 싱가포르는 불교가 과반이지만 이슬람과 기독교도 꽤 있고, 필리핀과 동티모르는 절대다수가 가톨릭이다. 나머지는 세계 최대의 이슬람 국가인 인도네시아를 비롯해 말레이시아, 브루나이가 모두 이슬람이다.

이 종교가 각 나라의 사회 문화에 지대한 영향을 끼친 건 너무나 자명하다. 거기에 각기 다른 종교가 동남아 국가 간에 평화를 위협하는 불씨라는 것도 분명하다. 이 모든 요소를 종합해보면 동남아에서 가장 미움을 많이 받는 국가는 태국이다. 그리고 가위바위보조차도 절대 져서는 안 되는 라이벌 관계도 여럿이다. 다음으로는 이러한 동남 아 국가 간의 관계를 중점적으로 들여다보겠다.

동남아 이해하기 ②
대륙권 국가 간의
관계

지금까지 오늘날의 동남아를 있게 한 배경을 살펴보았다. 이번에는 이 배경에서 비롯된 국가 간의 관계를 살펴보려 한다. 정확히는 누가, 누구를, 왜 싫어하는지를 짚으면서 각국의 사정을 드러내려 한다. 이를 이해하는 과정에서 복잡하게 얽혀 있는 듯한 동남아의 민낯이 드러날 것이다.

앞서 살펴보았듯 동남아에서 가장 큰 미움을 받는 국가는 태국이다. 왜 그럴까? 그건 태국이 그만큼 이 지역에서는 전통의 강호란 얘기다. 다시 말하지만, 동남아에서는 미얀마, 태국, 라오스, 캄보디아, 베트남의 대륙권과 말레이시아, 싱가포르, 인도네시아, 동티모르, 브루나이, 필리핀의 해양권으로 나눠 갈등해왔다. 지리적으로 가까울수록 이해관계가 맞부딪히기 마련이니 새로운 일도 아니다.

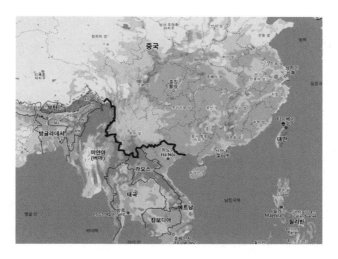

중국과 국경을 맞대고 있는 미얀마, 라오스, 베트남.

다만 동남아가 그들만의 리그를 벌일 수 있었던 건 지리의 덕이라 할 수 있다. 동남아에서는 미얀먀, 라오스, 베트남이 중국과 국경을 맞대고 있다. 하지만 히말라야의 끝자락과 횡단산맥橫斷山脉 등이 만든 거대한 고원지대가 이 둘을 갈라놓았다. 중국이 동남아로 내려오려면 베트남 북부의 좁은 평야 지대를 통과해야 한다. 이를 막느라 수천 년간 베트남만 죽어났다. 베트남이 방파제 역할을 잘해주지 않았더라면 동남아도 중국의 압도적인 힘에 무사하긴 힘들었을 것이다.

다시 원래 주제로 돌아와서 아마 태국을 가장 싫어하는 나라는 미얀마일 것이다. 13세기 태국인들이 오기 전만 해도 이 땅은 미얀마와 캄보디아가 번갈아 지배하고 있었다. 14세기 태국의 아유타야가 캄보디아의 크메르 제국을 멸망시킬 정도로 강성해지면서 이후 양국은 지금까지 철천지원수로 지내왔다. 대체로 태국이 유리했지만, 아유타야를 멸망시킨 것도, 방어를 위해 수도를 방콕으로 옮기게 만든 것도 미얀마였다. 그 정도로 양국은 숙명의 적이었다.

하지만 지금 이 앙숙의 현실은 너무나 다르다. 태국은 이후 경제적으로도 성공했고, 여전히 이 지역 최고의 강자다. 1960년대만 해도 '버마식 사회주의'로 제3세계에서는 제법 잘 나가던 미얀마는 군부 독재가 장기화하면서 폭망했다. 이제 양국은 GDP가 10배나 차이 날 정도로 격차가 벌어졌다. 그 탓에 미얀마인들은 태국에서 허드렛일을 하며 사는 곤궁한 처지다. 그 숫자가 100만 명이 넘고, 불법 체류자가 얼마인지는 가늠조차 할 수 없다.

하지만 태국은 미얀마에 대한 경계를 늦추지 않고 있다. 태국인들이 신성시했던 불상의 목을 닥치는 대로 날리고, 도시가 일거에 폐허가 된 끔찍한 경험은 태국인들에게 미얀마에 대한 공포심과 적개심을 각인시켜 놓았다. 그래서 태국은 미얀마가 끊임없이 분열하도록 반정부 세력과 소수민족을 지원하고 있다. 태국에 유리하다면 이들에 대한 피난처 제공이나 난민 수용에도 적극적이다. 물론 자국에 불리하다면 수수방관하기도 한다.

미얀마의 다수를 차지하는 버마족은 자신들을 멸시하

고 농락하는 이 상황이 분통은 터지지만 할 수 있는 일이 없다. 예전처럼 복수에 나서기에는 국력 차가 너무 크다는 걸 스스로 잘 알기 때문이다. 미얀마의 군부 역시 소수민족 사태를 자신들의 집권 연장에 적절히 이용하고 있어 태국에 대한 항의가 형식적인 측면도 있다.

캄보디아 역시 미얀마 못지않게 태국을 싫어한다. 사실 태국인들이 중국에서 이동해오는 바람에 캄보디아가 최대의 피해자가 되었기 때문이다. 당시 이 지역은 캄보디아의 크메르 제국 천하였다. 하지만 태국의 아유타야가 이를 무너뜨렸다. 이후 캄보디아는 지금껏 태국과 베트남의 동네북 신세를 면치 못하고 있다.

태국도 어찌나 캄보디아를 얕보는지 걸핏하면 캄보디아의 보물인 앙코르의 소유권을 주장해 캄보디아의 속을 뒤집어 놓는다. 한때 자신들이 지배했던 앙코르 유적이 세계적인 관광지가 되어 막대한 수입을 올리자 이게 배 아팠던 모양이다. 태국은 국제사법재판소가 이미 캄보디아 소유로 판결한 국경선의 작은 사원들을 두고서도 여전히 캄보디아와 충돌하고 있다. 이때마다 캄보디아는 발끈하지만 10분의 1 경제력인 미얀마도 할 수 있는 일이 없는데 17분의 1밖에 안 되는 캄보디아가 할 수 있는 게 뭐가 있을까?

캄보디아 역시 수많은 노동자가 태국에서의 막일로 먹고살면서 경제적으로 태국에 대한 의존도가 무척 크다. 하지만 정치적으로는 명백히 베트남의 영향권이다. 12세기에는 베트남의 참파 왕국에게 크메르 제국이 정복당하는 참사를 겪었고, 200년 전에는 그 비옥한 메콩강 유역의 땅을 베트남에게 빼앗겼다. 옛날 사이공이라 불렸던 베트남의 호치민시가 바로 여기에 있다. 세계에서 가장 오랜 독재자인 훈센 총리의 38년 집권도 베트남의 지원이 있기에 가능한 일이다. 그래서 캄보디아인들은 태국과 베트남 중 하나만 고르라면 최악의 선택이지만 그나마 태국이 낫다고 말한다.

동남아 유일의 내륙국인 라오스는 태국과 애증의 관계다. 민족적으로도, 언어적으로도 같은 뿌리라 70퍼센트 이상 서로 말이 통한다. 그래서 1975년 라오스가 공산화되었을 때는 인구의 10분의 1이 한꺼번에 태국으로 건너가 버리기도 했다. 또 라오스의 젊은이들은 대개 라오스 TV 대신 선진문물인 태국 방송을 즐겨보기에 문화적인 종속화도 심하다. 라오스는 캄보디아보다도 가난한 나라라 태국인들은 라오스인들을 늘 '불쌍한 동생' 취급한다.

하지만 태국은 결코 착한 형이 아니다. 18세기에는 불심 깊은 라오스인들이 가장 애지중지하던 에메랄드 불상을 약탈해 자신들의 국보 1호로 삼았다. 라오스의 반환 요청에는 들은 척도 하지 않는다.

라오스인들은 태국에서 일하고, 태국의 물건을 보따리 장사하고, 태국에 농산물을 수출해서 먹고사는 게 경제의 많은 부분을 차지하는지라 이 나라에서는 태국의 화폐인 바트로 대부분의 거래가 가능하다. 사실 미얀마나 캄보디아도 별반 차이가 없어 이들 나라를 바트 경제권이라 하기도 한다. 태국의 화폐가 기축통화 역할을 하는 셈이니 동남아에서 태국의 위상을 짐작할 만하다. 아무튼 태국에 문화적 콤플렉스를 가진 라오스는 태국인들의 우월감이 아니꼽지만 어쩔 도리가 없다.

라오스는 대신 베트남과는 무척 친하다. 아마 동남아에서 거의 유일하게 친한 관계일 것이다. 이 둘은 베트남 전쟁 때 미국에 함께 맞섰고, 지금도 같은 공산주의를 가진 혈맹이다. 그래서 라오스는 정치에서만큼은 베트남의 절대적인 영향력 아래에 있다. 최근에는 베트남 경제가 고속 성장하면서 라오스의 국가 인프라를 개발해주고 있고, 라오스는 베트남을 벤치마킹해 경제 개발에 나서고 있다.

베트남은 '중국으로부터 살아남기'가 지정학적으로 숙명인 나라다. 자꾸만 남진하는 중국과 싸우느라 동남아 국가들과의 본격적인 충돌은 상대적으로 늦은 편이었다. 하지만 17~18세기에 드디어 태국의 동진 정책과 베트남의 남서진 정책이 만나면서 주로 캄보디아와 라오스에서 맞대결하게 되었다.

이렇게 시작된 악연은 베트남 전쟁 때 태국이 미국을 지원함으로써 둘은 원수지간이 되었다. 하지만 10여 년 전만 해도 태국에게 베트남은 안중에도 없는 나라였다. 베트남이 프랑스, 미국, 중국과 20세기 말이 되도록 독립전쟁을 치르느라 양국의 경제력은 차마 비교가 안 될 정도로 격차가 컸다. 베트남인들에게도 태국은 일자리가 있는 기회의 땅으로, 많은 노동자가 태국에서 막노동을 했고, 태국인들은 이들을 멸시했다.

하지만 태국이 중진국 함정에 빠져 주춤하는 사이 베트남은 지난 10년 동안 해마다 5~7퍼센트씩 성장해왔다. 아직 1인당 GDP에서는 차이가 나지만 국가 GDP에서는 80퍼센트 수준까지 따라잡았다. 이렇게 되자 태국은 요즘 베트남에 위협을 느끼고 있다. 더구나 5년 후에는 베트남이 추월할 것이라는 IMF의 경제 전망으로 태국은 동남아 대륙권의 1강으로서의 지위가 무너질까 봐 노심초사하고 있다. 반면 그간 서러움을 당했던 베트남은 이제 하늘을 찌를 듯한 자신감으로 무엇이든 태국은 이기고 보자는 생각이다. 최근 베트남과 태국이 축구만 하면 한일전이 무색할 정도로 과열되는 게 바로 이런 사정에서다.

이렇듯 태국은 모든 이웃이 부러워하고 시샘하는 나라지만 요즘 고민이 많다. 코로나 이후 경제는 기대만큼 회복되지 않고 있고, 태국에서 가장 심각한 문제 중 하나인 개인 간의 빈부 격차와 도농 간의 경제 격차도 악화일로다. 여기에 이제 겨우 중진국인데 벌써 한국보다 더 빠른 속도로 출산율이 떨어져 잠재성장률마저 나락으로 가는 중이다. 그런 와중에 더 살기 어려워진 주변국으로부터 불법 이주노동자들과 난민들이 사실상 막을 방법이 없는 국경의 밀림을 통해 쏟아져 들어와 태국은 요즘 무척 곤혹스럽다.

아무리 줄이고 줄여도 할 얘기가 많은 동남아. 다음으로는 동남아 해양권 국가 간의 관계를 살펴보도록 하자.

동남아 이해하기 ③
해양권 국가 간의
관계

앞에서 본 것처럼 동남아는 대륙권과 해양권으로 나눠 서로 영향을 주고받았다. 그런데 이 둘은 배경과 양상이 무척 다르다. 미얀마, 태국, 라오스, 캄보디아, 베트남의 대륙권은 서로 간에 직접 국경을 맞대고 있어서 전쟁이 잦은 편이었다. 반면 말레이시아, 싱가포르, 인도네시아, 동티모르, 브루나이, 필리핀의 해양권은 모두 섬나라라 바다라는 건너기 힘든 장벽이 있다. 섬이 무려 2만 개가 훨씬 넘는다. 아무래도 대륙권에 비해서는 전쟁이 적을 수밖에 없는 환경이다. 또 대륙권은 모두 같은 불교 문화지만, 해양권은 불교, 가톨릭, 이슬람이 혼재해 종교적 갈등의 여지가 더 크다고 할 수 있다.

또 하나의 주요한 특징과 차이는 민족이다. 대륙권은 나라마다 민족이 모두 다르다. 하지만 해양권은 중국계가 다수인 싱가포르를 제외하고는 멀리 떨어진 필리핀까지 모두 말레이계가 다수다. 하지만 싸우는 건 똑같다. 대륙권은 달라서 싸우고, 해양권은 닮아서 싸운다. 그 대표적인 나라가 말레이시아와 인도네시아다. 형제 사이나 다름없는 이 두 나라의 충돌이 동남아 해양권에서 벌어지는 갈등의 핵심이고, 영향력도 가장 크다.

이 둘은 원래 같은 나라였다. 7~14세기 사이에는 모두 스리위자야 제국이었는데 2018년 아시안게임이 열렸던 팔렘방이 그 수도였다. 스리위자야는 인도 남부의 촐라 제국에게 멸망했다. 그 후 군소 왕국이 난립했음에도 말레이시아와 인도네시아의 영토 구분은 없었다.

역사적으로 인도네시아는 늘 형의 위치였다. 팔렘방이 현재 인도네시아의 수마트라섬에 있는 데다 이 시기 즈음에 인도네시아인들이 대거 말레이반도로 건너가 말레이계를 이루어서다. 그래서 두 나라는 언어적으로도 거의 비슷해 의사소통에 아무 문제가 없다.

하지만 16세기 이후 서구 열강들이 쏟아져 들어오면서 모든 게 바뀌었다. 말레이시아와 인도네시아 사이에는 말라카 해협이라는 좁은 해로가 있다. 동남아와 중국으로 가기 위해서는 반드시 통과해야 하는 요충지 중의 요충지다. 서구 열강들이라면 누구나 탐낼 곳이라 이들 간에 난타전이 벌어졌다. 그 결과 영국은 말레이시아를, 네덜란드는 인도네시아를 손에 넣게 되었다.

이후 이 나라들은 수백 년간 식민지라는 동병상련을 겪다가 20세기 중반이 되어서야 독립하게 되었다. 1949년 먼저 독립한 인도네시아는 말레이시아와 다시 하나가 되는 '그레이터 인도네시아Greater Indonesia'를 꿈꿨다. 하지만 말레이시아를 지배하던 영국의 방해로 무산되었다. 구실은 인도네시아 지배층이 공산주의자들과 가깝게 지낸다는 것이었지만 사실은 말레이시아에 대한 영향력을 계속 유지하고 싶었던 것이다. 인도네시아의 독립이 네덜란드와 4년의 전쟁을 치러야 할 만큼 처절했던 반면 말레이시아는 영국과 협상을 통해 무혈 독립을 이루었다. 그래서 영국에 대한 인식이 나쁘지 않았고, 말레이시아 지배층의 야망도 더해졌다.

물론 그 과정이 순탄할 리 없다. 말레이시아와 인도네시아는 곧 전쟁에 돌입했고, 영국은 물론 호주와 뉴질랜드까지 군대를 보내준 덕에 말레이시아는 따로 독립할 수 있었다. 그렇지만 많은 인명이 희생되면서 형제였던 두 나라는 감정의 골이 깊어지게 되었다.

이후 양국은 사사건건 맞서면서 몇 차례나 군사 충돌 직전까지 갔다. 이들 간에 가장 흔한 갈등은 원조 전쟁이다. 춤과 음식, 전통의상, 염색 방식, 문자 등을 두고 원래 누구의 것이냐는 것이다.

말레이시아와 인도네시아는 모두 다인종 국가다. 여기에 인도네시아는 무려 1만 7,000여 개의 섬에 나눠 살고 있다. 하나의 국가로서 정체성을 갖기가 무척 힘들다는 얘기다. 그렇기 때문에 이들 나라는 오랜 전통을 가진 하나의 문화 속에 살고 있다는 점을 강조하기 위해 원조 쟁탈전을 벌이고 있는 것이다.

이 두 국가 간에는 영토 분쟁도 만만치 않다. 대개는 영국의 식민영토와 네덜란드의 식민영토로 나눠 독립하다 보니 생긴 부작용들이다. 영국과 네덜란드가 이 두 나라의 문화적·지리적 유산을 고려하지 않은 채 제멋대로 국경을 그어서다. 게다가 두 나라 사이에는 여전히 소유권이 불확실한 작은 섬들이 있다. 석유 매장지가 새로 드러날 때마다 이런 섬들은 두 나라가 폭발하는 뇌관이 되곤 한다.

무엇보다 감정적으로 대립하게 만드는 건 경제적인 문제다. 말레이시아는 말라카 해협이라는 지리적 이점에 영국의 지원을 업으면서 독립 후 꽤 탄탄한 경제 성장을 이루어왔다. 그 결과 1인당 GDP 1만 2,000달러라는 중진국 수준의 경제력을 갖췄다. 국가 GDP에서는 물론 인도네시아가 3배 이상 앞선다. 하지만 이는 말레이시아보다 8배가 넘는, 2억 8,000만 명이나 되는 인구 덕분이다. 1인당으로 따져서는 5,000달러도 되지 않는다.

그래서 먹고살기 위해 대거 인도네시아인들이 말레이시아로 건너가 험한 일을 해왔다. 한때 인도네시아 노동자가 200만 명이 넘어섰고, 말레이시아는 불법체류자들을 가차 없이 채찍으로 다스려 양국의 관계가 최악으로 치닫기도 했다. 이제는 경제적 격차로 형과 아우의 위치조차 뒤바뀌어 인도네시아로서는 자존심이 말이 아니다. 뒤늦은 인도네시아의 경제 성장이 최근 궤도에 오른 듯하니 잃어버린 형의 위엄을 되찾을 수 있을지 지켜볼 일이다. 이런 연유로 대륙권에서 태국과 베트남의 축구가 그렇듯 해양권에선 말레이시아와 인도네시아의 축구가 전쟁이다.

또 인도네시아는 말레이시아 외에도 호주를 포함한 인근의 모든 나라와 영토 분쟁 중이다. 경계가 모호한 섬들이 인도네시아 주변으로 너무 많아서다. 말레이시아도 인도네시아 외에 태국과 국경 분쟁을 겪고 있다. 태국이 이슬람을 믿는 말레이계가 다수인 지역을 오래전에 빼앗았기 때문이다. 이 두 나라는 경제적으로도 경쟁이 심해 사이가 좋지 않다.

말레이시아와 싱가포르는 오랜 견원지간이지만 상호 보완적인 관계다. 말레이시아는 중국계가 경제를 독점하는 것을 견제해 이들을 국토 끝의 섬에 몰아넣고 연방에서 쫓아내 버렸다. 억지로 독립한 싱가포르는 이후 경제적으로 대성공을 거두었다. 하지만 독립 과정에서 벌어진 앙금을 씻어내긴 어렵다. 이 두 나라는 충돌할 만한 이슈가 많지만 관계가 악화되는 것을 피하고 있다. 말레이시아는 싱가포르의 돈이 필요하고, 싱가포르는 말레이시아의 땅과 노동력이 절실하기 때문이다.

싱가포르는 사실 동남아의 이단아다. 국부인 리콴유가

1959년 자치정부 수반으로 취임할 당시 400달러이던 1인 당 GDP가 지금은 무려 8만 3,000달러다. 동남아에서 압도적인 경제를 가진 싱가포르는 역내에서는 조금 초월적인 존재다. 다만 자신의 경제에 해가 되지 않도록 말레이시아와 인도네시아가 충돌할 때마다 단골 중재자로 나서는 등 역내 갈등 관리를 담당하고 있다.

브루나이는 동남아의 이질적인 존재다. 한때 보르네오섬 전체와 필리핀 일부를 갖고 있던 브루나이는 영국에게 대부분 땅을 떼어주고 섬 한 귀퉁이에 살아남았다. 생존이 위태롭던, 경기도 절반만 한 이 작은 왕국은 20세기 초에 석유가 터지면서 완전히 살아났다.

석유와 천연가스를 판 돈으로 브루나이 왕은 4,000여 대의 슈퍼카와 100여 명의 전속 정비사, 수백 대의 자가용 비행기로 사치를 맘껏 부리고 있다. 하지만 중동 국가들과 달리 국민에게도 지상 낙원에 버금가는 복지를 누리게 하고 있다. 140만 명의 브루나이 국민은 세금은커녕 국왕으로부터 용돈을 받고, 대학과 유학까지 무상이며, 병원 치료도 1년에 한화로 800만 원이 아니라 단돈 800원만 내면 된다. 나이 들면 넉넉한 연금도 주니 노후 걱정도 없다.

대신 죄를 짓는 순간 한순간에 낙원이 지옥으로 변하니 늘 조심하며 살아야 한다. 이슬람 국가인 브루나이는 율법인 샤리아를 곧이곧대로 적용한다. 죄질에 따라 정말 뼈가 으스러지도록 태형을 가하고, 물건을 훔치면 진짜로 손을 자르며, 간통하다 걸리면 정말 죽을 때까지 돌팔매질을 하는 나라가 브루나이다.

브루나이는 다른 동남아 국가들과는 대체로 무난한 관계다. 이중 싱가포르와는 아주 각별해서 거의 형제처럼 지낸다. 싱가포르가 가장 어려웠던 시절, 브루나이가 경제적으로 크게 도왔기 때문이다.

인도네시아 동쪽 끝의 동티모르는 동남아는 물론 아시아를 통틀어 가장 작은 나라다. 완전히 독립한 지가 이제 20여 년밖에 되지 않았기 때문에 동남아에서 존재감 과시는커녕 아직 생존을 걱정해야 할 처지다. 독립을 위해 무려 500년을 싸워온 나라지만 냉혹한 국제 현실을 어떻게 극복해 나갈지 여전히 염려의 눈길로 볼 수밖에 없는 나라다.

싱가포르가 동남아의 이단아라면 필리핀은 동남아의 이방인이다. 필리핀은 7,000여 개의 섬으로 이루어진 나라다. 섬으로 뿔뿔이 흩어져 고립되어 살다 보니 필리핀은 오랫동안 국가라는 개념도, 국민이라는 인식도 없었다.

기록도 16세기 스페인의 식민지가 되면서부터라 동남아와 공유하는 역사적 경험도 없다. 수백 년간 대거 혼혈이 이루어지면서 생김새도 동남아인들과 제법 다르다. 종교도 불교와 이슬람이 다수인 여타 동남아와 달리 가톨릭이다. 이런 이유로 필리핀 사람들은 동남아와 거의 동질감을 느끼지 못한다. 게다가 다수의 말레이계가 아닌 소수의

유럽 중국계 혼혈이 상류층을 이루면서 필리핀은 동남아
와 사실상 따로 노는 존재다.

　이것으로 동남아에 대한 오리엔테이션을 마치려 한다.
이 정도의 배경만 알아도 동남아에 대한 이해가 훨씬 깊
어질 것이다.

알면 알수록
삶이 업그레이드되는

잡학 상식

4

가난한 자들의
음식에서
세계인의 음식으로

흑인들의 소울푸드, 프라이드 치킨

"대한민국은 세계 프라이드 치킨의 수도"라는 말이 있다. 맛에 대한 대단한 자부심이다. 개인적으로는 치맥을 생각하면 그럴 만도 한 것 같다. 그런데 사실 알고 보면 프라이드 치킨은 미국 흑인 노예들의 지옥 같은 삶 속에서 만들어졌다. 배경은 18세기의 미국 남부이고, 그중에서도 켄터키 프라이드 치킨KFC으로 유명한 켄터키주가 원조로 가장 유력하다.

당시 노예를 부리던 미국의 농장주들은 장작 오븐에 구운 닭 요리를 즐겼다. 그런데 이들은 가슴살 등의 몸통과 다리만 먹고 나머지는 다 버렸다. 날개나 닭발, 목 등은 뼈가 많아 포크와 나이프로 발라 먹기 힘들어서다. 버려진 건 자연히 흑인 노예들 차지였다. 흑인들은 이 부위를 놓고 고민에 빠졌다. 굽자니 오븐이 없고, 그냥 먹자니 대부분이 뼈였기 때문이다.

그래서 찾아낸 해결책이 닭을 튀기는 것이었다. 마침 기름에 튀기는 요리법은 스코틀랜드 이민자들에 의해 미국에 전파된 상태였다. 흑인 노예들은 이를 응용해 딥 프라잉Deep Frying 방식을 개발했다. 딥 프라잉은 오늘날의 닭튀김과 거의 비슷하다. 기름을 아끼지 않고, 펄펄 끓는 다량의 기름에 닭을 푹 담가 짧은 시간에 조리해내는 것이다. 이 방법이 가능했던 건 켄터키에 돼지기름이 넘쳐났기 때문이다. 미국에서 켄터키주는 '돼지고기의 고향'이라고 불릴 정도로 양돈업의 중심지였다. 그래서 이 흔해 빠진 돼지기름을 노예들도 쉽게 사용할 수 있었다.

돼지기름으로 오븐을 대신한 흑인들은 곧이어 살이 부족하다는 문제도 해결했다. 백인들이 먹다 남긴 닭고기에 밀가루 반죽을 입혀 튀겨 낸 것이다. 그리고 들판에 널린 허브를 뿌려 냄새까지 먹음직스럽게 만들었다. 이 덕에 흑인들은 고열량의 프라이드 치킨을 뼈까지도 먹을 수 있었다. 온종일 고된 노동에 시달려야 했던 흑인 노예들에게는 이만한 에너지원도 없었다.

노예 해방이 된 후에도 흑인들이 키울 수 있는 가축은 닭뿐이었다. 소나 돼지를 키우고 싶어도 백인이 독점하고 있어서 사료를 조달할 수 없었다. 더구나 인종차별도 여전해서 레스토랑을 드나들 수도 없었다. 흑인들은 어딜 가든 도시락을 싸서 다녀야 했다. 이럴 때 치킨은 장시간 보관이 가능하고, 간편하게 먹을 수도 있었다. 그야말로 프라이드 치킨은 흑인들의 애환을 함께하면서 점차 그들의 소울푸드가 되어갔다.

한편 백인들은 이 군침 도는 프라이드 치킨을 먹고 싶어도 먹을 수가 없었다. 흑인의 음식이라 눈치가 보였기 때문이다. 그러다 20세기가 되어서야 백인 노동자들이 먼저 그 맛에 빠지게 되었고, 켄터키에 살던 커넬 샌더스가 KFC라는 프랜차이즈를 열면서 미국 전역으로 순식간에 퍼지게 되었다. 그리고 현재 우리가 아는 것처럼 프라이드 치킨은 전 세계인이 즐기는 음식이 되었다.

자유의 상징, 수박

수박도 흑인 노예와 떼려야 뗄 수 없는 관계다. 수박은 조롱과 비하의 상징으로 오랫동안 흑인들을 괴롭혀 왔다. 오바마도 이런 인종차별에서 자유롭지 못했다. 대통령으로 재임하는 기간 내내 그를 비방하는 백인들은 오바마와 수박을 합성한 사진을 인터넷에 올리기도 했다.

유럽 귀족들 사이에서는 옛날부터 수박에 대한 인식이 좋은 편이 아니었다. 수박의 풍성한 과즙으로 손과 입은 물론 심지어 옷까지 엉망진창이 되기 때문이다. 귀족 부인이 씨를 뱉어내는 것도 그리 우아한 일은 아니었다. 그래서 수박을 즐기는 아랍인들과 이탈리아인들은 늘 놀림감이 되면서 수박은 '가난한 자들의 음식'으로 인식이 굳어져 갔다.

미국에서 수박은 흑인들을 실은 노예 무역선과 함께 들어왔다. 값싼 수박을 먹이며 배로 실어온 것이다. 흑인 노예들은 자신이 일하던 농장 한쪽에 수박을 심었다. 백인 농장주들은 은혜를 베풀 듯 이를 허용했다. 노예선에서처럼 식량비를 줄일 수 있었기 때문이다.

그러던 수박은 19세기 후반 노예제가 폐지되면서 갑자기 흑인을 멸시하는 상징이 되었다. 해방된 흑인들은 생계를 위해 수박을 재배하고, 이를 시장에 내다 팔았다. 개중에는 제법 장사에 성공한 흑인들도 나왔다. 이때부터 백인들은 흑인을 경계하기 시작했다. 경제적 자립을 이루게 한 수박은 흑인들에겐 자유의 상징이 되었다. 반면 다수의 백인에게 수박은 흑인에 대한 지배력 상실을 확인함과 동시에 위협으로 비추어졌다.

백인들은 즉각 수박을 빈곤과 더러움 그리고 게으름의 상징으로 만들어 나갔다. 수박이 재배가 쉽고, 수박을 먹으면 주변이 온통 지저분해진다는 걸 강조한 것이다. 신문은 물론, 그림엽서와 애니메이션을 통해 끊임없이 이를 반복하면서 수박은 흑인에 대한 인종차별적 고정관념을 공고히 했다. 심지어 이때 유행한 말 중에는 "임신한 흑인 여성은 씨를 품은 수박과 같다"라는 표현도 있었다.

그럼에도 수박은 이제 미국인들이 가장 많이 찾는 과일

이 되었다. 가난한 자들의 음식이라고 기피하던 유럽에서도 갈수록 더워지는 요즘, 수박 없는 여름은 상상하기 어렵게 되었다.

가난한 어부의 음식, 피자

오늘날 피자만큼 세계적인 사랑을 받는 음식도 드물 것이다. 하지만 그 출발은 역시 '빈자들의 음식'이었다. 태생지 자체도 식당이 아니라 이탈리아 나폴리의 길거리였다.

로마 때부터 이탈리아에는 납작한 빵 위에 여러 음식을 올려놓고 먹는 전통이 있었다. 이것이 피자의 원형이다. 이를 바탕으로 나폴리에서는 밀가루빵 위에 돼지기름과 마늘, 소금을 올린 단출한 피자를 만들어 냈다. 집에 화덕이 없던 나폴리의 어부들은 아침에 항구에 나와 길에 선 채로 이 피자를 먹고 배에 오르곤 했다. 그래서 나폴리 최초의 피자는 '뱃사람의 피자'라는 뜻으로 '마리나라 Marinara'라고 불렸다. 18세기 초반의 일이다.

가난한 나폴리의 어부들은 한 판을 다 살 여유가 없어 한두 조각으로 허기를 때우기도 했다. 어부들이 쉽게 사 먹을 수 있도록 미리 잘라 놓은 게 지금의 8조각으로 나뉜 피자의 원형이다. 그마저도 피자를 살 수 없는 어부들에게는 외상을 주었다. 대개 일주일 뒤에 갚는다고 해서 나폴리 어부들은 마리나라 피자를 '8일'이라고 부르기도 했다.

하지만 나폴리 피자는 당시 요리책에는 소개도 안 될

정도로 음식 취급을 받지 못했다. 《피노키오》를 쓴 이탈리아 작가인 카를로 콜로디는 아예 "노점상에 어울리는 오물 덩어리"라고 했다. 이렇듯 쓰레기 대접받던 피자가 파스타와 함께 이탈리아의 국민 음식이 된 것은 마리게리타 왕비의 덕이 컸다. 1889년 나폴리를 방문한 이탈리아 왕국의 왕비가 한 장인이 만든 피자를 먹고 그 맛을 극찬했던 것이다. 빨간 토마토, 흰 모차렐라 치즈, 녹색의 바질로 토핑해 이탈리아 국기의 삼색을 나타냈는데 이게 그 유명한 마리게리타 피자다.

이후 피자는 이탈리아 이민자들에 의해 미국에도 소개되었다. 2차대전 당시 본토 피자 맛을 봤던 이탈리아 주둔 군인들과 피자광이었던 이탈리아계 여배우 소피아 로렌, 전설적인 야구선수 조 디마지오 등에 의해 더 널리 알려지면서 피자는 미국에서도 큰 사랑을 받았다. 그리고 지금은 평양에도 피자집이 생길 정도로 명실상부한 세계 모든 사람의 음식이 되었다.

빈자의 음식, 피시앤칩스

영국의 피시앤칩스는 딱 봐도 차마 요리라고 해도 되나 싶을 정도로 참 빈곤해 보인다. 흰 살 생선튀김에 감자튀김을 곁들인 게 전부이니 말이다.

거듭 말하지만 산업혁명기에 살았던 일반인들의 삶은 영국 역사를 통틀어서도 무척 고되었다. 산업혁명의 덕으로 윤택한 삶을 살았던 이는 100년이나 지나 태어난 사람들이었다. 오죽하면 카를 마르크스는 19세기의 영국 노동자들을 "고대 노예와 다를 바 없는 임금 노예들"이라고 불렀다. 이들은 허구한 날 삶은 감자를 으깨 넣은 멀건 밀가루죽으로 하루 16시간의 노동을 견뎌야 했다. 이런 현실에 두툼한 밀가루를 입힌 생선튀김과 감자튀김 요리의 등장은 마치 하늘의 구원처럼 느껴졌을 것이다.

거리에 서서 먹을 수 있으니 시간도 아낄 수 있었고, 미국 흑인 노예들의 프라이드 치킨처럼 돼지기름으로 튀겨 냈으니 열량도 충분했다. 더구나 마침 증기 기관의 발명으로 증기선과 증기 기차가 신선한 생선을 대량으로 공급해 준 덕에 값도 쌌다.

그래서 《1984》 저자 조지 오웰은 "영국에서 프랑스혁명 같은 대혁명이 일어나지 않은 것은 피시앤칩스 덕분이다"라는 말을 남겼는데 충분히 일리가 있다. 1860년대 런던의 방직공장 지대에서 시작된 피시앤칩스 열풍은 40여 년이 지난 1900년에는 영국 전역으로 퍼져 피시앤칩스 음식점만 3만 개 이상이 되었다. 그리고 태양이 지지 않는 제국을 건설하면서 빈자들의 보잘것없는 음식이던 피시앤칩스는 순식간에 세계에서 가장 유명한 음식 중 하나가 되었다.

죄수들의 음식, 랍스터

뭐니 뭐니 해도 랍스터만큼 신분이 확 뒤바뀐 음식은 없을 것이다. 요즘 시대에는 믿기 어렵겠지만 랍스터는 하인들과 심지어는 죄수들에게나 먹이던 싸구려 중의 싸구려 음식이었다.

17세기 초는 한창 영국에서 미국으로 이민자들이 쏟아져 들어오던 시기였다. 매사추세츠주의 농장 하인들이 전면 파업에 나섰다. 빵 대신 랍스터를 준 게 그 원인이었다. 주 정부의 중재하에 농장주와 하인 사이에 새로운 계약을 맺었다. 그 주 내용은 "일주일에 세 번 이상은 랍스터를 식탁에 올리지 않는다"였다.

영국은 17세기 후반부터 죄수들을 미국으로 유배 보냈다. 미국이 독립하고 나서는 호주로 보냈다. 이들의 강제 노동이 식민지 개척에 한몫했다. 100여 년간 약 6만 명이나 되었는데 이들의 식사 역시 허구한 날 랍스터였다.

당시 미국의 동부 해안가는 랍스터 천지였다. 그냥 줍기만 하면 순식간에 수백 인분의 식량을 마련할 수 있었다. 얼마나 흔했던지 아메리카 원주민들은 랍스터를 밭의 비료로 사용했고, 캐나다 동부의 뉴펀들랜드에서는 20세기 중반까지도 랍스터를 돼지 사료로 썼다. 처음 미국에 온 정착민들도 해안가에 벌레처럼 쌓인 랍스터를 '버그 Bug'라고 부르며 거들떠보지도 않았다.

랍스터가 이처럼 천덕꾸러기 취급을 받은 건 한마디로

맛이 없었기 때문이다. 요즘 같은 조리법을 몰랐기에 그냥 물에 푹 삶아 냈으니 맛이 날 리가 없었던 것이다. 이러던 랍스터는 19세기 후반 통조림의 개발과 철도 부설로 내륙 지방에서 불티나게 팔리면서 점차 귀하신 몸이 되어갔다. 그리고 지금은 가난한 자들이 감히 쳐다보기도 힘들 만큼 부를 상징하는 음식으로 격상되었다.

쌀과 밀이
인간사에 끼친
영향

당신이 무엇을 먹었는지 말해달라. 그러면 당신이 어떤 사람인지 알려주겠다.

19세기 프랑스의 법률가이자 《브리야 사바랭의 미식 예찬》을 쓴 장 앙텔므 브리야 사바랭의 유명한 말이다. 무얼 먹는지만 봐도 그 사람의 신분과 교양, 정체성까지 알 수 있다는 것이다.

보통 아시아는 밥, 유럽은 빵이라고 말한다. 아시아인들은 1만 년 이상을, 유럽인들은 8,000년 이상을 먹어온 주식이다. 그럼 브리야 사바랭의 말처럼 이것으로 이들이 어떤 사람들인지도 알 수 있을까? 이번에는 쌀과 밀이 인간의 역사와 삶에 끼친 영향들에 대해 살펴보려 한다.

앞서 쌀과 밀의 인구부양력 차이에 대해 살펴보았다.

그렇다고 쌀이 밀보다 우월한 작물이란 뜻은 당연히 아니다. 인간은 기후와 환경에 따라 생존에 유리한 작물을 선택했을 뿐이다. 어떤 측면에서는 오히려 쌀과 밀의 특성에 지배당해 왔다고도 할 수 있다.

그 대표적인 사례 중 하나가 이미 널리 알려진 아시아의 집단주의와 유럽의 개인주의다. 쌀은 밀보다 훨씬 많은 사람을 먹여 살릴 수 있었지만 대신 많은 노동력과 긴 노동시간이 필요했다. 모내기와 추수는 물론 논에 물을 대는 관개시설 공사와 유지가 특히 난제였다. 여럿이 함께 일하지 않는 벼농사는 애초에 불가능했다. 그러니 가급적 한 마을에 몰려 살며 서로 의존할 수밖에 없었다. 여러 가지 일이 순조로우려면 규칙도 잘 지켜야 했다. 집단의식이 이렇게 싹트게 된 것이다. 쌀을 선택한 이상 집단주의는 필연적인 과정인 셈이다. 효율을 넘어 생존이 달렸기 때문이다.

반면 밀은 부양 능력이 떨어지는 대신 기후 적응력이 강해 춥고 건조한 지역에서도 잘 자랐다. 과거 빙하의 영향으로 땅이 척박한 유럽에서는 딱이었다. 무엇보다 밀은 관개시설이 필요치 않아 많은 사람이 함께 일하지 않아도 되었다. 쌀농사에 들이는 시간과 비교해도 절반 정도면 충분하기도 했다. 난이도가 높지 않은 덕에 유럽인들은 봄에 씨만 뿌려놓고, 내내 양과 소를 키우다가 밀이 다 자랄 때쯤 돌아와 수확하곤 했다. 이렇듯 소수의 인원만으로도 밀농사가 가능했기에 벼농사 지역만큼 다른 사람과의 관계가 중요하지 않았다. 개인적이고, 독립적인 사고방식이 이렇게 형성된 것이다.

이후 농사 규모가 커지면서 벼농사 지역에서는 더 많은 사람을 동원해야 했다. 그러려면 이를 운용할 조직이 필요했다. 공동 생산된 쌀을 분배하는 데는 권위도 필요했다. 이 확장판이 바로 국가다.

아시아에서는 쌀을 통해 거대 자본을 축적한 덕에 일찌감치 왕이 모든 권력을 갖는 절대왕정과 중앙집권적 정부를 가질 수 있었다. 이를 지탱하기 위한 고도의 관료제도 서양보다 훨씬 일찍 자리 잡았고, 관료를 뽑기 위한 과거제도 역사가 오래되었다.

반면 밀농사의 유럽은 낮은 농업 생산성과 인구 부족으로 부와 권력이 특정인에 집중되기가 어려웠다. 왕 못지않은 재산과 군사를 가진 귀족들의 견제로 절대왕정은 17세기 이후에나 가능했고, 관료제는 근대 이후에 등장했다. 대신 전제왕권의 뿌리가 약한 덕에 유럽은 아시아보다 더 빨리 민주화를 이룰 수 있었다

쌀과 밀의 재배 특성은 아시아에 소작제를, 유럽에는 농노제를 가져오기도 했다. 적시에 물을 대야 하는 벼농사는 많은 경험과 지혜가 필요한 일이었다. 그래서 유능한 농사꾼에게 임대료를 받고 논을 맡기는 소작제가 더 효율적이었다. 반면 밀농사는 특별한 기술이 필요하지 않았기

때문에 노예에게 맡겨도 큰 문제가 되지 않았다.

밀은 농사를 짓는 건 쌀보다 쉬웠지만 먹는 건 어려웠다. 무엇보다 껍질이 잘 안 벗겨져 통째로 부숴서 가루를 내야 했다. 쌀처럼 껍질을 벗기는 게 쉬웠다면 밀도 역시 아시아처럼 밥으로 해 먹었을지도 모를 일이다. 늘 밀가루 죽만을 쒀서 먹을 수도 없으니 방법을 찾아야 했고, 그게 빵과 면이다.

가루를 내는 것도 쉬운 게 아니라서 마을마다 큰 제분소가 있어야 했다. 우린 보통 '풍차' 하면 네덜란드를 연상하지만 17세기경 유럽 전역에는 20만 개가 넘는 풍차가 있었다. 서구에 유난히 밀러Miller라는 성이 많은 것도 이런 이유에서다.

빵 만드는 것도 밥 짓는 것보다 훨씬 더 어려웠다. 반죽도 시간이 오래 걸리고, 빵 굽는 화덕을 집마다 갖추는 것도 불가능했다. 그래서 풍차 옆에 공동으로 사용할 빵굽터를 두거나, 중세 시대엔 장원마다 빵 공장을 따로 두어 한꺼번에 만들었다. 이렇게 해서 수없이 많이 탄생한 게 베이커Baker 씨다.

쌀은 대개 생산지가 곧 소비지였고, 껍질을 벗기는 게 쉬워 대개 각 가정에서 디딜방아로 직접 찧어 밥을 해 먹었다. 하지만 유럽은 대량의 밀을 경작지에서 실어 오고 제분소로 옮기는 과정에서 도로와 운송수단이 발달하게 되었다. 여기에 밀을 가루로 만들고, 빵을 만드는 과정에서 각종 복잡한 기계를 만들고 다루어야 했다. 이런 경험이 축적되면서 훗날 산업혁명의 뿌리가 되었다고 할 수 있다.

쌀과 밀 모두 영양 면에서 인간의 주식으로 나무랄 데가 없었지만, 일부 부족한 면도 있었다. 쌀은 미네랄과 비타민 등이 충분치 않아 반찬으로 이를 보충해야 했다. 밀은 쌀보다 단백질이 많지만 필수 아미노산이 부족해 고기와 유제품을 함께 먹어야 했다. 이게 목축을 겸하게 된 이유다. 마침 밀은 지력 소모가 심해 정기적으로 땅을 쉬어주어야 했는데 이 휴경지를 이용해 양과 소를 키웠다.

유럽의 이런 환경은 상업 발달을 가져왔다. 육류와 유제품을 사거나 휴경 때문에 부족한 밀을 대량 거래하는 건 생존을 위해서도 꼭 필요했다. 그래서 유럽은 일찌감치 상업이 존중받았다. 반면 쌀 문화권에선 한 명의 노동력이라도 아쉬운 마당에 늘 떠돌아다니는 상인은 아무래도 홀대의 대상이 될 수밖에 없었다.

유럽에 교역이 발달한 이유는 빵의 특성도 한몫했다. 앞서 말한 풍차 옆의 빵굽터는 보통 열흘에 한 번, 혹은 한달에 한 번 정도 문을 열었다. 빵 구울 시간도, 땔감도 부족했기 때문이다. 즉 이 말은 빵을 구우면 열흘도 가고, 한달도 갔다는 얘기다.

오랜 세월 빵은 맛이 중요하지 않았다. 이스트(효모)를 본격 사용한 부드러운 빵은 19세기 이후에나 먹을 수 있었다. 그 전까지 빵은 맛보다 얼마나 오래 보관하느냐가 무엇보다 중요했다. 그래서 물기를 최대한 제거한 딱딱한 빵을 만들었다. 사람 몸통만 한 빵을 먹기 위해선 톱으로 썰거나 때론 도끼로 찍어야 했다. 그 문화가 남아 지금도 빵 써는 칼에는 톱날이 있다. 유럽에서 술이 발달한 이유 중 하나도 이 딱딱한 빵을 적셔 어떻게든 부드럽게 먹기 위해서다. 어쨌든 오래 두고 먹을 수 있는 빵 덕에 교역은 점점 더 먼 곳으로 범위를 넓힐 수 있었고, 급기야 대항해시대까지 이어지게 되었다.

반면 쌀 문화권에서는 장거리 이동이 쉽지 않았다. 쌀이 밀에 비해 보관성도, 휴대성도, 간편성도 떨어졌기 때문이다. 이 탓에 15세기 초 아프리카까지 원정에 나선 명나라의 정화 함대는 식품을 보급받느라 주로 해안가로만 다녀야 했다.

쌀은 밀보다 훨씬 무겁기도 하고, 가공도 쉽지 않아 대규모 수송이 무척 어려웠다. 오죽하면 100만 대군으로 고구려를 침략한 수나라가 식량과 물자를 실어 나르는 데 별도로 200만 명이 더 필요했다는 얘기도 전해지고 있다. 군수 보급의 어려움 덕에 아시아에서는 유럽보다 상대적으로 전쟁이 적었다고 분석하는 학자들도 있다. 하지만 몽골은 예외였다. 아시아 국가지만 밥이 아닌 육포와 우유로 보급 문제를 간단히 해결한 덕이다.

세계적인 역사학자 유발 하라리는 《사피엔스》에서 "우

리가 밀을 길들인 게 아니라 밀이 우리를 길들였다"라고 했다. 그의 말대로라면 아시아에서는 쌀이 우리를 길들인 것이다. 인간은 쌀과 밀의 곁에 살며 물도 대주고, 잡초도 뽑아주고, 해충도 쫓는 시중을 든 덕에 먹고살게 된 셈이다. 밥과 빵을 얻기 위한 인간의 오랜 노고와 밥과 빵이 우리에게 끼친 전방위적인 영향력을 생각하면 하라리의 말이 그럴듯하게 들린다.

알고 보면
혁신적인 발명품,
테트라포드

여름 휴가철 동해에 가면 꼭 만나게 되는 큰 콘크리트 덩어리가 있다. 이 물건은 도대체 어디에 쓰는 물건이고, 실제 무게는 얼마이며, 가격은 얼마인지 등 사소한 궁금증을 한번 풀어보려 한다.

어촌 사람들은 이것을 '삼발이'라고 부른다. 땅에 닿는 발이 세 개만 보여 붙인 이름이다. 하지만 실제로는 발이 네 개다. 그렇다고 '사발이'라고 부르지는 않는다. 어감이 별로라 그런 듯하다. 공식 이름은 테트라포드Tetrapod다. 테트라는 숫자 4를 뜻하는 그리스어에서 나왔고, 포드는 발이라는 의미이니 결국 '사발이'라는 뜻이다.

아무튼 전문가들은 이걸 줄여 'TTP'라고 부르기도 한다. 이 물건의 쓰임새는 많은 사람이 아는 것처럼 파도의 힘을 줄여 방파제를 보호하려는 것이다. 앞서 살펴본 것처

동해안에서 흔히 볼 수 있는 테트라포드.

럼 항구의 기본은 잔잔한 파도다. 이를 위해 항구는 대개 육지로 움푹 들어간 만bay에 자리한다. 그 앞에 파도를 막아 줄 섬이 병풍처럼 늘어서 있다면 금상첨화다. 하지만 이런 완벽한 지형은 드물다. 그래서 인공적인 방파제를 만들어 항구를 보호하고, 이 방파제는 테트라포드로 보호하게 된다. 우리는 이 구조물들을 주로 동해안에서 많이 보았을 것이다. 파도가 세서다. 상대적으로 파도가 약한 서해안에서는 설치가 적은 편이다.

테트라포드는 항구 보호뿐 아니라 해안 침식도 막아 주기 때문에 동해의 해안 도로에서도 흔히 볼 수 있다. 테트라포드를 비롯해 방파제를 보호하기 위한 이런 물건을

'소파블록'이라고 한다. '소파'라니, 쿠션을 떠올릴 수도 있지만 그건 아니다. 한문으로 '소消'는 소각할 때의 '소'이고, '파波'는 파도를 뜻하니 '파도를 없애거나 줄이는 블록'이라는 뜻이다.

항구와 방파제를 파도로부터 어떻게 보호할 것이냐는 바다가 있는 모든 나라의 고민이다. 아무리 시설을 잘해놔도 태풍 때의 수십 미터 높이 파도로 인해 재산 피해와 인명 피해가 늘 발생하기 때문이다. 그래서 지금까지 관련 엔지니어들 간에 효율적인 소파블록을 만들기 위한 경쟁이 펼쳐져 왔다. 그간 각양각색의 소파블록이 탄생했다. 그중 이 분야를 평정한 것이 바로 이 테트라포드다. 그만큼 혁신적인 제품이라는 얘기다.

1949년 프랑스 기술자에 의해 만들어진 테트라포드는 바로 다음 해 모로코 카사블랑카에 있는 한 화력발전소를 보호하는 데 처음 사용되었다. 곧바로 그 우수성이 입증돼 세계 각국으로 퍼져나갔다. 현재 테트라포드를 제일 많이 사용하는 나라는 일본이다. 늘 지진과 해일, 태풍 등 자연재해에 시달리는 일본은 일찌감치 1955년에 테트라포드를 도입했다. 대략 3만 킬로미터의 해안선 중 약 절반의 구간에 쓰고 있다는 것에 대해 일본은 '모든 쓰나미를 막을 수는 없어도 사람들이 대피할 수 있는 10초의 시간만 벌어준다면 가치는 충분하다'라는 생각이다. 우리도 만만치 않아 무려 4,400군데에서 사용 중이다. 사실 파도가 센 곳이라면 세계 어디서든 쓰일 정도로 테트라포드는 알고 보면 인류의 안전에 큰 공헌을 하고 있다. 테트라포드는 과연 무엇이 다른 걸까?

우선 시공이 쉽다. 고대 전쟁에 사용하던 마름쇠caltrop 라는 무기가 있다. 테트라포드가 바로 마름쇠의 원리를 이용해 만들어진 소파블록이다. 마름쇠는 4개의 가시가 달린 주먹만 한 철 조각이다. 테트라포드와 정말 똑같이 3개의 발은 땅에 닿고, 1개의 발은 반드시 하늘로 향한다. 아무렇게나 던져도 같은 모양이 되기 때문에 '어떻게 해도 실패가 없다'라는 뜻의 "모로 던져 마름쇠"라는 속담이 있을 정도다.

기원전 4세기에 알렉산더 대왕과 맞선 페르시아의 다리우스 3세가 이를 처음 사용했다. 이것을 길에 뿌려둠으로써 적군과 말의 진격 속도를 늦출 수 있었다. 기원전 1세기에는 로마의 시저도 사용했으니 마름쇠는 고대 전쟁의 지뢰였던 셈이다. 얼마 전 우크라이나도 러시아의 군용 트럭을 막기 위해 마름쇠를 사용했다고 하니 무기계에 이만한 스테디셀러도 없다는 생각이다. 아무튼 테트라포드는 바다에 아무렇게나 던져놓아도 마름쇠처럼 절대 실패 없이 안정적으로 자리를 잡는다. 더구나 구조상 무게 중심이 매우 낮아 웬만한 파도나 조류에도 무척 잘 버틴다.

두 번째는 파도의 위력을 줄이는 데 최적의 구조를 가졌다는 점이다. 사실 테트라포드는 구조라 할 것도 없이 모양이 단순 그 자체다. 그런데 이것이 강점이다. 테트라포드의 다리 사이의 각은 어디서 재든 109.5도다. 이 4개의 발이 서로 빈틈없이 맞물리는 것 같아도 테트라포드 더미는 곳곳에 성긴 틈새를 만들어 내게 마련이다. 이렇게 되면 테트라포드 더미가 파도의 에너지를 1차 흡수하고, 나머진 성긴 틈새로 파도가 빠지면서 힘이 분산되게 된다. 이런 특성으로 테트라포드는 방파제와 해안 도로, 어촌 방어에 탁월한 성능을 발휘해왔다.

세 번째는 경제적이라는 점이다. 테트라포드는 다리끼리 서로 얽히고설키는 방식이다. 그래서 수심이 깊거나 경사가 있어도 설치가 어렵지 않고, 수명도 길어 유지비도 절약된다. 가격도 상대적으로 싼 편이다. 철근이 들어가지 않은 무근 콘크리트 덩어리인 데다 특허 기간이 끝나 별도의 기술료가 들어가지도 않는다. 공사 현장에서 바로바로 만들어 필요한 수량을 확보한 후 시공에 들어갈 수 있다는 효율성도 있다.

테트라포드는 워낙 크고 무거워 장거리 운반은 비용이 너무 많이 들어간다. 그래서 현장에서 거푸집으로 직접 만든다. 한 달 동안 말려 콘크리트가 단단히 굳으면 크레인으로 테트라포드를 들어 원하는 위치에 가져다 놓으면 설치 끝이다. 테트라포드의 무게는 작은 게 2톤 정도다. 우리가 항구에서 흔히 보는 테트라포드는 대략 20톤짜리 중형이다. 하지만 파도가 센 곳에서는 50톤짜리를 사용하기도 하고, 80~100톤짜리의 초대형 테트라포드를 쓰기도 한다. 크기는 작은 게 높이가 1미터, 큰 게 5미터 정도다.

가격은 20톤짜리가 우리나라에서는 대략 70만 원, 50톤 짜리가 170만 원 정도 하는 것으로 알려졌다. 그런데 이 건 순전히 테트라포드를 제작하는 데 드는 돈이다. 이보 다는 운송 및 설치비가 더 많이 든다. 이를 다 합하면 개당 200~400만 원 정도다.

테트라포드는 파도로부터 항구를 보호하고, 해안 침식 을 막는 것 외에 산사태를 막는 데도 활약 중이다. 이 육중 한 덩치의 콘크리트로 사방사업을 하면 산림 복구 비용을 20퍼센트가량 줄일 수 있고, 복구 기간도 대폭 당길 수 있 다는 산림청의 연구 결과도 있다.

요즘 테트라포드 못지않게 많이 쓰이는 소파블록이 있 는데 바로 뒤틀린 H 모양의 돌로스Dolos다. 테트라포드와 돌로스, 이 두 가지는 생태계 복원에도 사용되고 있다. 강 물의 유속을 늦춰 강의 흐름이 끊기지 않게 하거나, 연어 를 비롯한 어류들의 산란장을 제공하기도 한다. 테트라포 드는 연안 생태계의 다양성을 유지하는 데 도움이 되기도 한다. 바다에 오래 잠겨 있는 테트라포드는 굴과 따개비의 터전이 되기도 하고, 인공어초의 역할로 많은 물고기의 서 식처이기도 하다. 하지만 오히려 이 점으로 인해 테트라포 드는 위험한 물건으로 취급받기도 한다. 이 낚시 포인트를 놓치지 않으려는 꾼들이 자꾸만 무리하게 테트라포드 위로 오르기 때문이다. 이 거대한 구조물 위에서 사진을 찍으려는 사람도 많다.

그래서 매년 테트라포드 추락사고가 100건 이상씩 발생하는데 구조상 한 번 빠지면 구해내기가 어려워 '바다의 블랙홀'이라고 불리기도 한다. 테트라포드가 자연경관을 해친다는 불만도 있다. 모양도 단순하고 색상도 회색의 콘크리트 일색이라서 그럴 것이다. 이에 따라 자연염료로 물들인 빨강, 파랑, 노랑 등 다양한 색상의 테트라포드를 설치하기도 한다. 일부 불만에도 기후 변화로 인한 해일이 잦아지고, 해수면 상승도 계속될 테니 테트라포드는 앞으로 우리의 중요한 방어 무기가 될 것이다.

과학자들의 난제, 1미터 정하기

우리는 미터와 킬로그램으로 이루어진 세상에서 살고 있다. 키는 몇 센티미터이고 몸무게는 몇 킬로그램인지, 서울에서 부산까지는 몇 킬로미터이고 자동차의 무게는 몇 톤인지 등 길이와 무게를 모두 미터와 킬로그램의 단위를 써서 표현한다.

이 도량형은 거의 전 세계에서 통한다. 현재 미터와 킬로그램을 공식적으로 채택하고 있지 않은 나라는 미국, 라이베리아, 미얀마 세 나라뿐이다. 미국은 영국식을 개조한 그들만의 야드와 파운드를 쓴다. 아프리카의 라이베리아는 미국 해방 노예 출신들이 만든 나라라 미국식 도량형을 사용한다. 특이하게도 미얀마는 여전히 전통의 도량형을 고수하고 있다. 영국의 식민 지배를 받은 영향으로 야드와 파운드도 혼용하지만 대세는 전통 방식이다.

하지만 제국 단위계를 만든 영국은 물론 미국의 과학계도 이 미터법을 쓰고 있으니 전 세계에서 미터를 사용한다고 해도 틀린 말은 아닐 것이다. 지구상에 다양한 문화와 언어가 존재한다는 것을 생각하면, 전 세계가 미터와 킬로그램으로 통일된 것은 상당히 놀라운 일이다.

오늘날의 우린 미터와 킬로그램을 무심하게 사용하지만, 그 과정은 정말 쉽지 않았다. 특히 이 단위계의 가장 기본인 1미터와 1킬로그램이 얼마만큼의 길이이고, 얼마만큼의 무게인지 정하는 게 난제 중의 난제였다. 이를 위해 과학자들은 때론 목숨의 위협을 받아야 했다. 그리고 그 정밀함을 위해 지금도 계속되고 있는 과학자들의 분투를 다뤄보려 한다.

먼저 미터와 킬로그램이 생기기 전의 도량형에 대해 알아보자. 인류가 정확히 언제부터 측정 활동을 시작했는지는 알 수 없다. 다만, 농경 생활로 사람이 모여 살고, 마을을 만들고, 상거래를 하면서 자연스럽게 길이, 무게, 시간 등을 잴 필요가 생겼을 것이다. 기원전 3000~4000년경 이집트, 메소포타미아 등의 문명 발상지에서는 길이를 잰 기록이나 막대 자 같은 도구들이 발견되었다. 사회 규모가 커지면 커질수록 정확한 측정의 필요성도 따라서 커졌다. 무엇보다 세금을 잘 거두어야 해서다.

오랜 세월 우리의 측정 체계는 부족한 점이 많았다. 일단 도량형이 통일되지 않아 나라마다, 혹은 마을마다 단위가 달랐다. 같은 단위라도 측정이 일관되지 않아서 사람마다 값이 다르기도 했다. 통일되지 않은 도량형은 마을이나 나라 간의 꼭 필요한 거래마저 힘들게 했다. 13세기 초 이탈리아를 비롯한 지중해 연안에서는 제각기 다른 측정 도구 때문에 물건의 양을 비교하는 일이 늘 골칫거리였다. 이 때문에 교역은커녕 싸움판이 벌어지기 일쑤였다.

이즈음에 수학자 피보나치가 《계산책Liver Abacci》이란 책을 냈다. 도량형을 비교해 서로 변환하는 법과 이를 기록하는 방법을 알려주는 책이었다. 이 책은 오늘날 아라비아 숫자를 서양에 전해준 것으로 유명하다. 그런데 그 뒷배경에는 도량형의 혼돈이라는 문제가 있었고, 오늘날 빌 게이츠의 PC 혁명에 비견되는 산술 혁명을 일으켰다는 평가를 받고 있다.

귀족들은 들쭉날쭉한 도량형을 악용하곤 했다. 중세의 소작농은 추수가 끝나면 곡식 일부를 세금으로 내야 했다. 납부량은 대개 '부셸bushel'이라는 용기를 사용해 결정했다. 영주는 몰래 용기의 크기를 바꾸거나, 용기를 흔들어서 곡식을 더 들어가게 하는 방법으로 더 많은 세금을 거둬갔다. 나름 표준 용기도 있었고, 곡식 붓는 방법에 대한 규정도 있었지만 아무 소용이 없었다. 중세의 소작농들은 유럽 어디든 이게 큰 불만이었다.

이 문제는 18세기 말 혁명 직전의 프랑스에서도 마찬가지였다. 당시 프랑스는 1,000개의 단위가 있다고 할 정도

곡식이나 과일의 무게를 재는 데 사용했던 부셸.

로 혼란스러웠다. 부피의 단위인 1팽트pinte는 지역에 따라 0.99리터에서 3.33리터를 오가는 등 차이가 엄청났다. 심지어 보르도 지방에선 땅의 크기를 '사람의 목소리가 닿는 데까지'를 기준으로 하는 등 원시적인 측정 방법이 여전히 사용되고 있었다.

당시 프랑스는 사회적인 불평등이 극심해 평민층은 안 그래도 과도한 조세 부담을 안고 있었다. 특히 도량형을 속여 세금을 더 뜯어가는 세금징수업자들은 증오의 대상 이었다. 농민들에게 공정한 도량형은 생사가 달린 문제였 다. 당시 성장 중이던 부르주아에게도 공정하면서도 통일 된 도량형은 상거래 활성화를 위해 꼭 필요했다.

마침내 프랑스 대혁명이 터지고, 시민의 요구에 따라

새로운 도량형을 만들기 위한 위원회가 세워졌다. 위원회에는 프랑스 과학한림원Académie des Sciences의 학자들이 대거 참여했다. 근대 화학의 아버지 라부아지에Antoine Lavoisier, 해석역학의 창시자 라그랑주Joseph-Louis Lagrange 등 당대 최고로 손꼽히는 학자들이 그 일원이었다.

위원회는 무엇보다 새 도량형이 단위를 쉽게 변환할 수 있어야 한다고 생각했다. 그래서 십진법 체계에 맞춰서 1,000배를 의미하는 킬로kilo, 100분의 1을 의미하는 센트cent 등을 만들었다. 그렇게 1킬로미터는 1,000미터, 1미터는 100센티미터 등 단위를 바꿀 때마다 0을 몇 개 덧붙이거나 빼면 되게 했다. 이전의 변환에 비하면 정말 말도 안 되게 단순해진 것이다.

미터 외에도 무게 단위인 킬로그램이나 부피의 단위인 리터도 이때 만들어졌다. 위원회는 이 모든 단위가 서로서로 연관성을 갖도록 했다. 그래서 0.001세제곱미터의 물의 무게를 1킬로그램으로, 부피를 1리터로 하기로 했다. 이제 남은 건 '1미터'를 무엇으로 정의할 것인가였다. 이게 정해지면 킬로그램이나 리터가 무엇인지도 자연스럽게 정해질 것이다. 가장 중요한 만큼 과학자들을 가장 어렵게 한 것도 바로 이 '1미터 정하기'였다.

일부에선 당시 파리에서 흔히 쓰던 리뉴ligne라는 단위를 기준점으로 삼자는 의견도 있었다. 하지만 위원회는 인간이 만든 것이 아닌, 자연에서 불변의 것을 찾도록 의견을 모았다. 기준에 대한 난상토론 끝에 최종적으로 정해진 게 '적도에서 북극을 지나는 자오선의 길이'를 재고, 이것의 1,000만 분의 1의 길이를 '1미터'로 한다는 것이었다. 이 길이는 대략 지구 둘레의 4분의 1이니, 결국 이 말은 지구 둘레를 4만 킬로미터로 정하자는 것과 비슷한 말이다. 현대에 미터의 정의가 변화함에 따라 이 길이가 조금 바뀌었지만, 여전히 지구 둘레가 4만 킬로미터에 아주 가까운 것은 이때 정한 기준 때문이다.

이렇게 해서 미터가 무엇인지는 정해졌다. 하지만 '지구 둘레의 4,000만 분의 일'이라는 말로는 미터가 실제로 어느 정도의 길이인지 알 방도가 없었다. 그러니 다음 목표는 실제로 이 길이를 측정하고, 정확히 1미터의 길이를 갖는 미터의 표준을 만드는 것이었다.

자오선의 실제 길이를 재는 것은 난관 중 난관이었다. 이 시대에 자오선을 따라 지구 한 바퀴를 도는 게 쉬울 리가 없었다. 그래서 위원회는 도버 해협 부근의 항구도시인 덩케르크에서 파리를 지나 바르셀로나에 이르는 거리를 측정하고, 이 거리로부터 자오선의 길이를 추정하려는 계획을 세웠다. 덩케르크는 그로부터 150여 년이 지난 2차 대전 당시 해안에 고립된 40만 명의 연합군 철수 작전이 펼쳐졌던 바로 그곳이다.

프랑스의 천문학자이며, 지도제작자이자 측량사인 들랑브르Jean-Baptiste Delambre와 메셴Pierre Mechain, 이 두 사람이 이끄는 원정대가 1790년 드디어 이 원대한 미션을 수행하기 위해 떠났다. 원정대는 곳곳의 지점에서 측정하고, 이동하고, 다시 측정하기를 끊임없이 반복했다. 이는 처음 예상보다도 훨씬 더 고된 작업이었다. 이 원정을 후원하던 프랑스 황제 루이 16세가 생각지도 않게 처형되었기 때문이다. 이로 인해 원정대는 대위기를 맞게 된다.

도량형 통일의 역사 ②
들랑브르와
메솅 원정대

들랑브르와 메솅 원정대의 작업은 처음 예상보다도 훨씬 더 고되었다. 하필이면 프랑스 대혁명이 겹쳤기 때문이다. 원정대는 루이 16세의 이름으로 된 여행 허가서를 갖고 있었다. 황제가 후원하는 사업이라 이 여행 허가서만 내밀면 각 도시에서 여러 편의를 봐주거나, 최소한 도시 간 통행에 불편은 없었다.

그런데 미션이 시작된 지 3년도 되지 않아 루이 16세가 단두대에서 처형되었다. 이 바람에 원정대의 뒷배를 봐주던 여행 허가서가 졸지에 아무 쓸모가 없게 되었다. 위원회의 일원인 라부아지에도 악질적인 세금 징수원 경력으로 루이 16세처럼 참수되는 참사가 벌어지기도 했다.

당대의 측정 작업은 보통 새로운 세금 징수를 위한 것이었다. 그래서 가는 곳마다 시민들은 원정대에 적대적이

프랑스 자오선 원정대, 들랑브르(좌)와 메솅(우).

였다. 원정대는 곳곳에서 반혁명 세력이나 스파이로 의심 받았고, 실제로 들랑브르가 수차례 구금되는 바람에 작업 은 자꾸만 지체되었다.

측정에만 무려 7년이 걸렸다. 위원회는 이를 바탕으로 1미터의 길이를 계산했다. 그 결과 이를 나타내는 완벽한 1미터 길이의 막대가 탄생했다. 마모가 잘 되지 않도록 백 금으로 만든 이 막대는 미터 원기原器라고 불렸다. 미션이 시작된 지 10년 만인 1799년에 드디어 미터와 킬로그램이 발표된 것이다.

하지만 오랫동안 사용해온 전통 도량형을 하루 만에 몰 아낼 수는 없었다. 위원회는 도시마다 미터원기를 제공하 는 한편, 미터의 장점을 홍보하고, 각기 다른 단위를 미터로 변환하는 방법을 설명한 팸플릿을 만들어 배포했다. 그럼에도 대중들은 갑자기 생겨난 미터와 킬로그램을 이해하기 어려워했다. 나폴레옹 집권기에는 미터와 전통 도량형을 절충해 같이 사용하기도 했다. 그러다 1840년에 법적으로 미터만을 사용하도록 강제했고, 시간이 지나며 대중들도 미터 사용에 익숙해지게 되었다.

19세기가 되어 미터와 킬로그램은 점차 다른 나라로 퍼져나가기 시작했다. 다른 도량형보다 사용하기도 쉽고 체계적이었으며, 무엇보다 사람이 아닌 자연이 만든 기준이란 점이 신뢰를 주었다.

이 미터법 도입에 가장 적극적인 나라는 포르투갈과 네덜란드 같은 무역국들이었다. 잦은 상거래로 통일된 도량형이 얼마나 필요한지 누구보다 잘 알았기 때문이다. 독일도 마찬가지였다. 수많은 공국으로 분열되어 있던 당시 독일은 도량형이 너무 달라 교역에 큰 불편을 겪고 있었다. 그래서 1871년 독일 제국으로 통일되자마자 미터와 킬로그램을 받아들였다.

미터는 곧 대서양을 건너 갓 독립한 라틴 아메리카로 퍼졌고, 20세기엔 중국과 인도까지 공식 도입하면서 미터는 확고한 세계 표준이 되었다.

하지만 영국과 미국은 상당히 오랫동안 미터를 쓰지 않고 버텨왔다. 이들은 야드와 파운드 등 자기만의 단위를 써왔다. 영국은 한동안 이 단위를 미터처럼 정밀하게 측정하고 표준화한 제국 단위계Imperial Units, 즉 야드파운드법을 만들어 사용했지만, 1965년 뒤늦게 미터를 공식적으로 받아들였다. 물론 도로, 표지판 등 예전의 단위계가 일부 남아 있는 곳도 있다. 2020년 브렉시트 후 영국은 위대한 시절로 돌아가자며 제국 단위계를 부활시키려는 움직임도 있었지만 차마 그렇게까지 하진 못했다.

미국은 의외로 미터가 만들어지던 시기부터 이를 사용하려 했다. 3대 대통령인 토머스 제퍼슨은 미터를 도입하기 위해 프랑스에 백금으로 만든 미터와 킬로그램 원기를 요청했다. 약 4년간 프랑스 대사를 지낸 적이 있어서 당시 강대국이었던 프랑스의 과학을 잘 알고 있었던 것이다.

프랑스도 기꺼이 원기를 보내주었다. 그런데 이를 실은 배가 폭풍 속에 표류하다 영국 해적에게 붙잡혔다. 계획이 무산된 것이다. 이후에도 미국은 몇 번이나 미터법 도입을 시도했지만, 그때마다 국내외 사정으로 실패했다. 그러는 사이 미국은 초강대국으로 부상하면서 굳이 다른 나라의 도량형에 맞출 필요를 느끼지 못하게 되었다. 미국은 아직도 자기만의 도량형을 사용하고 있다. 그 탓에 미국의 영향력이 강한 항공, 디스플레이 등의 분야에 인치, 피트, 마일 등의 미국식 단위를 써서 우리를 헷갈리게 하고 있다.

프랑스 대혁명기에 정해진 미터와 킬로그램은 분명 당대에는 가장 체계적인 도량형이었지만, 시간이 지나면서 이들의 정의에도 문제가 발견되었다. 미터는 자오선의 길

국제도량형국이 제작한 최초의 미터 원기 중 하나.

이를 사용해 정의되었지만, 지구는 완벽한 타원체가 아니어서 어디서 재느냐에 따라 길이가 달라질 수 있었다. 킬로그램은 0.001세제곱미터의 물의 무게로 정해졌지만, 온도나 기압에 따라서 무게가 달라질 수 있었다. 미터 원기가 한 세기 동안 쓰이면서 아무리 백금으로 만들었어도 아주 미세하게나마 마모되기도 했다.

　19세기 말 미터와 킬로그램은 이미 여러 나라에서 사용되고 있었으니, 이를 수정하는 게 더는 프랑스만의 일이 아니었다. 그래서 국제도량형총회CGPM와 국제도량형국BIPM 등 표준 도량형을 논의하고 관리하는 국제기구가 출범했다. 1889년 첫 회의가 열린 이후, 이 기구는 지금도 미터와 킬로그램의 새로운 정의를 만들거나, 정밀한 측정과 정교한 원기를 만드는 일을 하고 있다.

과거의 과학자들은 '자연이 만든 변하지 않는 값'이야 말로 가장 정밀하고 보편적인 단위라 생각했다. 하지만 현대의 과학자들에게 이 기준은 더 이상 불변하지도, 정밀하지도 않다. 대신 물리학이 눈부시게 발전하면서 과학자들은 우주를 구성하는 법칙 가운데 절대로 변하지 않는 숫자들이 있음을 알게 되었다. 예를 들어 진공 속에서 빛의 속도는 대략 초속 3억 미터인데, 이 속도는 어떤 상황에서도 변하지 않는 것으로 알려져 있다. 이제 미터는 거꾸로 빛의 속도를 사용해서 '빛이 진공에서 299,792,458분의 1초 동안 나아간 거리'를 뜻하게 되었다. 그리고 킬로그램은 이제 0.001세제곱미터의 물의 무게가 아니라 양자역학에 등장하는 '플랑크 상수'를 통해 정의된다고 한다.

새 정의에는 언제나 새로운 측정이 뒤따라야 한다. 최첨단의 물리학 법칙을 사용해서 최고의 정밀도로 측정을 해야 하는 만큼 측정을 어떻게 하느냐를 두고도 오랜 논의가 이어졌다. 미터는 1983년에 확정되었고, 킬로그램은 얼마 전인 2019년이 되어서야 측정이 끝났다. 아무튼 이제 미터와 킬로그램은 더 이상 지구의 둘레, 물의 무게, 백금 원기 등과는 상관이 없어졌다. 이들은 우주를 이루는 상수와 연관된 단위가 되었다.

생각해보면 참 신기한 일이다. 우리가 보통 미터와 킬

로그램을 사용할 때는 키와 몸무게를 젤 때다. 하지만 아무도 이 숫자가 어디서 왔는지 의문을 품지 않는다. 하지만 알고 보면 이 배경에는 수백 년에 걸친 과학자들의 고뇌가 담겨 있다. 그리고 여전히 수많은 과학자가 최첨단 물리학 이론을 앞세워 조금이라도 더 정밀한 측정을 할 수 있도록 애쓰고 있다. 이 모든 일은 전 세계 어디나 똑같이 1미터가 1미터일 수 있도록 그리고 1킬로그램이 1킬로그램일 수 있도록 하기 위한 것이다.

유럽인들은
왜 에어컨을
사지 않는 걸까?

2003년 유럽은 최악의 폭염을 겪었다. 더위로 인한 사망자는 무려 7만 명에 달했다. 최근 조사 결과 열 관련 질환으로 사망한 사람도 6만 명 이상이다. 그럼에도 유럽에선 여전히 에어컨 사용에 부정적이다.

　프랑스 성인 1,045명을 대상으로 한 2021년 여론조사에서 응답자 3명 중 2명은 에어컨을 구입할 계획이 없다고 답했다. 업계 추산에 따르면 2022년 1만 8,000여 명이 사망한 최대 폭염 피해국이었던 이탈리아는 가정의 단 7퍼센트만이 에어컨을 갖고 있다. 두 번째 피해국인 스페인은 11퍼센트다. 2003년 압도적인 피해국 1위인 프랑스에서는 단 5퍼센트만이 집에 에어컨이 있고, 매년 수천 명의 사망자를 내는 영국과 독일은 각각 5퍼센트와 3퍼센트에 불과하다. 경제적 여력도 충분한 유럽인들은 왜 에어컨을 사지 않는 걸까? 여기에는 꽤 복합적인 요인들이 있다.

첫째는 뭐니 뭐니 해도 날씨다. 에어컨이 필요할 만큼 덥지 않아서다. 프랑스 파리만 해도 7월의 최고 기온 평균은 25도밖에 되지 않는다. 우리의 30도와는 비교도 안 되게 시원한 날씨다. 그러니 열대야도 없다. 간혹 아주 무더운 날도 있지만 2~3일만 견디면 금방 평균 기온을 되찾는다. 무엇보다 습도가 낮아 해가 아무리 뜨거워도 그늘에만 가면 아주 시원해지는 게 유럽의 전형적인 날씨다. 그래서 유럽에는 주택은 물론 에어컨 없는 식당과 카페, 호텔도 흔하다. 버스나 지하철 같은 대중교통은 물론이고, 심지어 병원도 수술실을 제외하고는 냉방시설이 없는 게 일반적이다.

문제는 유럽의 이런 날씨가 점점 과거 얘기가 되어가고 있다는 것이다. 2000년 이후 이상기후 현상이 심해지면서 유럽의 날씨는 통계를 뛰어넘는 날이 계속 증가하고 있다. 최고 기온 평균이 파리보다 낮은 독일 베를린은 2022년 갑자기 38도를 찍기도 했다. 영국 기상청은 이제 런던도 40도 이상을 경험할 가능성이 10배는 더 높아졌다고 경고하고 있다.

둘째, 역사적 요인도 상당하다. 현대적인 개념의 에어컨이 처음 만들어진 건 20세기 초 미국의 윌리엄 캐리어 William Carrier에 의해서다. 지금도 캐리어라는 이름의 에어컨이 많은데 바로 그가 세운 회사 이름이다.

당시 미국은 산업화와 도시화가 급속히 진행 중이었다. 마침 운 좋게도 에어컨 발명이 겹쳐 미국에서는 새로운 빌딩과 가정에 손쉽게 설치할 수 있었다. 그 덕에 미국의 더위 관련 사망률이 40퍼센트 이상 감소했다는 연구 결과도 있다.

반면 유럽의 도시들은 에어컨이 등장하기 전 이미 수백 년 된 건물들로 가득했다. 기존 건물에 에어컨을 설치하는 건 신축에 비해 훨씬 더 큰 비용이 들었다. 무더운 날도 며칠 안 되니 에어컨은 유럽에서 찬밥 신세일 수밖에 없었다. 사실 많은 건물이 파괴된 2차대전 후가 기회이긴 했다. 하지만 유럽에 그럴만한 경제적인 여유가 있을 리 없었다. 이때부터 유럽에서 에어컨은 실용성이라곤 하나 없는 사치품이라는 인식이 생겨났다. 유럽의 주택 건축물들은 지금도 절반 이상이 1970년대 이전에 세워진 것들이다. 이러한 분위기 속에서 사치품이라는 인식은 유럽에서 에어컨 보급을 늦추는 요인이 되기에 충분했다.

셋째는 건축적 요소다. 유럽의 많은 집은 두꺼운 벽과 높은 층고가 특징이다. 기본적으로 여름의 더위보단 겨울의 추위를 고려한 설계지만 이런 구조는 무더운 여름날 실내를 시원하게 해주기도 한다. 그래서 전통적으로 유럽에선 찬 새벽 공기를 집에 들인 뒤 모든 문을 닫아 이를 가둬두는 식으로 여름을 지내왔다.

그런데 무더위가 계속되면 이 전통적인 방식도 무용지

물이라는 게 2003년 폭염 피해에서 드러났다. 프랑스의 경우 평소 시원한 여름나기를 하게 해주었던 두꺼운 돌집들이 폭염에 달궈지면서 오히려 사태를 악화시켰다. 당시 프랑스에서만 사망자가 거의 1만 5,000명이나 되었다. 바캉스 철이라 이를 처리할 인력도, 시신을 인수할 가족도 없었다. 그래서 파리 부근의 냉동창고에 시신을 대거 안치하는, 정말 참혹한 사태를 맞아야 했다.

넷째, 유럽의 까다로운 규정도 에어컨 보급을 막고 있다. 유럽에선 오래된 건물일수록 에어컨 설치 기준이 엄격하다. 만약 임차인이 에어컨을 달고 싶으면 먼저 건물주에게 허락받고, 관청의 허가도 받아야 한다. 그런데 알다시피 유럽의 늑장 행정은 악명이 높다. 이 과정이 보통은 6개월 이상이 걸린다. 여름이 다 지나간다는 얘기다.

또 대개 법적 규제가 너무 심해서 관청의 허가를 받기도 무척 어렵다. 대부분의 유럽 국가에선 실외기가 다른 집의 창문에서 4미터 이상 떨어져야 한다. 그런데 유럽의 옛 도심은 골목도 좁고, 집들은 다닥다닥 붙어 있다. 사실상 실외기를 설치할 장소가 없다. 게다가 일부 국가에선 거리에서 봤을 때 실외기가 드러나선 안 된다는 규정도 있다. 도시 미관을 해치지 말라는 것이다. 아예 에어컨을 설치하지 말라는 뜻이나 다름없다. 그래서 유럽 가정의 에어컨은 우리처럼 스탠드형이나 시스템형이 아니라 대개는 이동식이 많다.

다섯째, 에어컨을 쓰기에는 전기 요금이 너무 비싸다. 유럽의 전기료가 비싼 건 오래된 일이다. 유럽 전체를 평균 내면 미국의 두 배 이상이다. 독일은 더 비싸 미국의 3배가량 된다. 러시아의 천연가스 공급 제한으로 유럽의 에너지 가격은 계속 상승 중이다. 게다가 피크 시간에는 요금이 누진해서 붙는다. 당연히 에어컨을 유지하는 데 부담이 더 커질 수밖에 없다.

유럽 각국의 정부들도 에너지 부족 사태가 빚어질까 봐 에어컨 증가를 경계하고 있다. 프랑스의 경우 난방기구 세금이 5퍼센트인 것과 달리 냉방기구에는 20퍼센트의 세금을 매겨 사용을 억제하고 있다. 유럽의 전기료가 비싼 이유는 환경을 고려해 생산 원가가 높은 태양광, 풍력 등 청정에너지의 비중을 계속 높여가고 있기 때문이다.

여섯째, 유럽인들의 높은 환경 의식이다. 유럽에서는 탄소와 온실가스 감소에 매우 적극적이다. '지구 온도 상승 폭을 1.5도 이내로 제한하자'라는 2015년 파리기후협정에 따라 에어컨에서 발생하는 프레온 가스를 규제하려는 것이다. 프랑스 국립기상연구센터에서는 실제로 파리에서 에어컨 사용량이 2배가 늘면 도심의 온도가 2도 이상 상승한다는 연구 결과를 내놓기도 했다. 이런 연구 등으로 유럽인들은 에어컨이 지구를 오염시키고, 남에게 피해나 주는 쓸모없는 가전제품이라는 인식이 강하다. 이외에도 유럽인들은 가장 더운 기간에 긴 휴가를 가거나 시에스타 등으로 에어컨의 필요성을 줄여왔다.

　그러나 이제 유럽인들은 폭염이 잦아지고 길어지면서 에어컨 외에는 다른 대안이 없다는 걸 점차 깨닫는 중이다. 최근의 경험을 통해 더위가 목숨을 앗아갈 수 있다는 사실도 분명하게 알게 되었다. 하지만 그럴수록 이상 기온이라는 끔찍한 세계도 앞당겨질 것이다.

　'이제 정말 늦은 거 아닐까?'라는 막연한 두려움이 점차 현실이 되는 것 같아 기분이 섬뜩한 요즘이다.

중세부터
현대까지,
결투의 모든 것

러시아의 국민 시인 푸시킨, 10달러 지폐의 주인공이자 미국 건국의 아버지인 해밀턴, 바람둥이의 대명사인 카사노바, 《자본론》을 쓴 칼 마르크스와 엥겔스, 미국의 3대 부통령인 에런 버, 프랑스의 천재 수학자인 갈루아, 미국 7대 대통령인 앤드류 잭슨, 워털루 전투에서 나폴레옹을 이긴 영국의 총사령관 웰링턴, 소설 《잃어버린 시간을 찾아서》로 유명한 프랑스 작가 프루스트.

이 다양한 인물군의 공통점은 무엇일까? 바로 목숨을 건 결투를 해본 사람들이라는 것이다. 이 중 푸시킨과 해밀턴, 갈루아는 결투로 목숨을 잃기도 했다. 에런 버와 앤드류 잭슨은 결투로 다른 사람의 목숨을 빼앗았다.

이 외에도 결투 전력이 있는 사람을 꼽자면 끝도 없다. 영국 수상 윌리엄 피트, 프랑스 수상 조르주 클레망소, 음

악의 어머니라고 불리는 독일의 프리드리히 헨델, 미국의
유명 작가인 마크 트웨인, 독일의 철혈 재상 비스마르크도
있다. 신사 이미지가 강한 미국 대통령 링컨도, 러시아의
대문호 톨스토이도 결투 신청을 한 바 있고, 프랑스의 나
폴레옹조차 늘 결투에 대비해 결투용 권총을 갖고 다녔다.

이처럼 온갖 유명 인사들이 나섰을 정도로 결투는 서구
사회에서 꽤나 일반적이었다. 오랜 역사나 그 빈도수로 보
아 이 정도면 서구 사회를 특징짓는 하나의 문화라고 보
아도 틀림없을 것이다. 때문에 결투는 비록 역사에서 차
지하는 비중은 낮더라도 서구 사회를 이해하는 데 도움이
되는 여러 요소를 갖고 있다. 무엇보다 그 요소들이 모두
하나같이 무척 흥미진진하다. 그래서 여기에서는 결투에
관해 짧고 굵게 알아보려 한다.

결투는 언제부터 시작되었을까?

결투의 원조는 확실치 않다. 1세기경 개인 간의 분쟁을 결
투로 해결한 게르만족의 관습에서 유래했다는 설이 유력
하긴 하다. 하지만 바이킹도 그랬고, 다른 대부분의 민족
도 그랬다. 분명한 건 중세 초가 되면서 결투가 정식 재판
중 하나가 되었고, 이게 우리가 알고 있는 사적인 결투로
이어졌다는 것이다.

결투 재판은 대개 증거가 애매한 중범죄 사건에서 벌어
졌다. 중세 시대답게 기독교가 그 배경이다. 즉 하느님이 정

의로운 자를 승리하게 할 것이란 믿음이 그 밑바탕에 있다. 따라서 결투에서 승리한 자는 무죄가 되고, 패한 자는 유죄가 되었다. 패자는 교수형에 처하는 게 일반적이었다. 하지만 현실은 정의와 거리가 멀었다. 반칙을 일삼는 자가 승리하는 경우가 다반사였고, 결국 힘세고 싸움 잘하는 사람이 무죄가 되었다. 이런 폐단이 커지자 결투 재판은 15세기경 중단되었다. 그럼에도 이 영향을 받아 16세기부터 20세기 초까지 목숨을 건 사적인 결투는 계속되었다.

사람들은 왜 결투를 했을까?

보통 죽음을 각오한 싸움이니 그 목적이 처절한 복수나 필사적인 승리를 연상하기 쉽다. 하지만 이 시기 유럽 남성들에게 결투에서 이기고 지는 것은 큰 의미가 없었다. 중요한 건 '목숨 걸고 싸웠다'라는 것, 그 자체다. 결투의 가장 중요한 목적이 명예 회복과 용기를 보이는 것이기 때문이다.

유럽의 신사들은 명예에 죽고, 명예에 살았다. 최소한 본인들은 그렇게 생각했다. 그래서 결투가 벌어지는 대부분의 사유가 명예와 관련된 것이었다. '그깟 명예가 뭐라고 목숨까지 걸까' 싶겠지만 당시 명예가 지닌 사회적 무게는 지금과는 많이 달랐다. 쉽게 말해서 공개적인 모욕을 당해 명예가 실추되었는데도 결투를 신청하지 않으면 산송장 취급을 받았다. 그러면 사교 모임에도 참석할 수 없었고, 무도회에도 갈 수 없었으니 결혼하기도 힘들었다. 당시 주류 남성들에게 '명예는 남자의 모든 것'이라고 할 수 있었다.

결투를 받은 쪽도 마찬가지였다. 자신의 잘못을 깨닫고 사과를 하고 싶어도 할 수가 없었다. 자칫 결투를 두려워하는 비겁자로 몰릴 수 있기 때문이다. 그래서 대개는 울며 겨자 먹기로 결투를 받아들여야 했다. 이렇듯 결투는 상대를 죽이는 게 아니라 '명예 회복을 위해 두려움 없이 당당히 맞설 수 있는 사람'임을 잘 보여주는 것이 가장 중요했다.

결투는 아무나 할 수 있었을까?

결투는 사실상 상류 계층의 전유물이었다. 평민들은 훼손당할 명예도 없다고 여겼기 때문이다. 평민이 귀족에게 결투를 신청했다면 그냥 맞아 죽기 십상이다. 물론 먹고사느라 결투 같은 걸 생각할 여력도 없었다. 아주 간혹 평민과 상류 계급 간 결투가 일어나긴 했다. 하지만 평민이 이길 경우 살해를 당할 위험이 아주 커서 결투 후에는 잽싸게 그 마을에서 도망쳐야 했다.

아무튼 주로 결투를 한 사람들은 귀족과 문인, 저널리스트 등 소위 신사 계급이었다. 이들 계급끼리는 명예를 모욕당했다면 설혹 상사라고 해도 결투를 신청할 수 있었다.

상대를 모욕하는 가장 쉬운 방법은 '거짓말쟁이' 혹은

'겁쟁이'라고 부르는 것이다. 이는 명예를 중시하는 당시의 신사 계급에게 가장 심한 욕이었다. 이런 욕을 하면 대부분 결투로 이어졌다. 유럽에서 결투는 근대에 들어서는 18~19세기에 가장 자주 벌어졌다. 새로 탄생한 자본가 계급들까지 결투 대열에 합류했기 때문이다.

모든 사람에게 결투를 신청할 수 있을까?

일반적으로는 같은 계급이라면 지위고하를 막론하고 결투를 신청할 수 있었다. 하지만 결투를 자제해야 할 대상도 불문율처럼 있었다. 이를 지키지 않을 경우 신사로 대접받지 못했기 때문에 꽤 엄격하게 지켜야 했다.

우선 당연하지만 성직자와 여성 그리고 장애인은 결투 대상이 아니었다. 16세 이하나 60세 이상의 남성도 마찬가지다. 귀한 집 자손도 피해야 할 대상이었다. 남자 후계자가 한 명뿐인 귀족 집안에 결투를 신청했다가는 피도 눈물도 없는 비열한 인간 취급받기 십상이다. 아무리 모욕당했다 해도 명예를 최고의 가치로 치는 당시 분위기상 이런 귀한 자손에게 결투를 신청하는 것은 거의 불가능한 일이었다.

일반적으로 그 나라에서 많은 사람이 인정하는 중요 인물이나 존경받는 인물에게 결투를 신청하는 것도 몹시 무례한 일이었다. 대가족의 아버지인 경우도 마찬가지였다. 자칫 많은 사람의 생계를 어렵게 만들 수 있기 때문이다.

전쟁 영웅이나 군장교에게 결투를 신청하는 것도 철부지 취급을 받았다. 또 전쟁 중이거나 전염병이 돌 때는 그 어떤 결투 신청도 신사라면 해서는 안 되는 이기적인 행동으로 여겨졌다.

결투는 어떤 방법으로 신청했을까?

결투 신청은 그냥 말로 하는 것이 아니라 장갑을 벗어 상대방 근처로 던져야 한다. 말을 타고 창 찌르기 대결을 벌이던 기사들이 손을 감싸던 두툼한 장갑인 건틀릿Gauntlet을 던져 도전 의사를 밝히던 것에서 유래했다. 당시 신사들은 장갑을 끼는 것이 매너 중 하나라 대개는 늘 장갑을 갖고 다녔다. 상대가 이 장갑을 주워 들면 결투를 받아들이겠다는 표시가 된다. 물론 머뭇거리다간 겁쟁이 소릴 들을 수 있으니 덥석 집어야 한다. 그러다 18~19세기에는 장갑이 아닌 정중한 편지 형식의 결투 초청장을 보내는 것으로 바뀌었다.

결투를 신청할 수 있는 조건은 뭐였을까?

결투를 신청할 수 있는 단 하나의 조건은 명백한 명예 훼손을 당했을 때뿐이다. 상대가 싫다고, 혹은 밉다고 임의로 결투 신청을 할 수는 없다는 얘기다. 결투의 남발을 막기 위해 결투 신청자는 명예 훼손 당한 경위를 모두 문서화해야 한다. 그리고 이를 입증해 줄 증인도 반드시 있어야 한다. 증인의 진술 역시 모두 서면으로 만들어 둬야 하며, 입회인은 문서가 미흡할 경우 결투를 하지 못하게 막기도 했다.

결투를 받아들이지 않으면 어떻게 될까?

결투를 받아들이는 게 두려울 수도 있고, 생각해보니 자신이 심했다고 생각할 수도 있다. 어쩌면 애초부터 부조리한 결투에 무관심할 수도 있다. 하지만 어떤 경우든 세상은 그에게 '겁쟁이'라는 딱지를 붙이게 될 것이다. 그리고 그 낙인은 어디든 따라가게 될 것이다. 그것으로 남자로서의 삶은 끝났다고 해도 무방한 사회 분위기였다. 그러니 평생을 멸시 속에서 살아야 하는 굴욕을 감수하지 않는 한 결투를 피할 방법은 없었다.

결투에 나타나지 않으면 어떻게 될까?

이는 결투를 받아들이지 않는 것과 같은 취급을 받았다. 평생 겁쟁이가 되어 무시당하며 사는 것이다. 더 무서운 것은 결투를 피한 남성뿐 아니라 그 가족 모두의 사회적 지위가 함께 추락한다는 것이다.

만약 결투 상대자가 사정이 생겨 늦는다면 기다려주는 시간은 딱 15분이었다. 이 이상 늦으면 결투를 포기하는 것으로 간주했다. 그래서 결투하는 사람들은 이런 불상사를 막기 위해 일찌감치 합의된 장소에 나와 대기하고 있어야 했다.

결투가 시작되기까지 어떤 과정이 있을까?

결투가 성사되면 제일 먼저 할 일은 세컨드Second라고 불리는 입회인을 선정하는 것이다. 세컨드는 결투를 참관한 경험이 있고, 이 결투의 원인을 잘 아는 사람 중에서 선발했다. 세컨드는 대개 각각 2~3명씩 두었는데 이 중 대표를 뽑아 결투의 시작과 끝을 선언하는 역할을 맡겼다. 이게 정해지면 결투 당사자들끼리는 결코 만나서는 안 되었다.

세컨드가 하는 첫 번째 일은 중재다. 우선 양측의 입회인들끼리 만나 화해를 모색한다. 화해가 가능하다면 사과의 수위까지 조절한다. 화해가 불가능하다면 곧바로 결투 준비에 들어간다.

이들은 결투할 장소와 시간을 협의하고, 사용할 무기도 결정한다. 칼을 사용하기로 했다면 피를 흘릴 때까지 싸울 것인지, 아니면 죽을 때까지 싸울 것인지 결투의 수위도 정한다. 총이라면 순서대로 쏠 것인지, 동시에 쏠 것인지, 전부 몇 발까지 쏠 것인지도 합의한다.

이런 세부 사항이 결정되면 세컨드는 의사를 데리고 결투를 입회하러 간다. 좀 더 격식 있는 결투라면 관과 그 위를 덮을 천까지 준비해 결투 장소로 향하게 된다.

결투는 어떻게 진행될까?

결투 시간이 되면 세컨드의 대표자는 서로 화해 의사가 있는지 재확인한다. 그럴 의사가 없을 경우 결투 당사자들에게 정해진 룰을 다시 한번 설명해준다. 룰이 명확하지 않아 새로운 해석이 필요할 때는 결투를 받아준 쪽에 우선권을 주었다. 결투 장소의 지형에 유불리가 있다면 주로 동전 던지기로 결정했는데, 이건 결투를 신청한 사람에게 우선권이 있었다.

준비가 모두 끝나면 이제 결투가 시작된다. 세컨드는 결투자를 일정 거리 떨어지게 한 다음, 검이 무기일 경우에는 작은 칼을 땅에 꽂는 것으로, 총이 무기일 경우에는 흰 수건을 바닥에 던지는 것으로 시작을 알린다. 이 신호가 떨어지면 더 이상 결투는 취소될 수 없다.

총으로 하는 결투에는 크게 세 가지 방식이 있었다. 가장 일반적인 것은 동시에 발포하는 것이다. 서로 등을 대고 각각 열 걸음 정도 걸은 다음 신호가 떨어지면 동시에 뒤돌아 총을 쏘는 것이다.

그에 못지않게 자주 쓰이는 방식이 번갈아 가며 서로 한 발씩 총을 쏘는 것이다. 사전에 합의하거나 결투 장소에서 제비뽑기를 통해 누가 먼저 쏠 것인지를 정했다. 첫 발에 상대가 죽으면 그것으로 끝이지만 그렇지 않을 경우에는 상대에게 기회가 돌아간다. 상대가 자신을 향해 총을 쏘길 기다린다는 것은 아무리 총의 성능이 떨어진다고 해도 정말 살 떨리는 일일 것이다. 이 시대 사람들은 이 두려움을 견디는 것이 자신의 용기를 증명할 수 있는 최고의 방법이라고 생각했다. 남자다움을 보여주기 위해 결투하는 사람들은 상대의 총구 앞에서 눈 하나 꿈쩍하지 않고 꼿꼿하게 서 있어야 했다.

러시안룰렛 같은 방식도 있다. 세컨드가 두 개의 총 중 한 개에만 총알을 넣어두고 이를 결투할 사람이 고르게 하는 방식이다. 보다 가까운 거리에서 사격했기 때문에 세 가지 중 가장 사망률이 높은 방식이었다.

또 총이 한 발 발사될 때마다 세컨드는 양측의 의사를 물었다. 결투 신청자가 이걸로 명예가 회복됐다고 선언하면 결투는 아무도 죽지 않아도, 아무도 다치지 않아도 끝이 난다. 그리고 총일 경우 대개 각각 세 발을 발사하는 것으로 끝냈다. 그 이상은 비신사적인 행위로 치부되었다.

결투가 끝나면 즉석에서 치료를 받는 가운데 멋지고 명예로운 결투였다고 서로를 격려하며 악수를 나누었다. 한쪽이 죽어도 그의 신사다움을 모두가 함께 치켜세웠다. 그리고 이 모든 과정은 시간대별로 상세히 기록한 다음 결투자와 세컨드 모두 이 문서에 서명했다. 이 문서는 결투 규범을 완벽히 준수했다는 증거로 사용되었다.

결투는 법적으로 허용되었을까?

결투가 오랜 세월 공공연하게 이루어져 왔기 때문에 합법이라고 생각할 수 있지만 명백한 불법이다. 가톨릭교회는 결투를 일찌감치 악마의 선동에 의한 범죄라며 이를 금했다. 세속의 왕들 역시 대부분의 나라에서 결투하는 자는 교수형에 처하겠다고 엄포를 놓았다. 하지만 결투를 하는 사람들이 대부분 유력 가문의 귀족들이었기 때문에 대개는 못 본 척 지나가거나 가벼운 벌금형 정도에 그쳤다. 결투에서 상대를 죽였다 하더라도 널리 용인된 절차를 모두 거쳤을 경우 특히 관대한 처분을 받았다.

결투를 하면 반드시 승패가 갈렸을까?

거듭 말하지만, 결투에서 가장 중요한 것은 '명예롭고 용기 있는 사람'임을 남에게 보이는 것이다. 이런 체면치레만 된다면 굳이 목숨을 위태롭게 할 이유가 없었다. 그래서 첫 발을 일부러 빗맞히기 일쑤였다. 그러면 상대 역시 엉뚱한 곳에 총을 쏘는 것으로 화답했다. 이렇게 결투 현장에서 적당히 싸우는 척하는 것으로 암묵적인 합의를 함으로써 서로 안전하게 명예를 회복하는 길을 선택하곤 했던 것이다.

결투는 보통 새벽이나 어스름한 저녁에 벌어졌다. 결투용 화승총은 습기에 약해 자주 불발되었다. 그러면 이를 하늘의 뜻으로 알고 화해로 결투를 끝내기도 했다. 즉 의도적인 무승부도 많았다. 러시아의 국민 시인인 푸시킨이 20회 이상, 미국 대통령인 앤드류 잭슨이 무려 100회 이상의 결투를 할 수 있었던 이유가 바로 이것이다.

남녀 간 결투도 있었을까?

아주 드물지만 남녀 간의 결투도 있긴 했다. 이 경우 남자에게 핸디캡을 주었다. 12세기의 덴마크 기록에 의하면 남자는 구덩이에 몸을 묻은 채 팔로만 공격할 수 있었다. 그리고 그 상태에서 단 세 번만 몽둥이를 쓸 수 있었다. 물론 여성은 자유롭게 공격할 수 있었다. 중세 독일도 이와 비슷했는데 남자는 한 팔만 사용할 수 있었고, 여자를 구덩이로 끌어들이면 승리였다. 그럴 경우 여자는 그 구덩이에 생매장되었다.

총의 경우에는 별다른 핸디캡이 없었지만, 남자가 한쪽 눈을 가려야 한다는 규칙을 두는 경우도 있었다.

여자끼리의 결투도 드물지만 있었다. 총이나 칼을 사용할 수는 있었지만 가급적 생명에 지장이 없는 무기 사용이 권장되었다. 모래를 가득 채운 스타킹이 자주 쓰이던 무기였다.

결투로 인한 사망률은 어느 정도일까?

측정 방식은 정확히 알 수 없지만 칼로 결투할 경우에는 사망률을 20퍼센트에서 많게는 60퍼센트까지 추정한다. 즉사하지 않더라도 감염이나 패혈증으로 사망한 경우가 많았던 것 같다. 총으로 결투할 경우에는 사망률이 뚝 떨어져 6.5퍼센트 정도였을 것으로 추청하고 있다.

결투로 죽은 사람이 전부 얼마나 될지는 알 수 없지만 17세기 초 프랑스에서만 매년 200명 이상이 결투하다 죽었다는 기록이 있다. 이 숫자만 봐도 당시 유럽에서 결투가 얼마나 광범위하게 이루어졌는지 짐작할 수 있다.

결투는 어떻게 사라졌을까?

서구의 결투 문화는 19세기를 시작으로 20세기 초에는 완전히 사라졌다. 그 이유로는 우선 결투가 더 이상 정의롭지 못하다는 인식이 커졌기 때문이다. 사람들은 점점 명예보다는 이기는 쪽을 선택했다. 총의 성능이 개선될수록 결투로 목숨을 잃을 위험성도 높아진 점도 분명 한몫했을 것이다. 먼저 총을 쏘거나 칼로 찌르는 반칙이 난무하자 "신이 정의로운 사람에게 승리를 가져다준다"라는 믿음이 아무 쓸모가 없게 되었다.

여기에 독일을 시작으로 명예훼손죄와 모욕죄가 속속 도입되면서 더 이상 결투로 승부를 가릴 이유도 없게 되었다. 게다가 신흥 상류 계급인 부르주아지에게는 명예보단 사업적인 안정성이 훨씬 더 중요한 가치가 되었다. 사적인 결투가 국가의 사법권에 대한 중대한 도전으로 간주되면서 처벌도 점점 더 강화되었다.

그리고 20세기 초 1차대전과 2차대전이 연달아 터졌다. 전쟁 중 결투는 너무나 터무니없는 짓이었다. 그럴 겨를도 없었고, 수많은 사람이 전쟁 중 목숨을 잃으면서 생명의 소중한 가치도 점점 더 넓게 인식되어 갔다. 이러한 역사적 흐름 속에서 그 오랜 전통으로 내려오던 결투는 현실 세계에서 거의 사라지게 되었다.

스모로
엿보는
일본 사회

스모는 스시와 함께 일본을 세계에 알리는 가장 강력한 아이콘 중 하나다. 사실 처음 스모를 보면 좀 괴기스럽기도 하고, 한편으론 코믹해 보이기도 한다. 누가 봐도 비정상인 거구들이 기저귀 같은 민망한 옷을 차고, 두 다리를 번쩍 번갈아 드는 긴 의식을 치르다가 정작 경기는 허망할 정도로 순식간에 끝나니 말이다.

그래도 임팩트만큼은 강렬해서 한 나라를 홍보하는 아이콘으로 삼기에 스모는 시각적으로 적절한 요소들을 고루 갖췄다는 생각이 든다. 이번에는 일본을 대표하는 문화 코드인 스모를 통해 일본 사회의 단면들을 엿보려고 한다.

스모와 비슷한 운동은 세계 각국에 꽤 많이 있다. 스위스의 슈빙겐Schwingen, 몽골의 부흐Bokh, 러시아의 삼보Sambo, 터키의 얄르 귀레슈Yagli Gures, 세네갈의 람브Laamb,

한국의 씨름 등이 있다. 몸을 직접 부딪쳐 싸우는, 그 원초성 때문일 것이다.

그런데 스모에는 한 가지 다른 점이 있다. 종교에 기반한다는 것이다. 스모의 기원에 관해서는 설이 분분하지만, 신에게 바치는 일종의 종교의식으로 신사에서 행해진 건 분명하다. 그래서 오래전에는 스모의 승패로 농사의 풍작과 흉작을 점쳐왔다.

스모가 경기 전에 여러 의식을 치르는 것이 바로 이런 옛 풍습이 남아서다. 스모 선수들의 몸집이 비대한 것도 이와 관련이 있다. 풍요를 상징하므로 최대한 살이 쪄야 하는 것이다. 그 육중한 다리를 들어 땅을 쾅쾅 밟는 스모 의식도 풍년을 가져올 지신地神을 깨우고, 땅의 악령을 쫓아내기 위해서다.

그렇게 시작된 스모는 점차 궁정의례로 탈바꿈했는데 고대 일왕에의 절대복종을 상징하는 정치적 의미가 있었다. 이후부터 스모는 줄곧 왕실과 막부의 막대한 지원을 받으며 발전했다. 일반 백성들의 놀이로 유지·발전해온 여타 국가들의 씨름과는 성격이 많이 다르다.

예전과 달리 지금의 스모 선수들이 체중을 어마어마하게 불리는 건 몸무게가 승패에 결정적인 역할을 하기 때문이다. 사실 살찌는 게 유리한 스포츠는 전 세계에서 스모밖에 없을 것이다. 스모는 지름 4.6미터의 작은 원형 경기장에서 상대방을 넘어뜨리거나 밖으로 밀어내면 이기는 경기다. 무거울수록 당연히 유리하다.

더구나 스모는 체급 경기가 아니다. 200킬로그램 나가는 선수나 50킬로그램 나가는 선수가 동등한 조건으로 경기하는 게 스모다. 체급을 나눠 싸우는 건 절대 강자를 가리는 자연계에선 있을 수 없다는 것이다. 밀림의 왕자인 사자가 코끼리에게 함부로 덤비지 못하는 것처럼 자연계의 싸움에선 무게가 깡패다.

스모는 승부도 단판으로 가린다. 마치 사무라이들의 칼싸움처럼 지면 죽는 것이니 실전에 두 번의 기회는 없는 게 당연하다고 여긴다. 실수를 좀처럼 용납하지 않는 일본 사회를 반영하는 이런 냉혹함으로 스모 선수들은 더더욱이나 체중을 늘리는 데 사활을 걸 수밖에 없다.

스모 선수가 되는 길은 혹독하다. 우선 선수가 되려면 전국 46개의 스모베야相撲部屋라는, 일종의 스모 클럽에 반드시 들어가야 한다. 이곳에 한 번 적을 두면 은퇴할 때까지 소속을 바꾸는 건 사실상 불가능하다.

스모에 입문하려면 중학교를 졸업하거나 23세 이하여야 하고, 최소한 키 167센티미터에 체중 67킬로그램 이상이 되어야 한다. 이들은 5~6년 간 수련하며 스모베야의 큰 방에서 그 어떤 프라이버시도 없이 합숙 생활을 한다. 그뿐 아니라 훈련 준비, 청소, 빨래, 요리도 도맡아 해내야 한다.

스모는 군대보다 더한 계급사회다. 나이나 경력은 무의

미하다. 오직 실력이 계급이고, 한 계급 차이로 구타 같은 가혹행위가 일어나기도 한다. 스모베야의 눈 밖에 나면 스모 선수가 되는 길 자체가 없기 때문에 이 질서에 절대복종해야만 한다. 훈련도 계급순이라서 가장 낮은 계급은 새벽 5시부터 일어나 시작하고, 계급이 높을수록 훈련 시간도 늦다.

입문자들이 가장 먼저 해야 할 일은 살부터 찌우는 것이다. 방법은 간단하다. 많이 먹고, 많이 자는 것이다. 이들은 우선 새벽 5시에 일어나 아침을 먹지 않고 5~6시간 연속 훈련을 받는다. 중요한 건 긴 공복 상태를 만드는 것이다. 그래야 폭식을 할 수 있기 때문이다.

스모 선수들이 체중을 불리기 위해 가장 많이 먹는 음식은 창코나베ちゃんこ鍋라는 전골 요리다. 고기, 두부, 어묵, 야채 등을 한꺼번에 때려 넣어 푹 끓인 음식이다. 스모 선수들은 보통 5~6그릇의 창코나베와 3~4공기의 밥을 맥주와 사케를 곁들여 먹는다. 그리고 곧바로 2시간 이상 낮잠을 잔다. 일어나서는 잠시 자유시간을 갖다가 오후 5시쯤 다시 같은 식사를 하고 9시가 되면 다시 잠을 잔다.

이렇게 하루에 두 끼 폭식하고 바로 잠을 자면 신진대사가 느려지면서 음식은 지방의 형태로 몸에 차곡차곡 쌓이게 된다. 이걸 몇 년간 반복한 스모 선수들은 평균 몸무게가 150킬로그램 정도이고, 최대 400킬로그램이나 나가는 선수도 있었다. 스모 선수들은 이를 '밥 고문'이라고 부른다.

이런 고된 일상을 견뎌야 하는 모든 스모 선수의 꿈은 최대한 빨리 여섯 번째 계급인 쥬료十両가 되는 것이다. 스모 선수들은 가장 낮은 죠노구치序口에서 가장 높은 요코즈나橫綱까지 총 10개의 계급으로 나누어져 있다. 쥬료는 천당과 지옥을 가르는 선이다. 쥬료에서 요코즈나까지를 세키토리關取라고 한다. 미국 야구로 치면 메이저리그다. TV에 스모 경기를 중계하고 있다면 바로 이들 계급이다.

쥬료가 되면 우선 스모베야의 모든 잡일에서 해방된다. 이때부터 오히려 낮은 계급의 후배들로부터 온갖 시중을 받게 된다. 방도 개인 방으로 격상된다. 무엇보다 쥬료가 되면 비로소 정식 월급을 받게 된다. 일본에서 스모 선수들은 모두 월급쟁이들이다. 이들은 프로선수지만 일본스모협회로부터 계급에 따라 일괄적으로 같은 돈을 받는다.

쥬료가 되면 연봉은 대략 1억 원 정도다. 계급이 높아질수록 연봉도 높아져 가장 높은 요코즈나는 약 3억 원을 받는다. 하지만 연봉은 공식적인 수입일 뿐이다. 그 외의 부가적인 수입은 연봉보다 훨씬 더 많다. 출전 수당만 해도 연봉을 뛰어넘고, 우승 상금과 기업이 보내주는 특별 상금도 있다.

여기에 인기 있는 스모 선수들에겐 후원회가 따라붙는다. 이들은 스모 선수가 품위를 유지할 수 있도록 돈은 물론 자동차, 옷, 술 등 모든 것을 지원한다. 주로 같은 고향 출신의 정치인 기업가들이 후원회의 주요 멤버들인데 이들은 '일본의 정신을 지킨다'라는 강한 자부심을 갖고 있다.

이걸 다 합하면 인기 있는 스모 선수들의 연 수입은 적어도 수십억 원에 달한다. 요코즈나로 은퇴하면 스모협회에서 주는 금일봉만 해도 20억 원 이상이다. 해외에서까지 스모 지원자가 벌떼처럼 몰리는 이유다.

하지만 요코즈나는커녕 월급을 받는 세키토리가 되는 길은 멀고도 험하다. 일본의 전체 프로 스모 선수들은 약 700명 정도인데 이중 세키토리는 70명뿐이다. 10퍼센트 안에 들어야 하는 매우 좁은 문이다.

그럼 월급도 못 받는 쥬료 이하의 90퍼센트 선수들은 어떻게 생활할까? 먹고, 자고, 훈련하는 비용은 별도로 들지 않는다. 스모협회와 스모베야에서 모두 책임진다. 그리고 하급 선수들은 세키토리 선수들의 시중을 들면서 그들이 주는 용돈으로 생활한다.

스모 선수들이 복종해야 할 대상에는 심판도 있다. 교지行司라고 부르는 이 심판들은 마치 제사장 같은 전통 복장을 입는데 판정에 절대 권한이 있다. 특이한 점은 이 심판들이 '기무라木村'와 '시키모리式守' 두 가문으로 세습된다는 것이다. 마치 정치인들의 세습을 연상케 한다. 다른 가문의 사람이 심판하려면 반드시 이 가문 중 하나를 골라 이름을 올려야 한다. 전부 45명인 교지들도 엄격하게 등급이 나눠져 이들 사이에서도 절대복종 관계를 이룬다.

일본의 깊은 곳을 지배하는 신분제 사회인 와和 문화가 스모 곳곳에서도 숨어 있는 것이다.

스모는 야구, 축구에 이어 일본의 3대 스포츠로 꼽힐 만큼 일본에서 여전히 인기지만 고민도 많다. 무엇보다도 당장은 선수들의 건강이 문제다. 몸무게가 계속 늘어나다 보니 현역 스모 선수들의 3분의 2가 고혈압, 당뇨, 심장질환 환자들이다.

아무래도 운동량이 줄어드는 은퇴 선수들은 문제가 더 심각하다. 일본 남성의 평균 수명은 81.5세다. 그러나 335명의 선수를 대상으로 한 '스모 선수의 체격과 수명'이란 연구에 의하면 현재 스모 선수의 평균 체중인 150킬로그램이 넘는 선수들은 대부분 50세 이전에 사망했다. 2019년의 〈아사히 신문〉 조사에서는 메이지시대 이후 탄생한 요코즈나의 평균 수명이 58.5세밖에 되지 않았다. 그래서 "돈 많이 벌어놓고 일찍 죽는 스모 선수야말로 1등 신랑감"이라는 우스갯소리도 있다.

일본 스모계의 폐쇄성도 많은 문제를 낳고 있다. 남성만의 절대적인 상하 관계로 이뤄진 세계라 대부분 쉬쉬하고 넘어가지만, 승부조작, 도박, 과실치사, 성 추문 같은 스캔들이 끊임없다. 이런 고질적인 문제들로 인해 스모는 점점 젊은 층으로부터 멀어지고 있다. 일반인과 괴리가 너무 큰 스모 선수들의 모습도 입문에 큰 거부감을 주고 있다.

무엇보다 요즘은 부모들도 아이들에게 스모를 시키려

하지 않는다. 오랜 기간 비인간적인 수모를 견뎌야 하는 것도, 질병으로 단명하는 것도 꺼림칙하기만 하다. 그래서 각 스모학교는 정원의 절반을 채우기가 쉽지 않다. 스모의 중추인 스모베야 역시 정원 미달이 여러 곳이다.

더구나 요즘 일본의 스모는 외국인들이 휩쓸고 있다. 1998년 외국인에 문호를 개방한 후 몽골, 미국, 중국, 체코, 이집트, 브라질, 에스토니아 출신 선수들은 시들해지던 일본 스모에 새바람을 일으킨 중흥의 일등공신이었다.

하지만 실력이 일취월장한 외국의 스모 선수들이 우월한 신체 조건을 앞세워 대부분의 우승을 가져가면서 또 다른 문제를 야기하고 있다. 스모의 대를 이어야 할 젊은 세대가 스모를 더욱 외면하는 계기가 되고 말았기 때문이다. 고생은 고생대로 하고, 우승은 우승대로 더 힘들어졌으니 어찌 보면 당연한 일이다.

무엇보다 외국계가 스모판을 장악하면서 일본의 국기라는 스모의 정체성이 급격히 흔들리고 있다. 일부에선 외국인을 규제하자는 움직임도 있다. 하지만 인기 하락의 계기가 될까 봐 이러지도 저러지도 못하고 있는 상황이다. 이 딜레마를 해결하지 못하면 아무리 인기 스포츠라고 해도 급격히 외면당할 수도 있다는 게 요즘 일본 스모계의 위기의식이다.

다른 나라도
남향집을
좋아할까?

호주 이민 초창기, 집 구하기에 나선 우리나라 사람들은 한국에서처럼 남향집을 찾았다. 의외로 남향집은 드물었는데 이상하게 가격은 조금 쌌다. 횡재한 듯했다. 하지만 1년도 지나지 않아 어리석은 결정이었다는 걸 알게 되었다. 한국에서와 달리 남향집이 여름은 더 덥고, 겨울은 더 추웠던 것이다. 어찌 된 일일까?

우리나라의 남향집에 대한 애정은 유별나다. 남쪽으로 난 아파트를 갖기 위해 한강뷰를 포기하는 사람도 있을 정도다. 다른 향에 비해 10~15퍼센트 정도 더 비싸기도 하다. 외국에서조차 집 살 때 나침반으로 방향을 확인하는 사람은 한국인밖에 없을 것이다. 그만큼 남쪽으로 향한 집은 여러모로 장점이 많은 게 사실이다. 위도상 한국은 여름에는 해가 높이 뜨고, 겨울에는 해가 낮게 뜬다. 즉 남향집은 여름에는 해가 적게 들어 시원하고, 겨울에는 해가 집 안 깊숙이 들어 따뜻하고 환하다. 전기, 에어컨, 히터가 없던 옛날에는 이게 정말 중요했다. 냉난방 시설의 의존이 심한 요즘에도 비용을 아낄 수 있으니 여전히 큰 이점이 있다. 곰팡이와 세균 번식을 막아주니 위생적이기도 하다.

더구나 예로부터 풍수지리적으로 좋은 기운을 가져온다고 알려져 우리나라에서 남향집은 거의 종교 수준이 되었다. 남향집에 대한 맹신이 호주에서의 저런 어처구니없는 일을 만든 것이다. 그런데 우리의 전통 풍수지리에서 남향보다 훨씬 중요한 건 배산임수였다. 뒤로 산을 등지고, 앞으로 물을 바라보는 곳에 집을 지으라는 것이다.

어느 나라든 집은 주변에서 가장 구하기 쉬운 재료들로 짓게 마련이다. 우리나라에선 나무와 흙과 볏짚이었다. 그런데 하나같이 습기에 취약한 자재들이다. 우리나라는 특히 여름에는 장마로 습도가 무척 높다. 그런데 배산임수에 집을 앉히면 물에서 산으로 공기 흐름이 향하는, 일종의 대류 현상이 발생한다. 이 잔잔한 바람이 집에 해로운 습기를 자연스럽게 말려주는 것이다.

옛날 양반들의 고택을 보면 의외로 우리나라에서 극구 꺼리는 북향집들이 제법 많다. 충남 아산의 성준경, 전북 고창의 신재효, 충북 충주의 윤양계 등의 집들이 그렇다. 집의 습기를 없애주는 대류 현상이 일어나는 곳이라면 북향도 상관하지 않았다는 뜻이다. 즉 우리 풍수지리에서는 일조량보다 바람이 더 중요했던 것이다.

그런데 아파트 시대가 되면서 2, 3순위였던 남향이 졸지에 1순위로 등장하게 된다. 이 작은 나라에 배산임수 지역이 많을 리가 없다. 인구 밀집 도시에서는 더할 것이다. 도시 팽창으로 빈 땅만 있으면 들어서기 시작한 아파트 단지는 분양 경쟁이 극심했다. 그래서 홍보용으로 내세우기 시작한 것이 바로 풍수에 좋다는 남향이었다.

성냥갑처럼 일렬로 세운 멋대가리 없는 아파트 건물들은 배산임수는커녕 앞이 다른 아파트로 막혀 있어도 남향이라는 이유만으로 불티나게 팔려나갔다. 이렇게 되면서 남향은 아파트나 주택 분양에 빠짐없이 등장하는 용어가 되었다. 집에 관해서라면 그 무엇보다 중요한 가치가 된 것이다.

그렇다면 외국은 어떨까? 일본은 우리와 비슷하고, 중국은 기본이 남향이지만 해가 뜨는 기운을 중히 여겨 우리나라보다는 동향을 좀 더 좋아하는 편이다. 서구는 집의 방향에 관심이 없지만 결과적으로는 남향을 선호한다. 인구의 90퍼센트가 사는 북반구는 남쪽이 햇빛을 가장 많이 받게 되는데 대부분 어두운 집보다는 밝은 집을 선택하기 때문이다.

하지만 우리와는 분명 다른 몇 가지 점이 있다. 우선 방향의 기준점이다. 우리는 주택은 대문, 아파트는 거실 창이 남쪽에 있어야 남향집이다. 서구는 주택의 경우 정원이

기준이다. 우리는 대문-정원-집 순서지만, 서구는 대문-집-정원으로 되어 있다. 즉 집 뒤쪽에 정원이 있는 서구에서는 가족생활의 많은 부분이 이루어지는 이곳에 햇빛이 잘 드는 게 무척 중요하다. 그래서 대문을 기준으로 한다면 북향집으로 보일 수도 있다.

서구의 집들은 대개 규모가 우리보다 크다. 창도 사방으로 뚫려 있고, 전망도 막힘이 없다. 햇살도 여러 방향에서 들고, 햇빛 잘 드는 정원도 있다. 남향의 필요성이 우리보다 적을 수밖에 없다. 그래서 서구의 집은 방향보다는 주변 경관과 조망이 집값에 훨씬 많은 영향을 끼친다.

당연하겠지만 땅이 큰 곳은 한 나라 안에서도 기후 편차가 크기 때문에 선호하는 집 방향도 제각각이다. 예를 들어 미국의 버몬트나 메인주처럼 추운 곳은 남향이나 남동향집을 좋아하고, 애리조나나 뉴멕시코주처럼 해가 강한 곳은 반대로 시원한 북향집이 더 인기다.

유럽 역시 마찬가지다. 우리보다 위도가 높은 런던, 베를린 등은 비가 자주 오고 연중 해 구경도 쉽지 않다. 이런 곳은 당연히 햇볕을 최대치로 받아들일 수 있는 방향으로 집이 들어서게 된다. 그래서 남향 못지않게 아침부터 오후까지 해가 드는 동서향을 선호한다.

같은 유럽이라도 햇볕이 강렬한 로마나 아테네는 또 다르다. 이곳에선 햇빛을 가리기 위해 덧창을 댈 정도다. 바다 같은 전망 좋은 곳이 우선순위지만 해가 많이 드는 남향집이나 서향집은 기피 대상이다.

싱가포르, 베트남, 인도네시아 등 적도에 있거나 적도에 가까운 나라들은 무덥고 습도도 굉장히 높다. 이런 나라들은 대개 서향이나 남향은 피하고 북향집을 가장 좋아한다. 비슷한 위치의 인도에는 우리의 풍수지리와 비슷한 바스투 샤스트라Vastu shastra가 있다. 이 가르침에 따르면 가장 상서로운 방향은 북쪽이다. 이를 믿는 인도인들은 미국에 이민을 가서도 남향집은 사지 않으려고 한다.

적도 아래의 남반구 역시 북향집을 좋아한다. 하지만 이유가 다르다. 호주와 뉴질랜드는 북반구인 우리나라와 많은 것이 반대다. 그래서 햇빛을 피하기 위해서가 아니라 햇빛을 받아들이기 위해서 북향집을 선호한다. 이 점을 몰랐기에 우리나라 초기 호주 이민자들이 덜컥 남향집을 샀던 것이다.

최근 우리나라에서도 남향집의 인기는 예전만 못한 것 같다. 집 밖에서의 생활이 길어지면서 남향집의 의미가 퇴색하고 있고, 난방시설도 완벽해 전망만 좋다면 북향도 마다하지 않는 사람들이 많아지고 있다.

집의 방향보다는 입지가 집값을 좌우하는 것도 한 요인이다. 지하철역이 가까워야 한다는 역세권과 좋은 학교가 가까워야 한다는 학세권이 대표적이다. 이런 프리미엄 중에는 수세권, 팍세권, 편세권, 스세권, 몰세권, 도세권, 주세권, 병세권, 숲세권 등 온갖 세권이 있다.

이런 용어들은 인터넷에서 쉽게 만들어지고, 유행이 끝나면 곧 사라지기도 한다. 하지만 이것도 처음에는 아파트 분양을 위한 마케팅 차원에서 시작되었다. 그런 점에서 온갖 세권과 남향집은 묘하게 겹쳐 보인다. 그래도 겨울만 되면 햇볕 한 줌이 더욱 소중하게 느껴지기는 한다.

영어 이름에 관한
필수 상식
5가지

영어 이름은 순서도 다르고, 미들 네임Middle Name이나 주니어, 시니어 같은 낯선 용어도 많아 은근 까다롭고 복잡하다. 종종 '○○ 2세'의 정확한 뜻을 묻는 사람도 있다. 그래서 우리가 서구 이름에 대해 알고 있으면 좋을 상식 몇 가지를 정리해보았다.

모두 알다시피 우리와 서구의 이름의 기본적인 차이는 순서다. 우리는 성이 먼저고, 이름이 다음이다. 서구는 그 반대다. 그럼 세계적으로는 어떤 게 더 많을까? 압도적으로 이름이 먼저인 나라가 더 많다. 미국을 포함해 아메리카 대륙 전체가 그렇고, 호주와 뉴질랜드 같은 오세아니아 그리고 유럽이 그렇다.

반면 우리처럼 성과 이름 순서로 쓰는 나라는 중국, 일본, 베트남, 캄보디아 등의 동아시아 국가들이다. 그 외 뜻

밖의 나라가 하나 더 있다. 바로 유럽의 헝가리다. 헝가리는 우리처럼 주소를 쓸 때도 국가와 도시부터 시작해 받는 사람을 마지막에 쓴다. 작은 곳에서 큰 곳으로 범위를 넓혀 나가는 다른 서구 세계와는 다르다. 유럽에서 '민족의 외딴섬'이라고 불릴 만도 하다. 이는 헝가리를 세운 마자르족의 동방 기마 민족설을 뒷받침하는 것이라고 보기도 한다.

이와 달리 아예 성이 없는 나라들도 있다. 미얀마와 몽골, 중동 같은 아시아 국가들과 아프리카의 많은 나라 그리고 유럽에선 아이슬란드가 그렇다. 하지만 이들 나라는 아버지와 할아버지 등의 이름을 여럿 붙여 오히려 더 긴 경우도 많다.

어쨌든 아이를 낳게 되면 어떤 이름으로 지을지 고민하는 건 전 세계 모두 똑같다. 다만 우리는 아이의 이름을 새로 짓기 때문에 '작명作名'이라고 한다. 하지만 서구는 과거의 이름 중에서만 고르니 '택명擇名'이다.

서구의 이름은 크게 두 가지에서 나왔다. 하나는 고대로부터 내려온 역사적 위인으로 알렉스Alexander, 아더Arthur, 윌리엄William 같은 이름이다. 또 하나는 중세 때부터 대세가 된 성서 인물로 마이클(Michael, 미카엘), 메리(Mary, 마리아), 엘리자베스(Elizabeth, 엘리사벳), 존(John, 요한), 피터(Peter, 베드로), 폴(Paul, 바울) 같은 이름들이다. 얼핏 서구에 이름이 많아 보이는 건 영어 이름 헨리Henry가 스페인에서는 엔리케, 프랑스에서는 앙리, 독일에서는 하인리히 등 언어별로 달리 발음되기 때문이다.

이름에 관해서만큼은 유럽에서 가장 보수적인 프랑스는 단지 400여 개의 이름 중에서만 골라 써야 했다. 이러던 법률이 개정된 게 20세기 말이었으니 얼마 되지 않았다. 지금은 법적으로 부모가 예쁜 이름을 얼마든 지을 수 있지만 여전히 전통적인 이름을 고수하는 사람도 많다.

문제는 이름의 종류가 적어 동명이인이 너무 많다는 것이다. 이에 대한 해결책이 다양한 성姓이다. 성이 적고, 대신 갖가지 이름으로 구분하는 우리와는 완전히 반대다. 귀족이나 갖고 있던 성은 14세기가 되어서야 백성들에게도 보급되었다. 인구가 증가하면서 봉건 영주가 노역을 시키거나 인두세를 거두려면 누가 누구인지를 정확히 해야 했다. 18세기가 되어서는 거의 모든 사람이 성을 갖게 되었는데 이름이 너무 적었던 프랑스는 무려 25만 개의 성을 갖게 되었다.

이렇게 서구의 이름은 미국인들이 가장 존경하는 대통령인 조지 워싱턴George Washington처럼 이름+성의 형태가 되었다. 대부분 아는 이야기지만 다시 복습하자면 여기서 '조지George'는 처음에 오니 '퍼스트 네임First Name'이고, 부모에 의해 주어졌으니 '기븐 네임Given Name'이다. '워싱턴Washington'은 마지막에 오니 '라스트 네임Last Name'이고, 운명적으로 타고난 성이니 '패밀리 네임Family Name'이다.

또 성을 '써네임Surname'이라고도 하는데 'Sur'라는 접두사는 'super', 'above', 'over'의 의미로 초월적인 것을 뜻한다.

그런데 서구의 이름이 이렇게 간단하기만 한 건 아니다. 미국 인구의 약 75퍼센트는 이름과 성 사이에 두 번째 이름이라 할 미들 네임을 갖고 있다. 미국 35대 대통령인 존 피츠제럴드 케네디John Fitzgerald Kennedy처럼 말이다. 미들 네임을 넣는 이유는 좀 과하게 말하면 제멋대로다. 누구는 가족임을 강조하기 위해 할아버지나 할머니의 이름을, 누구는 돈독한 신앙을 위해 세례명을, 누구는 아기가 훌륭한 인물이 되라고 위인의 이름을 넣는다.

하지만 긴 이름을 다 부르는 건 아무래도 불편하니 일상에선 안 쓰고, 공식적인 법률 문서에서나 사용한다. 표기도 대개는 'John F. Kennedy'처럼 첫 글자만 따서 쓴다. 그래서 정말 친한 사이에서도 미들 네임을 잘 모르는 경우가 대부분이다. 물론 비틀스의 멤버였던 폴 매카트니 James Paul McCartney처럼 미들 네임을 자신의 이름으로 사용하는 사람도 간혹 있긴 하다.

2세, 3세의 개념도 우리와 달라 서구 이름을 더 복잡하게 한다. 우리는 보통 재벌 2세라고 하면 대기업 오너의 아들을 말한다. 그래서 2세를 누구누구의 아들이라고 생각하기 쉽지만, 왕가의 사용법은 좀 다르다.

예를 들어 가장 유명한 이집트 파라오인 람세스 2세는 람세스 1세의 아들이 아니다. 그 왕조 내에서 람세스라는 이름을 가진 두 번째 파라오라는 뜻이다. 아무래도 이름 종류에 제한이 있다 보니 한 가문에 중복되는 이름이 생기기 마련이라 이런 식으로 구분한 것이다.

지난 5월 영국에서 70년 만의 대관식이 열리면서 "엘리자베스 2세의 서거로 찰스 3세가 왕위를 계승하게 됐다"라는 보도가 있었다. 엘리자베스 2세라 함은 과거 언젠가에 엘리자베스 1세가 있었다는 뜻이다. 16~17세기의 엘리자베스 1세는 스페인의 무적함대를 물리치고 영국의 전성시대를 이끈 걸출한 여왕이었다. 이번에 영국 왕에 등극한 찰스 3세는 이전에 찰스 1, 2세가 있었다는 얘기다. 찰스 1세는 17세기의 청교도 혁명 때 참수형을 당했고, 찰스 2세 역시 한때 왕위에서 쫓겨났던 무능한 왕이었다.

하지만 일반인들은 이게 또 조금 다르다. 아버지가 아들에게 자신과 미들 네임까지 똑같은 이름을 물려줄 경우 이때는 2세가 아니라 주니어Jr.를 붙인다. 아버지는 시니어Sr.가 된다. 부친의 사후에는 주니어를 생략하기도 한다. 만약 할아버지 대부터 계속 같은 이름이라면 시니어, 주니어, 3세, 4세, 5세 순서가 되는 것이다.

이제 마지막 한 가지만 더 알면 된다. 호칭 문제다. 잘 아는 것처럼 서구에선 친한 사이라면 그냥 퍼스트 네임으로 부른다. 물론 퍼스트 네임과 라스트 네임 모두 부르기도 한다. 다만 한 가지 조심할 것은 미스터Mr나 미즈Ms를 쓸 때다. Mr나 Ms 뒤에 성을 붙이면 보통 친하지 않은, 공식적인 관계다. 그런데 Mr나 Ms 다음에 성이 아닌 이름을 쓴다면 어떻게 될까? 대개는 이를 불쾌하게 여긴다. 호칭은 일종의 예의범절이므로 일부는 모욕으로 받아들이기도 하니 조심해야 한다. 또 상대를 높이기 위해 'Sir'를 쓰는 건 나를 낮추는 의미도 있다. 그러니 동등한 파트너십이 필요한 비즈니스 관계에서는 이런 호칭 사용이 과연 적절한가를 좀 더 따져봐야 한다.

말 나온 김에 우리의 영문 이름에 대해서 개인적으로 못마땅한 점이 하나 있다. 요즘 명함을 받아보면 뒷면에 영문 이름이 많다. 그런데 여전히 서구처럼 이름+성의 순서인 경우가 꽤 많다. 'KIL-DONG HONG'처럼 말이다. 그런데 이게 맞는 걸까?

이름 쓰는 법에 대한 국제 표준은 없다. 있다면 각국의 언어문화를 존중하는 게 세계 표준일 것이다. 국제기구인 유네스코에서 한국, 중국, 일본인들의 이름은 성+이름의 순서로 쓰고 있고, 많은 세계 언론도 그렇게 하고 있다. 우리 정부에서도 영문 이름을 쓸 때 우리식대로 성+이름을 쓰도록 권장한 지 10년도 넘었다. 국제 기준에 어긋나는 것도 아니니 우리 언어의 정체성을 지키는 게 좋지 않을까?

일본의 종교를
경계해야 하는
이유

일본인들은 보통 태어나서는 신도神道의 신사神社를, 결혼할 때는 기독교의 교회를, 죽어서는 불교의 사찰을 찾는다. 우리로선 이해하기 쉽지 않지만, 일본인들은 이처럼 다종교를 갖는 데 거부감이 없다. 어쨌든 일본에선 이 세 개의 종교가 가장 중요하다.

혹 남의 나라 종교에까지 관심을 가져야 하냐고 할지도 모르겠다. 하지만 우리나라와 일본 사이에는 그럴만한 이유가 있다. 아직 청산되지 못한 역사가 일본의 종교와 아주 밀접한 관계가 있기 때문이다.

어떤 나라든 종교는 그 나라 사람들을 이해하기 위한 핵심 키워드다. 종교만큼 마음속 깊은 곳을 지배하는 이데올로기가 없기 때문이다. 하지만 일본은 이게 간단치 않다. 종교의 보편성을 좀처럼 따르지 않아서다.

보통 각 나라의 종교는 원시토착신앙으로 시작해 결국에는 외래의 고등종교로 대체되는 수순을 밟는다. 기독교와 이슬람, 불교를 믿는 나라들이 대개 그렇다. 하지만 일본만은 예외다. 일본은 지금까지도 수천 년간 내려온 민속신앙인 신도를 그대로 유지하고 있다. 아마 세계에서 유일한 사례일 것이다. 세계의 지배 종교들인 기독교와 불교조차 힘 한번 제대로 쓰지 못하거나 일본식으로 변형돼 간신히 숨 쉬는 정도다. 우선 일본의 기독교와 불교의 현황을 보면서 일본인들이 어떤 종교관을 가졌는지 그 일단을 살펴보자.

기독교는 일본에 한국보다 훨씬 이른 16세기 중반쯤 들어왔다. 그럼에도 지금 일본의 기독교 인구는 전체 인구의 1퍼센트도 되지 않는다. 일부 이슬람 국가들을 제외하곤 세계에서 거의 최저치일 것이다. 일본에 기독교가 크게 번성하지 못한 건 막부시대의 혹독한 탄압이 주된 이유다. 하지만 오늘날에도 기독교 인구가 전혀 늘지 않는 건 또 다른 이유가 있다는 뜻이다.

일본인들은 오랫동안 다신교의 세계에서 살아왔다. 일본의 지배 종교인 신도는 보통 "800만의 신을 모신다"라고 이야기한다. 아마 인도의 힌두교 다음으로 많은 게 일본의 신들일 것이다. 그러니 기독교나 이슬람의 유일신은 일본인들에게는 매우 낯선 개념이다. 반면 우리는 오랜 세월 석가모니의 불교와 공자와 주자를 큰 스승으로 모시는 유교 속에서 살았다. 때문에 상대적으로 일본보다는 기독교의 유일신을 받아들이기가 쉬웠을 것이다.

일본의 신도에서는 사람이 죽으면 신이 된다. 나도 죽으면 신이 되는데 굳이 예수가 새로울 이유가 없는 것이다. 그러니 '믿으면 구원을 얻는다'라는 기독교의 가르침이 일본에서는 잘 통하지 않는다.

기독교는 선과 악이라는 뚜렷한 이분법적 구조를 갖고 있다. 그리고 천당과 지옥이라는 사후세계가 뒤를 받치고 있다. 사후세계의 심판이 두렵다면 죄를 짓지 말라는 것이다. 하지만 일본의 신도에는 선과 악의 개념이 없다. 착한 사람도, 나쁜 사람도 모두 신이 될 수 있기 때문이다. 오히려 악령으로부터 피해당하지 않기 위해 악신을 더욱 정성 들여 모셔 왔다. 일본이 강제징용과 위안부에 사과를 하지 않는 이유도 이와 무관치 않다. 악의 개념이 희박하니 미안함도 잘 느끼지 못하는 것이다.

이렇듯 일본의 종교에서 죽음이란, 윤회를 위해 잠시 대기하는 장소일 뿐 심판에 대한 두려움은 없다. 따라서 신도는 지극히 현세적인 기복신앙으로 발전해왔다. 그래서 필요하다면 언제든지 다른 종교로 갈아타는 것이 무척 자연스럽다. 실제로 일본인들은 62퍼센트가 기독교식으로 결혼한다. 영화와 드라마의 영향에 따른 것으로 보인다. 더구나 석가모니를 인도의 힌두교에서 자신들의 신으로 흡수하듯 예수 역시 일본의 신도에서는 800만의 신 중 하나일 뿐이다.

이 외에도 일본에서 기독교가 뿌리내리기 어려운 이유는 많다. 자신들에게 패배의 굴욕을 안긴 적대국의 종교라는 점도 있고, 일본 특유의 국민성도 분명 한몫한다.

일본 기독교는 선교활동을 잘 하지 않는다. 남에게 뭔가를 권하는 것 자체가 민폐라고 생각해서다. 게다가 남에게 거절당하는 것을 큰 수치로 여기기 때문에 애초부터 이런 일을 만들려고 하지 않는다. 남의 눈치를 크게 살피는 일본인들의 집단주의와 변화를 극도로 싫어하는 고지식함도 새로운 종교를 받아들이는 걸 어렵게 하는 요소다. 이러한 여러 이유로 일본과 기독교는 상성이 잘 맞아 보이지 않는다.

일본 불교는 사정이 훨씬 낫지만, 알고 보면 기독교 못지않게 처량한 신세다. 현재 일본의 사찰 수는 무려 8만 4,000여 개나 된다. 일본 전역의 편의점 숫자보다도 50퍼센트 이상이 더 많다. 그런데 일반에게 공개되는 절은 그리 많지 않다. 교토의 금각사나 나라의 동대사, 도쿄의 아사쿠사 등 큰 도시의 유명 사찰들만 연중 공개될 뿐 지방의 작은 절들은 늘 굳게 문이 닫혀 있다. 그 지역의 묘지운영에만 절이 사용되기 때문이다. 일본인들은 압도적으로 많은 94퍼센트가 장례를 불교식으로 치른다.

일본의 근간을 지배하는 '와 문화'는 불교 승려들도 세습하게 만들었다. 그래서 일본에서 승려는 '부모에게 물려받은 절에서 장례식으로 먹고사는 사람들'이란 이미지가 강하다. 종파마다 다르기는 하지만 일본의 승려들은 결혼도 하고, 머리도 기르고, 고기도 먹고, 술도 마시고, 담배도 피운다. 그래서 일본의 사찰에서는 우리처럼 법회를 갖거나, 참선을 하거나, 불자들 사이의 공부 모임 같은 모습은 거의 찾아보기 어렵다. 심지어 일본의 사찰에서는 불상조차 찾기 어려운 경우도 있다. 한국 불교는 가장 중요한 건물인 대웅전에 불상을 모시지만, 일본에선 그 절이나 종파를 세운 승려를 모신 전각이 훨씬 더 큰 경우도 있다.

일본 불교 내에서도 "장례 의식만 있을 뿐 신앙은 없다"라고 개탄하기도 한다. 불교에 대한 혐오가 커지면서 장례사업도 예전 같지 않다. 그래서 오늘날 일본 불교는 사찰 유지를 위해 부적 판매와 개와 고양이 같은 애완동물의 장례식 등으로 사업 영역을 넓히고 있다.

뭐니 뭐니 해도 일본에서 가장 중요한 종교는 신도다. 일본 특유의 다중 신앙을 감안할 때 일본 국민의 90퍼센트 이상이 사실 신도를 믿는다고 봐야 한다. 신도의 바탕은 아주 오래전의 애니미즘과 샤머니즘이다. 처음엔 주로 자연과 자연현상을 신으로 모시다가 점차 조상신이 추가되었다. 그래서 신이 폭발적으로 증가하게 된 것이다. 이 신들의 모습은 미야자키 하야오 감독의 〈센과 치히로의 행방불명〉에 나오는 유바바나 가오나시를 떠올리면 될 것 같다.

이처럼 일본에 신이 많은 것은 지진, 화산 폭발, 태풍 같은 자연재해가 끝이 없었기 때문이다. 여기에 혹독한 무신 정권과 잦은 내전으로 일본인들의 삶은 늘 불안했다. 그러니 신에 대한 의존도가 클 수밖에 없었고, 신은 많으면 많을수록 안심이 되었다. 이런 상황 속에서 다져진 종교이다 보니 현실을 넘어서는 종교의 보편성이나 내세관이 발달할 수 없었다. 당장의 위험을 모면할 수 있는 신의 가호가 늘 다급했기 때문이다. 일본의 신도가 특정한 교조도, 압도적인 신도, 《성경》이나 《코란》 같은 경전이 존재하지 않는 것도 같은 맥락에서다.

여기서 한 가지 더 생각해봐야 할 점이 있다. 일본의 신도는 개인을 위한 종교가 아니란 것이다. 언제 닥칠지 모르는 자연재해도, 빈번한 전쟁도, 혹독한 무신들의 철권통치도 개인이 감당할 수 있는 일이 아니었다. 그래서 일본인들은 늘 부족과 마을 단위로 단단히 뭉쳐 어려운 일을 극복해 나가야 했다. 일본 특유의 집단주의가 바로 여기서 나온 것이다. 그래서 공동체의 이익과 안녕을 위해 '우지가미氏神'라는 부족 수호신에게 빌어야 했고, 이것이 발전돼 신도가 된 것이다.

일본은 종교에서도 자신의 영역을 지켜야 하는 와 사상이 드러난다. 신도에선 사람과 신이 공존하되 서로의 영역이 존재한다. 어느 쪽이든 이 경계를 넘어서면 불행이 시작된다. 〈센과 치히로의 행방불명〉에서도 치히로 가족이 인간의 영역을 벗어나 신의 영역으로 들어섰기 때문에 온갖 사달이 벌어졌다. 그래서 억울하게 죽은 원혼일수록 인간의 영역으로 다시 돌아오지 못하도록 극진히 달래야 했다.

한 조사에 의하면 절대다수가 신사를 찾음에도 불구하고 일본인 중 70퍼센트가 자신은 종교가 없다고 답했다. 워낙 오래전부터, 워낙 오래된 신을 모셔 왔기 때문에 신도는 습관이나 문화일 뿐 종교로 생각하지 않는다는 얘기다. 그래서 일본의 신사에 가면 꽤 평화로워 보인다. 즐겁게 자신의 소원을 빌거나 점괘를 받아보는 사람들이 대부분이다. 하지만 신도가 정치와 결탁하는 순간, 모든 것이 달라질 수 있다.

19세기의 메이지 유신이 그랬다. 일본의 군국주의자들은 일왕을 신도의 살아 있는 최고 신으로 모시고, 신도를 앞세워 국민을 하나로 뭉치게 했다. 그리고 신이 된 일왕을 위해 전쟁에서 죽은 자들은 야스쿠니 신사에 묻어 '전쟁의 신'에 오르게 했다.

한편 일본은 우리 땅에도 1,141개의 신사를 세웠다. 부산의 용두산공원, 대구의 달성공원, 전주의 다가공원이 일본 신사가 있던 자리다. 그리고 가장 큰 신사가 지금의 서울 남산도서관 부근에 세워졌다.

일본의 집권 세력이 개헌에 안달이 난 것은 모두가 아는 일이다. 개헌의 첫 번째 항목이 전쟁 가능한 국가를 만들기 위한 군대 보유의 명문화라는 것도 다들 알고 있을 것이다. 그런데 두 번째 항목은 무엇일까? 그건 일본을 점령한 미국에 의해 상징적 존재로 격하된 일왕을 다시 국가 원수로 올린다는 것이다. 이는 일왕을 신도의 살아 있는 최고 신으로 만든 메이지 유신과 다를 바가 없다. 우리가 일본의 종교를 이해하는 동시에 경계도 해야 할 이유가 바로 이것이다. 참고로 개헌의 세 번째 항목은 "긴급사태 시 누구든 국가의 지시에 따라야 한다"이다.

삶이 허기질 때 나는 교양을 읽는다 3

초판 1쇄 발행 2024년 8월 14일

지은이 지식 브런치
펴낸이 정지은

펴낸곳 (주)서스테인
출판등록 2021년 11월 4일 제2021-000166호
전화 070-7510-8668
팩스 0504-402-8532
이메일 sustain@sustain.kr

ISBN 979-11-93388-10-5 03030